清華週刊

疑古玄同題

第三十卷　　第十一十二合期（即四五二四五三號）

目　　錄

北平國立清華大學清華週刊社出版

全年二元四角　　本期定價二角

《清华周刊》第三十卷第十一、十二号合期（总452、453期）目录

1929年

清華週刊

第一百四十七期

中華民國七年十月三十一日

《清华周刊》第147期封面

1918年

《清华周刊》第四十五卷第十二期（总636期）封面
1937年

清華週刊 第四十五卷 第十二期 目錄

二十六年一月二十五日

《清华周刊》目录

1937年

《清华文艺》封面
1927年

《清华文艺》封面

1927年

清华中国文学会成员

1928年

《清华中国文学会月刊》封面
1931年

昔日清华在言说

——1911－1949清华校园文化寻踪

张玲霞 著

清華大學出版社
北京

内 容 简 介

1911—1949年的清华校园文化活动在中国教育史和中国文化史上都留下了醒目的印痕。本书将以昔日清华的校园刊物为依据，对当时的校园文化进行追寻，探讨大学校园文化对于高等教育的发展所具有的影响与意义。

本书分为上、下两个部分。上部对昔日清华校园文化进行梳理，从师生面貌、社团、刊物、文化论争等方面展开论述，对于校园文学创作进行分析评论；下部选取了11位昔日校园文化名人，具体阐述并解读他们的创作成就及其文化史地位，同时将他们在校园期间的作品目录列于其后。

图书在版编目（CIP）数据

昔日清华在言说：1911—1949清华校园文化寻踪 / 张玲霞著 . —北京：清华大学出版社，2021.4

ISBN 978-7-302-57705-8

Ⅰ. ①昔… Ⅱ . ①张… Ⅲ . ①清华大学 – 校园文化 – 1911—1949 Ⅳ . ① G649.281

中国版本图书馆 CIP 数据核字（2021）第 050094 号

责任编辑： 周 菁
装帧设计： 孙墨青
责任校对： 王凤芝
责任印制： 杨 艳

出版发行： 清华大学出版社
网 址： http://www.tup.com.cn, http://www.wqbook.com
地 址： 北京清华大学学研大厦 A 座 **邮 编：** 100084
社总机： 010-62770175 **邮 购：** 010-62786544
投稿与读者服务： 010-62776969, c-service@tup.tsinghua.edu.cn
质量反馈： 010-62772015, zhiliang@tup.tsinghua.edu.cn
印 装 者： 三河市龙大印装有限公司
经 销： 全国新华书店
开 本： 170mm × 240mm **印张：** 16.5 **插页：** 4 **字 数：** 241 千字
版 次： 2021 年 4 月第 1 版 **印 次：** 2021 年 4 月第 1 次印刷
定 价： 78.00 元

产品编号：091260-01

目录

上　部

昔日清华校园文化

昔日清华的方方面面在今天看来都是值得回眸的典范，这里不但聚集着具有现代意识的校长、教师，更有相对宽松的管理与学术氛围，有令人回味无穷的校园文化生活。受西方现代文明的感染，清华的民主、自由、法治的观念极其鲜明，校园社团与文化刊物颇为发达。最有名的是连续出版了637期的《清华周刊》，在这个每期“百八十页”[1]的刊物上，可以对一切问题甚至担任校长的条件“指手画脚”，这在后来的大学校园是难以想象的。这种相对自由宽松的人文氛围是校园文化得以发展的重要条件。

1 梁实秋：《清华八年》，南京，江苏文艺出版社，2011年。

第一章　清华校园文化繁荣的缘由

清华的学生来源和校园浓重的西方文化气息是昔日清华校园文化发展的基础。当年的学生大都有扎实的古典文学的根底，进校后不但生活在西式的图书馆、大礼堂、实验室之中，任教的老师、阅读的书籍不少也都直接来自英美，西方最先锋的思想文化潮流和前沿作家艺术家的作品几乎同时在清华园流行着；早一步出国留学的同学更是不断地传回西方文化信息——《清华周刊》上有著名的《旅美通信》《留法通信》《海外文坛信息》等栏目；清华学生能够毫无障碍地感受与借鉴世界最前端的思潮，在葆有传统文化的基础上迅速地消化与吸收西方文化的精华，真正做到了中西融会贯通。这些得天独厚的条件使得清华的校园文化运动起点较高，时时处处立于领先位置。

一、现代教育的开阔背景

从“游美预备学校”演进而来的清华学校，有着“庚子赔款”的历史背景。当时师生痛切地称呼自己的学校为“国耻纪念碑”。早期清华带有着浓厚的美国化色彩，在清华学校的前半期，从教育方针到规章制度甚至校园建筑，无不体现出半殖民地的文化性格。然而，即使在这样被动的境遇下，清华的教育仍然寓有“造就领袖人才”的宏大目标，并确认留美学习“将帮助这些未来的中国领袖去改善我们困苦国家的命运”。

一代一代的清华人为了教育自主与学术独立不断地抗争着、建树着，可以说，清华的历程是行健不息、自强自立的历程。1925 年、清华正式成立大学部，并创办国学研究院，“以在国内造就今日需要之人才为目的，不为出洋游学之预备”。它的意义不仅在于形式上摆脱留美预备“培训”

的性质，使民族教育独立，更在于可以独立自主地运用现代化的教育理念来培养现代中国需要的人才。

为了这一理想，一任又一任的校长呕心沥血，精心策划，一批又一批的名师殚精竭虑，勤奋耕耘，为清华现代教育奠定了扎实的根基。

清华学校时期的周诒春校长在任内（1913—1918年）最早提出“三育并进”的教育思想——“今日之学生，宜着重德智体三育固矣”，“清华学校，素以养成完全人格为宗旨，故对三育所施教育之功，不遗余力”；清华一直享誉校内外的民主制度和自治精神也肇始于周校长时期，他所积极倡导的“校中无上下尊卑之分，当有长幼先后之序”，“亲爱而不近于溺，严正而不近于苛，宽严并重”的校风久久地滋润着清华园；而且，在周校长任内，确定了“自强不息，厚德载物”的清华校训，成为绵延至今的清华人的崇高准则。

尽管罗家伦在清华仅任职两年多（1928—1930年）就被驱走，但他却是开清华学术化先河的第一人。他就职演说的题目就是《学术独立与新清华》[1]，发展学术研究、争取民族学术独立成为他首要的办学宗旨：“研究是大学的灵魂”；“要国家在国际间有独立自由平等的地位，必须中国的学术在国际间也有独立自主平等的地位”。为此他进行了一系列的改革：一、提高教师的地位，使中国教员与外国教员地位等同；二、提高国学课程的地位，改变唯洋文是瞻的校风；三、建立新的研究机关，改变“专教书而不研究”的局面；四、扩充和创办学术刊物，斥巨资购买图书、仪器设备；五、“开放女禁”，实行男女同校。由于任期短暂，罗校长所实施的教育方针仅仅初见成效，但幸运的是有梅贻琦先生这样一位出色的后任校长。

梅贻琦校长（1931—1948年）可谓清华现代教育的集大成者，他立言行事无不既立足于中国国情国势又瞻眼于世界先进水准，“所谓大学者，非谓有大楼之谓也，有大师之谓也”是他留给教育界的至理名言。清华大学在他孜孜不倦地营造下，进入了辉煌时期。梅校长的教育理念的来

1　罗家伦：《学术独立与新清华》，《清华大学史料选编》，北京，清华大学出版社，1991年。

源有三个方面：一是中国古代儒家的教育观点和古希腊的教育思想，二是欧美近代民主与法治的观念，三是“五四”以来所倡导的兼容并蓄和学术自由的现代大学方针。梅贻琦教育思想的核心是“通才教育”，使每个学生对于人文科学、自然科学、社会科学都能够融会贯通，而不仅仅满足于“一技一艺之专长”，他在《大学一解》中系统地阐述了通才教育的思想。在贯彻这一教育方针的过程中，他积极倡导学术自由：“思想要独立，态度要谦虚，不要盲从，不要躁进”；“延聘名师”和“教授治校”是实现其教育思想和办学方针的基础，他反复强调教师在学校中的主导地位，并指出“教授责任不尽在指导学生如何读书，如何研究学问，凡能领导学生做学问的教授，必能指导学生如何做人，因为求学与做人是两相关联的。”[1] 在20世纪30年代，他不但为清华建立起强大的德才兼备的师资阵容，而且在师生融和的气氛中培养出德智体美劳群诸方面优秀的众多人才。

国内外一流名师的聚集是清华现代教育得以实施的基础。当时的清华从院长、教务长到系主任、教员，无论是制定教学方针还是担当导师、传授知识，抑或指导学生的课外活动，都遵循着“治学贵严谨，思想忌偏蔽”的原则，形成了教学相长、师生互动的良好氛围。聘请著名学者演讲是清华的传统，比如梁启超，就多次来清华演讲，对清华学风与校风的醇化产生深远的影响。1914年以《君子》为题来校演讲，引《周易》“乾”“坤”二卦的卦辞激励清华学子，启发学校以“自强不息，厚德载物”为校训。1917年梁启超又一次来清华就“为人、做事、修学”给予学生以谆谆教诲。1920年末他以《国学小史》为题开始在清华系统讲学。1922年起被正式聘为清华讲师，还给清华学生开列了“最低限度之国学书目”。1924年梁启超给清华的学生讲演了《清华底成败与中国底安危》[2]，认为将来中国的安危，很大一部分成败取决于清华人的努力，他寄希望于即将留美的清华学生：一、立志做学科里的第一流人物；二、针对中国的国情，有目的有鉴别地学习，学以致用，不能盲从；三、保持自己的

1　梅贻琦：《大学一解》，清华学报，13-1，1941。

2　梁启超：《清华底成败与中国底安危》，《清华周刊》317期。

民族尊严和民族精神，完善作为中国人的人格修养，为了将来服务于祖国。1925年梁启超担任清华国学研究院导师；同年，他在《清华周刊》发表《学问独立与清华第二期事业》[1]一文，再一次系统阐述学术独立的主张和治学方法。梁启超先生对清华人才的造就和培养付出的努力，是为范例。

昔日清华的校园文化就是在这样成熟而开阔的现代教育的背景下产生和发展的。

二、宽松的管理与学术氛围

在相对短暂的三十年里，是什么原因使得清华一跃成为当时世界闻名的大学？时至今日，尽管人们有见仁见智的回答，但可以肯定的是，清华在其最初的三十年里，尤其是在20世纪三四十年代的二十年里，将清华的建设和发展“定位”于现代大学的主旨，即不断追求民主、独立、自由和创新，是其成功所在。

清华园幸运地聚集着具有现代意识的校长、教师，更为幸运的是，在他们的主持和倡导下，形成了清华校园宽松的管理与学术氛围。大学的民主是大学建设和发展的“空气”。当时清华有著名的“教授治校”的机制，就是民主管理学校：三会——教授会、评议会、校务会同时存在而各司其职，校长担任主席；“校长分寄任于诸教授与各执事，诸教授与各执事尽其责于诸学子”。兼容并包，集思广益，又有相应的规则和纪律来维护民主制度的实施。朱自清在《清华的民主制度》[2]一文中说：“在清华服务的同仁，感觉着一种自由的氛围气；每个人都有权利有机会对学校的事情说话，这是并不易得的。”同时，学生有一定的自治权进行自我管理和自我约束，比如上世纪20年代初诞生的“学生法庭”，其宗旨为：“提倡学生自治，灌输法律知识，并辅助校章之执行”，充分体现了学生的自治精神。有牢固的民主自由的观念，同时又有切实的行使民主自由的程序与纪律，使清华园的自由气息井然有序地弥漫了几十年。十分明显，

---

1 梁启超：《学问独立与清华第二期事业》，《清华周刊》350期。

2 《朱自清全集》，南京，江苏教育出版社，414~415页，1990年。

师生们对学校的关心、建设和热爱绝不只是体现在对学校有关政策和措施的被动服从、一味退让甚至阿谀奉承上，而是立于主动参与、积极批评和广泛监督上。大学的民主与否，不只是体现并保护大多数师生的意志和利益，以及学校的民主管理和决策，更重要的是保护和实现少数师生的合理利益与正当要求。例如，1931 年，日后成为著名历史学家的吴晗入学考试时文史和英语各得 100 分而数学却得零分，先被北京大学拒绝录取，后由清华历史系破格录取，一时传为佳话。

大学的独立是大学建设和发展的“真谛”。清华由最初单纯培养留美学生的学校，到中国人自己主办的综合性大学，再到一领全中国大学教育风气之先的大学，这一过程既是中国近、现代大学教育和大学学术趋向独立的缩影，又是清华自身走向自立和成熟的标志。从昔日清华的诸多刊物中可以看出，在二十多年的时间里，清华逐渐摆脱了帝国主义文化侵略的禁锢，挣脱了不同军阀对清华的文化“蚕食”，削弱了国民党一党独裁的“全能主义”（totalitarianism）文化政策，并且一直把大学的独立作为奋斗的目标和建设的圭臬。例如，从老清华的诸多刊物中反映出清华初期师生们对几任校长的候选、任命和罢免的积极干预[1]，就是清华在 20 世纪的 89 年历史中绝无仅有的民主范例。

大学的自由是大学建设和发展的“精髓”。这里的自由是指在精神独立前提下的思想自由、学术自由和创造自由，具体说来，是指从事知识创造、真理探索、学派风格确立和学者个性弘扬的自由。无数事例表明，这种自由是使大学能否真正成为现代意义上的大学的首要条件，而且这种自由往往首先意味着大学教师和学生的人格自由。在中国，在大学，这种自由有否的问题直接面临的是与现实政治的关系问题。在昔日清华的诸多刊物中，充分表现出对于这种自由的追求和维护，其中，许多文章以不同方式来共同表明这种自由不是依附政治，不是充当政治附庸，而是在现实政治面前保持和发扬大学教育和大学学术的主动性、批判性

1　两次“三赶校长”：第一次是 1919 年底至 1921 年 6 月的“驱张拒罗赶金”，即罢课赶走张煜全、拒绝罗忠诒上任、迫使金邦正辞职；第二次始于 1930 年，轰走军事作风的罗家伦、拒武装进校的乔万选，于校门外逼其当场签字“永不任清华校长”、师生请愿赶走吴南轩。

和创建性。比如，上世纪三四十年代，清华广大学生对于国民党当局推行的“党义”课程的批评和嘲弄；潘光旦上世纪40年代关于教育不是宣传的一系列主张和文章；西南联大时期清华教授对于国民党当局企图把清华教育加以“党化”的抵制等等，在很大程度上保证了清华大学比起其他大学来具有颇为显著的自由特性和进取精神。这一点还可以从清华培养和走出来一批非同凡响的自由主义思想家、学者的事实中得以证明。

大学的创新是大学建设和发展的“本命”。没有对知识的深化和创造，没有对真理的发现和追求，大学的使命或功能则无从谈起。清华在上世纪三四十年代之所以能够立足于中国大学的前茅，还在于清华格外重视创新，即清华大力进行学科的建设和扩展，提携学派的形成和纷呈，奖掖学者的探索和创造，凸显大师的引导和影响，激励学子的上进和深造，扩大中外学术的交流和碰撞，汲取世界著名大学的主流和经验。

三、臧否互见，修正校纪校风

自从梁启超来清华作题为《君子》的演讲后，“自强不息，厚德载物”成了清华的校训，也成为清华的精神。清华，是建立在“中国四万万同胞以往的体面和四万万同胞几十年的负担”之上的，当时的学生，尤其是享受庚子赔款、将来要留学美国的同学，无不怀有沉重的心理负担和对于责任的清醒意识。检点、完善自我，批评、激励同伴，监督、修正校风，成了清华人的自觉。

时任清华学生会评议主席的王造时写了《清华校风的蜕化与批评》[1]，全面分析了清华三年多来的成绩与失误。需要说明的是，这里的“批评”一词包含着评判的意思，并非我们现在理解的仅是指责一义。他将自己入学以来的清华划分为五个时代：一、专制时代（1917年夏—1918年夏）——“周校长陈斋务长，执行校规甚严，遇事取干涉主义”，学生“视校长如天皇，见斋务长如阎王”，学校秩序整齐井然，其弊端在于“把学生的个性消灭无余，养成一班做奴隶的人才”，这是机械式的被动的教育

1 王造时：《清华校风的蜕化与批评》，《清华周刊》209期。

方式。二、陵夷时代（1918 年夏—1919 年冬）——张校长生病，李斋务长缺乏才能，学生又受“五四”运动的影响，“潮气勃勃”，由服从的校风一变而为革命的校风，进而终于驱赶校长。三、革命时代（1919 年末—1920 年初）——在这两个月中，对于以往的校风开始怀疑，要求改革，张校长离去，处于无政府状态，然而学生很有团体观念和自治精神，校风尚好。四、过渡时代（1920 年初—1920 年夏）——严校长代理事务，热心而尊重个性，重精神而不重形式，尚学问而不尚空言。五、混乱时代（1920 年夏—1921 年初）——金校长与郑斋务长执政，热情有余，情况生疏，旧的校风推翻无余，新的校风无从建立，无治导致放任，种种不道德不规则行径风起云涌。作者指出，不同的时代造成不同的校风，专制时代是服从的校风，陵夷时代是怀疑的校风，革命时代是破坏的校风，过渡时代是试行自治的校风，混乱时代是无治的校风。

吴景超同学 1921 年发表《清华学校的校风》[1]，分析了清华校风的好与坏两个方面。好的方面有诸如服饰俭朴、质直无饰、注重体育英文、自动作业、社团学会发达、有批评学校的精神等，但清华校风坏的方面也不少：分数迷、轻视中文、过度的食欲、不拘小节等等。

贺麟的《新同学新校风》[2]是对新同学提出的希望：首先，不要把外间的坏的学风带到清华来，这坏学风包括：政客式的学风——学校政治化，动辄纠众暴力，搬弄是非；买办式的学风——目光专注于金钱，不是为国家而学问、为做人而学问，而是为饭碗而学问，求学、交友、处世都带有营业性；教徒式的学风——教会学校不是信仰自由，而是人人信教，宗教与学问打成一片。清华应杜绝这些坏风气的流入。他认为，第一种必具的新校风是刻苦自责的校风：“刻苦二字，含义甚广，勤、俭、朴素、奋斗、耐劳苦、负责任，种种美德都是从刻苦中来”；自责“一曰，尽其在我，就是忠，二曰，不责他人，就是恕”，这是我们立身、处世、待人、求学所必具的精神，又是中国青年所最缺乏的精神，也是清华所亟须养成的校风。第二种清华所不可少的就是目光远大的校风；他说，“近视”

1　吴景超：《清华学校的校风》，《清华周刊》225 期。

2　贺麟：《新同学新校风》，《清华周刊》351 期。

为中国人的通病，“中国今日政治是近视的，教育是近视的，学生是近视的，革命也是近视的，医治之道，惟有眼光远大”。我们的传统文化讲求“履践要笃实，见地要高明”。

一个学校的校风也就是一个学校的灵魂体现,它是动态的。自强不息、平实严谨的清华校风也不断地被时代的发展推动着，与社会人生有了更为密切的关联，胸襟也更为开阔。郝御风在校庆二十周年（1931 年）写的《清华之纪念》中，用富有诗意的话语指出：清华因了学术的使命而生存，这是清华生命的基石；然而，在一个科学务实的社会里，应该再给它一个心灵，“清华需要一个更开展的心灵，来配合它哲学般的环境”。确实，学校教育的成功，决不在知识的分布，而在于心力的开拓，应使每个心灵成为一切知识的主宰，而非仅主宰于知识！使严肃而寡恩的科学人生，得绝对的自由而美化，这样，清华才能真正地走入现代生活的境地。

清华校风就是这样在不断地坚持、弘扬、充实、修正。这些臧否校风的杂文，总的来说具有大家风范，也许情绪过激，也许观点偏颇，但无不一腔热忱，满怀衷肠。正因为有如此舆论的监督，清华几十年来的校风大致行于正轨，并且能够与时俱进，历久弥新。

四、师生互动，不断完善教育理念与方针

谈到教育的具体实施，清华的方针与制度一直受到来自学生的多方面挑战。被教育者的感受是最直接最深切的，有所谓“切肤之痛”，如果没有开阔的胸怀，是容易流于主观片面的。 但昔日清华的学子们没有为个人好恶所局囿，能够理性而体贴地为清华的教育事业出谋划策，想方设法。当然，褒贬很是分明。

第一、用积极的方法完善道德教育，反对刻板的惩罚方式

当年的清华学生，入学时相当于进中学的年龄，各方面都没有定型，他们不但要学习文化知识，也需要进行性情培养、人格建造，正像卢梭

在《爱弥儿》中所说的，首先要让他知道如何做人，然后才告诉他该做怎样的人。于是，用什么样的方式来塑造学生，在清华校园里有了争执。

《清华德育之回顾与今后之标准和实施》[1]是陈铨针对德育教育的问题而发表的文章。他认为，大家都觉得清华的德育教育不完善，亟待改进，但“德育”是一个空泛的名词，并非笼统地疾呼“注重道德”“道德重要”就能够解决的，更不是增设几条管理处罚条例就可以收效的，而应找出历来清华德育的成功与失败的原因，研究近来教育的趋势，求出清华学生应有的道德标准，使之有所遵循。为此，他用两句话来概括清华德育的历史：“五四以前，取干涉主义；五四以后，取放任主义。”他提出的中心观点是循循善诱，积极引导，信任而不放任，鼓励而少惩罚。他还呼吁学生努力向上，不能仅仅依赖学校的尽责，还要洁身自好，自我完善。

假如说陈铨的杂文是以理服人的话，代中的《我心目中的真教育》[2]则以情动人。他说：“我们四千年的历史唯一仅存的硕果就是德教了，国民在不知不觉中讲礼仪揖让；近来，中华的子孙却争嚷不休，见利忘义，这是教育不良的后果。”来到清华的学子都不足十六岁，正是受教育的关键时期，也是人生最危险的时代：知识半开通，兽性又尚未退尽，“引他们上正路很容易，引他们入坏途更不费力”。教育的环境十分重要，教育方法的选择尤其不能马虎：“管教”的强迫方式效率很微弱，它会引起学生的反抗，“育化”才是有效的手段，它“徐引慢导”，可以“勤学息欲，锻身炼性”，使之一天天与德义接近。而现时的学校教育，无论初级还是大学，多半取严厉管束的手段，比如清华，“二百九十九个学生，就有那么多管理我们的机关，壁垒森严，望而生畏”，收效甚微。他认为，德育为先，培养学生的好心性才是出路。

署名华的文章《清华教育的两层缺点》[3]更是直截了当地批评清华当局对学生品格训练的忽视。“斋务处所做的事，只是消极的管理。他的责任，只是消极地监督学生不去为非，并未积极地引导学生孳孳为善”，这使得

---

1 陈铨：《清华德育之回顾与今后之标准和实施》，《清华周刊》287 期，1923 年 9 月 28 日。

2 代中：《我心中的真教育》，《清华周刊》330 期。

3 华：《清华教育的两层缺点》，《清华周刊》282 期。

学生大都过着平庸的生活，糊糊涂涂，“全无内心的修养，全无远大的志向”。清华的教员对于学生多数只取一种“商人对于买客的态度。他们好像只为薪金而来卖学问的，在课堂中把他们的学问交清了，便算完事”。他认为，要“因人而异其教”，规劝加勉励，这样才能真正训练提高学生的品格。

第二、提倡精神教育，培养自觉的人格，反对“奴隶式的整齐”

几乎从清华创办起，对于它的过于严肃机械、循规蹈矩的教育模式就不断地听到批评的声音，一个学校不能没有纪律，但也不能没有精神的自由和个性发展的空间，围绕这个问题的讨论文章为数不少。

何鸿烈的《清华当局和学生应有的觉悟》[1]一文同样反对被动、消极的教育方法，主张唤醒学生的理性和自觉，使之达到精神的满足，进而贯彻教育的宗旨。他认为清华已有的方针是把教育看作“训练生活术”的手段，使学生从纯粹功利主义的观点去估量知识，把知识当作金钱的敲门砖或出洋的工具，而不是当作开拓智能的门径。作者特别强调尊重和发展“真的生命”——天赋的人权与自由、人的本能和自觉、活泼的思想与举动。他呼吁学生不要把自己当作“分数的孝子”或“笼子里面的鸟，车子前面的马，田里的耕牛”，“人一到了自觉，才会尊重自己的人格，才会自立，自助，自爱，自治”，才能够主动承担道义和职责，获得精神上的进步。

朱湘以诗人的气质特别提倡美育，他的《精神教育》[2]一文认为，教育的目的有两项：一为入世的，主应物；一为出世的，主审美。出世的教育就是精神教育，美育是精神教育必不可少的。美术教育应“选择古今中外之名画时常开会展览，以引起大家审美的趣味”；音乐也应该有特别班，“一授西乐，一授国乐。国乐应聘请国内之音乐家将我国诗歌入谱，这样不仅我校得益，全国都要被惠呢”。文学“乃宇宙人生的真理之艺术的具体表现”，它与美术、音乐等同为人类高尚快乐之源泉。他竭力主张

1 何鸿烈：《清华当局和学生应有的觉悟》，《清华周刊》233 期。

2 朱湘：《精神教育》，《清华周刊》298 期。

减少授课钟点，印一个学生可以遵行的文学书目，请校内外名人作“文学名作讲解”。如果这些美育措施能够实行，“则清华学生尘喧远耳，岚翠在目，听五音而视五色，左李杜而右荷莎，兼撷中西建筑之英的胜地优游其中；然后就其所长，冥然独往，以求达于浑圆的真理；那时精神教育可谓大功告成，我国的精神文明于是有发挥光大的了”。

第三、弘扬国文，课程设置上达到中西并重

清华课程的紧张、作业的繁重历来是有名的，从同学们课后去图书馆抢参考书的情景中可以窥见一斑。对于学校整个课程的安排，诸如考勤的严格、考试的频繁、淘汰率较高等制度提出异议的文章并不多见，但对于一些具体的科目，尤其是国文课程的设置、国文教学的轻慢，却有不少批评的声音。

并不是说谁都认同清华的课程的。朱湘，这个未来的著名诗人，当时就视课程为“催命鬼”，非常不适应清华的制度。《课程上前车之鉴》[1]一文就表达了他对课程设置、授课方式等的种种不满。“有用吗？”劈头就大声喝问，它的功用无非是灌输材料、整理材料、提问材料，对于学生创造性能力的提高，课程是无能为力的。他最难以忍受的是“将一个人的时间一齐霸占住，使一个人的创造力无发展的机会，在这点上课程实在是罪大恶极”。他提出改革的意见：大一的学生已经能够自立，听课来去自由，到期终交自修心得的报告以作成绩；各科授课钟点应酌量减少；课堂上不要都用于问答，应注重课外材料的介绍与整理材料方法的传授，鼓励课外调查，将余下的时间用于国文、英文的提高。他还建议国学从史学入手，增设《资治通鉴》课程，甚至连上课时间也都有推迟的提议。不能说朱湘的意见完全出于个人的考虑，虽然他后来因为旷课过多而被取消过学籍。

同学们比较集中的意见是针对国文课程提出的。清华一开始是留美预备学校，对英文的重视远远超过对国文的重视，不但国文课程都安排在下午，考试成绩的好坏不影响学生“放洋”，就是国文教授本身的各方

1　朱湘：《课程上前车之鉴》，《清华周刊》296 期。

面待遇也远不如西文教授。上有所倡，下有所为，整个校园的传统文化气息相当淡薄，这引起了很多具有强烈民族意识的学生的不满。上世纪20年代上半叶的两三年间，对这个问题有过集中的争辩，这为根本改变轻视国文的状况起了促进作用。

1921年，闻一多在《清华周刊》上发表了《中文课堂秩序底一斑》[1]，用充满讽刺的口吻活灵活现地描述在国文课堂上的不正常风气，他称之为“同类的丑态展览”：

先生：“今天要考了。”满堂大哄，有的骂，有的笑，强狠的开门要走，和平的讲这学堂从来不兴月考。好容易经先生敷衍了半天，才慢慢地坐定了。先生把题目刚写完了，屋后一个声音叫道：“咳，混帐吗！出这些题哪做得完？”

文章犀利地指出：清华的中文教学始终难以改良，“学校怕麻烦，教员不自爱，当然要负一定责任，恐怕罪魁祸首还是这一般负自治盛名的学生吧！”他们在英文课堂上讲诚实、人格，到了中文课堂“便把那骗洋人的假面具扯破了”，露出嚣张欺诈的嘴脸来。

王造时同学是对清华国文教育问题最为忧心如焚的一个。在《劈头一个问题——提高清华国文程度》[2]一文中，首先揭示出清华的学生对中文教员诸多不恭敬，同时，批评校方对中文教员待遇之恶：“说来伤心，道来痛哭。”他痛心疾首于这样的恶性循环：学生方面轻视国文教员——轻视国文功课——不读国文书籍——不通祖国文字——与祖国断绝联系——成为外国人；中文教员方面被轻视——灰心教授——潦草教授——贻误青年——伤及社会。“我们若是不回国做事还可说，我们若是不用中国的钱还有理；既是要回国做事，又要用中国的钱，那么老老实实，对于中文总须并重。”

同类的文章还有《我为国文教员鸣不平》《再论清华的国文问题》《改良清华刍议》等。1924年的《清华周刊》上有《改良国学建议集成》和《清

1　闻一多：《中文课程秩序底一斑》，《清华周刊》214期。

2　王造时：《劈头一个问题》，《清华周刊》250期。

华学生国学调查》，对此进行全面的总结。学生的一系列呼吁，引起学校当局的关注，校长亲自出面，作了关于减轻英文课程和加重国文课程的讲话，校方也采取了一些具体措施以期达到中西教学并重。随着国学研究院的成立，著名的国学大师相继来校工作、演讲，清华的国文教学逐渐呈现出新的气象。

第二章　遥看昔日清华师生

教授篇

没有一个大学生不议论教授的，但也很少有像昔日清华园的学生如此大胆又如此深情地大范围、公开化地大谈特谈教授甚至是校长的。我们不得不为当时学生的胆量惊叹，更不得不对那时的宽松的校园文化氛围心生羡慕，从中领悟出的远不止是一幅幅教授众生相。

常言说："以貌取人，失之子羽。"这句话好像特别为我们的刘叔雅先生而设的。

记得那日国文班快要上课的时候，喜洋洋地坐在三院七号教室里，满心想亲近这位渴慕多年的学说界名流的风采。可是铃声响后，走进来的却是一位憔悴得可怕的人物。看啊！四角式的平头罩上寸把长的黑发，消瘦的脸孔安着一对没有精神的眼睛；两颧高耸，双颊深入；长头高举兮如望空之孤鹤，肌肤黄瘦兮似辟谷之老衲；中等的身材羸瘠得虽尚不至于骨子在身里边打架，但背上两块高耸的肩骨却大有接触的可能。状貌如此，声音呢？天啊！不听时犹可，一听时真叫我连打几个冷噤。既尖锐兮又无力，初如饥鼠兮终类猿……

——一幅多么不堪的形象。这是发表在 1934 年《清华暑期周刊》上的《教授印象记》[1] 中的**刘文典**先生的画像。一位有着清新优美的文笔、绵密新颖的思想的学者，在学生的想象中该是位风流倜傥的摩登才俊，至少也得是个状貌奇伟的古老先生，怎知是这副尊容！作者是真的失望

1 《清华暑期周刊》第 9 卷第 8 期，1934 年。

吗？其实不然，文章先抑后扬，马上极力抒写刘先生学问之渊博精深，对学生之恳挚，对国事之热忱，其精神的力量远远盖过了相貌的不足，矗立着的仍然是一个可敬可爱的先生。

在学生笔下遭遇相同命运的远不止一个两个：

比如**俞平伯**先生：“一个五寸身材的人，秃光着脑袋，穿着宽大的衣服，走起来蹒蹒跚跚的，远远看去，确似护国寺里的一个呆小和尚，他就的的确确是俞先生么？”——这是相貌与学问之不成正比。

比如**陈寅恪**先生：“里边穿着皮袍外面套以蓝布大褂青布马褂、头上戴着一顶两边有遮耳的皮帽、腿上盖着棉裤、足下蹬着棉鞋、右手抱着一个蓝布大包袱、走路一高一下，相貌希奇古怪的纯粹国货式的老先生从对面孑孓而来。”——这是衣着与学问之不成正比。

比如**冯友兰**先生：“口吃得厉害。有几次，他因为想说的话说不出来，把脸急得通红。那种‘狼狈’的情形，使我们这般无涵养无顾虑的青年人想哄笑出来。”——这是口才与学问之不成正比。

还有的“汗流浃背，喘呀，喘呀，上课的工夫大半用在揩汗、摩肚皮上面”，或“上课说话，不时会用手去擦那并没有染上好多粉笔灰的书包，而不敢把眼睛朝你们看”；或“下堂了，大家还没有完全走出教室，一支烟已经又吸掉了三分之一”——这几位是举止与学问之不成正比。

但千万不要以为清华的学生在贬抑他们的先生，恰恰相反，他们为拥有这样看似与平常人无异而实际上是些天才们的教授而深深地骄傲，而且不论他们的外貌举动如何乖戾（当然只是一小部分），个性如何奇特，却无一例外都渊博、尽职、和蔼与可爱，是一些不会混淆、不可取代的学术泰斗：

虽则面上严肃一点，而心肠是最软不过的。——那是**朱自清**先生。

他那便便大腹，好像资本主义过剩生产，已达到了第三期的恐慌似的——瞧着瞧着，原来里面装的是一肚子的词源呀。——那是**杨树达**先生。

有时你看到吴先生独自呆呆地立着，嘴角浮漾着轻微的笑影，那笑，无形中由苦笑而有时竟至非哈哈大笑不可的神情，但刹那间，像在荷叶上飘过的轻风，一切终归沉寂，他毕竟意识到自己是个学者，笑影与轻微俱散，剩下的是那俨然不可侵犯的矜持的面相。——那是**吴宓**先生。

虽然是福建人，可是国语讲得够漂亮，一个字一个字吐得很清楚，而不显得吃力。在上课的时候，学生没有一个敢出声的，只静心凝听，因为他的声音是有节奏的，有韵律的，能使人如同听音乐一样，起着一种内心的快感。——那是**陈岱孙**先生。

一年前在副刊上登载咱们主任自己开汽车往西山的消息，这就是咱们主任万能之一。他自己开车，半路上掉了一个轮子，三个轮的车还一直走，及发现前面有一个轮子在滚，才知道自己的汽车掉了一轮，不万能又怎的？——那是**施嘉炀**先生。

循循善诱地每堂课都写给那许多笔记，所以同学们不爱再发出什么问题，但在真是莫名其妙时，不禁要去一问。很怪，那时的陶先生好好的面孔上又加厚了一层红云，好像是个新娘子，羞人答答地吞吞吐吐地来答复你。——那是**陶葆楷**先生。

…………

在学生的心目中，每个教授都是独特的，最棒的，可谓一人一种风范，一人一个世界。

闻一多：有着“两道浓黑的剑眉，一双在眼镜里闪烁的炯炯有光的眼睛”的诗人教授闻一多，最近丢下20世纪的新诗开始去弄“二千五百年前的劳什子”《诗经》《楚辞》了，不要以为他在“走老路”，“闻先生是决不和那些腐儒一样的。《诗经》虽老，一经闻先生讲说就会肥白粉嫩地跳舞了；楚辞虽旧，一经闻先生解过，就会五色斑斓地鲜明了，哈哈！用新眼光去看旧东西，结果真是‘倍儿棒’哪。”还有一句很要紧的话告诉你：闻先生的新见解都是由最可靠的训诂学推求得来的，证据充足，绝不同于那些新曲解派那样的一味胡猜。最后，学生们还不忘了调侃一下：胸襟沉深的闻先生除了炯炯有神的双眼外，还有一头“整年不梳理”的长头发。

陈福田：听过他的课没有不喜欢他的，他身躯高昂，衣着朴素，相貌端正，“颇令人可爱”，听过他流利响亮的英语“就知道他心机玲珑活泼了”；他“入过军伍，学过文学，宇宙万汇，无所不知”，他怀有一颗赤子之心，态度真诚坦白，而且身怀多艺：“能在大会场做主席，在运动场当裁判……静下来，他能弹琴，读书，改文章，或是做 Essay”，什么事情都比别人敏捷，屋外的花木是他自己培植，常常一路吹着口哨骑着自行车去野外打猎，几乎所有的运动都拿手，学生不禁感叹：“新时代中，他才是一位有健全的灵魂、身体和生活的人！”

浦薛凤：是“最神气不过”的，天生有一副令人肃然起敬的面孔，再配上一副“双丸黑腿”的眼镜，“益显得精神奕奕，器宇岸然，大有师严道尊的气概”；课余饭后，常见他手提文明扶老、鼻孔呼出缕缕青烟，那“走一步望一望的精神儿，真把个西洋尖头鳗的气味表现个十足”。先生上课时特别卖劲儿，进教室的“情势很匆忙，立刻就放下皮夹，抽出讲稿，然后再滚动他那一对小而有神的眼球，注视在座同学”，接着“什么政治思想、政治学说、政治制度、政治现象、政风、政论等等一类东西，像连珠般地向你左右两耳继续地夹攻”，真是听者神往，如坐春风；当然了，粉笔灰难免不变成了“白色的烟幕”，而一串一串迸出的“吐沫星儿”好像“过山炮弹”，坐在前排的学生们“怎会不大遭其殃，连声叫苦”！

还有如同“耶稣下蛋那天给你送东西来的北极老人”似的体育教授**马约翰**，“无论他身上哪一点，都有点儿哲学味儿似的”哲学大师**金岳霖**，个儿极小同时具有“麻雀般的精神，总是跳跳跃跃的”政治学教授**萧公权**，抑或兄弟教授——“把时间权衡了一分一秒不差”的大哥**萨本铁**和给“分数是很抠的”弟弟**萨本栋**……教授们本身提供了鲜明的范本，使得同学们能够栩栩如生地刻画了这些“教授印象”。

当年的清华园聚集着这些卓越不凡的教授固然幸运，同样的，这群妙笔生花的学生们给后来的人们留下了教授群像，不也是阅读者的大幸？而且，从这些文章中能够体味到师与生之间的融洽、和谐、尊敬和理解，又是多么难能可贵。那真是一个令人流连的时代呀！

学生篇

学生生活是人人可以发挥的话题，昔日清华校园刊物里的栏目，几乎没有不涉及学生生活的。正因为是有感而发，这类文章也就格外生动贴切，意趣盎然。

《清华学生生活的派别》[1]质直无饰地和盘地托出清华学生的种种形状，“学者”“文人”“领袖”“小政客”“书虫子”“饕餮派”……大大小小十二种生活派别，将各色人等勾画得惟妙惟肖，比如“书虫”的生活也并不相同：

一种功课很好，但是他们决不肯自足，要把书本倒着都背得过来，才肯甘心。一种功课不好，因为分数的缘故，迫不得已而做书虫，拼着命点起洋蜡来预备功课，眼圈儿红了，才换得仁慈的教员的一个下等。

这两种的书虫子，苦乐也就不大相同。第一种别说读书本了，就是读字典也是有趣味的，第二种人有说不出的苦，也不敢抱怨自己不该上清华来。

女生生活也是清华校园关注的焦点。1928年开始招收女生后，学校的生活变得更加色彩斑斓，女同学的衣食住行、情绪做派，无一不成为话题。每年校庆开放女生宿舍，更引起纷纷的议论，还不时地有报道：女生的小摆设在这一天不见了踪影。多年的不招女生，使得全校的目光过多地注视着她们，学校刊物常常有文章谈论她们，于是“胡堂全体女生”——因她们住在古月堂，大家戏称之“胡堂”——发表《不得不说的几句话》：“女子原不过是女子，一丝不多，一丝不少，怎值得大惊小怪？”

君实发表《两性问题在大学里》[2]的文章，随笔似地漫谈大学女生的地位与觉悟问题，从行文上看，显然是一个男生作者：

从公认的奴隶、玩偶、装饰品，进到默认的奴隶、玩偶、装饰品，高等教育算是尽了抬高女性的地位的责任了。

然而，高等教育并不会抬高女性的人格，只不过拿知识的衣装美化了它，使女性在“性交易”的市场上享受着某种便利和优先权。

男性把女性看作“神化”了的“天人”就算对女性人格给了正确的

---

1 佚名：《清华生活的派别》，《清华十二周年纪念增刊》，1923年4月。

2 《清华副刊》42卷1期，1934年10月22日。

评价吗?

多少男人在播种相思的种子，多少男人辛勤地灌溉着情苗，多少男人庆贺着情田的丰收，多少男人却在为了灾荒而忍受着爱的饥饿!

请看爱的主宰者的得意的笑!

这篇不怎么恭谨的文章立即引起极大的反响，《清华副刊》上开辟了“读了《两性问题在大学里》以后”的栏目，马上有四篇反驳的文章刊登。署名“古董”的发表的见解含有火药味：“女子为什么一定要与男子一样？……高等教育是抬高了女子的人格，增加了她们的自觉心。她们有她们的人生，再用不着别人仅由其日常普通生活去断定她。……清华女同学无论在哪一方面说，并不异于男生。”署名“半翅”（显然是女同学）的更一针见血地指出，践踏女性人格的是那些多数的男性——旧社会制度的维护者，她说：

两性间不应该有着“憎”的，然而女性对那些“留恋旧尸骸”的伪善者却不能不有着“憎”，不但消极的要“憎”，而且要积极地对这些男性施以攻击。“爱”是不能弥补这裂痕的，你能叫羊与狼当中有着纯洁的爱吗?

这些散文是同学们切身感受的倾吐，描述中每每饱含友情，温馨与爱凝聚笔端，即使讥讽，也往往不乏关怀与体贴，看起来是剑拔弩张的争论，中间仍然洋溢着同学少年的真挚情怀。

同学之情，还渗透在另一类叙事记人的文章之中。早年清华招收的学生，从中等科读起，到了高等科毕业，有的共同学习生活了七八年了。朝夕相处的同学，情同手足，相知之深、理解之彻，发而为文，往往活灵活现而又极度夸张，令人忍俊不禁。

“斗牛”是清华学生对打篮球的一个俗称，有文章说，美国的某位学者面对清华学生的“斗牛”场面目瞪口呆，直说只有在非洲丛林里方能见到这种景象。隽的《斗牛》可作为代表：

每当日晷移西，群牛课罢，体育馆喊杀之声作，斗牛以起，斗牛者，质言之，玩篮球的也，惟人数不拘多寡，时候不拘长短，规矩不拘谨严，季候不拘冬夏；此斗牛戏之特色也。

接着从斗牛之初起，写尽了群牛乱战的种种状况，拍球而奔的，隐匿篮下的，奋臂肉搏的，拦腰厮杀的，抵胯的，斜刺的，额破的，腰扭的，生龙活虎，酣战淋漓，直到“淋浴室内，水声潺潺，以与胜者之歌声相应和而已”。

“拖尸”（toss）是清华的又一个“课外活动”，这是老生针对刚入学的新生进行的“体能测试”——有“刑具”，有“刽子手”，不过执法者是面带笑容的，可往往“笑里藏刀”，测试的项目繁多，捉弄性质占主要成分；有“集体拖尸”，也有夜晚突然袭击的“个别拖尸”。对于这项“运动”争议颇多，支持者有之，认为可以给一些趾高气扬的小同学降降温度，也可以融和新生与老生的关系；反对者更多，认为它欺凌弱小，侮辱人格，粗俗而野蛮。在《暑期周刊》上的一篇《拖尸》，传神地刻画一个新生“惧度拖尸之关”的心理，读来觉得又可怜又好笑。被“拖”之前惴惴不安，夜不能寐，久不被“拖”惶恐与莫名其妙地期待，所谓“心理学家言，犯罪者于过失之后、判罪执行之前，最为抑郁不快，恐惧亦最甚”，使得这位可怜的新生“无课时揽镜自照，乃见双颊骤瘦，双目深陷，肤色亦青黑”。终于等来了这躲不掉的一关：“有四人至，分执余手，于空中震荡凡五六次，即掷于榻上。此时余甚迷惘，任若辈所为，唯觉飘飘然，茫茫然，头略眩晕，两臂颇酸，然尚无十分痛苦也”；“既被刑罚，余心乃稍安，反不若前者之无刻不似悬丝”。其辛酸与幽默混杂，成就了一篇有滋有味的散文。

每年的毕业时期，也是为同学画肖像的热闹季节。这时候的《清华周刊》往往出版毕业增刊，让同学们一展才华，将情同手足的同窗好友尽情地描画一番。1923 年 6 月的《清华周刊·赠言号》中有“出国人员写照”一栏，校内的“才子”们个个留有画像：

梁实秋：荷花池畔的诗人，近日在荷边照相，预备印进诗集里去。“生活太丰富了，倒写不出来了”，只要问问清华外的洋车夫便可知晓。

顾毓琇：总在“负责”（请客），每发表一篇作品，就得“负责”一周。起居不定，来去无踪，但要是在星期日上午十一点五十五分——多么精确的时间——你到周刊编辑部去，一定能够看到他在写封面，寄新闻稿件到杨梅竹斜街。

吴景超：“太史公”不仅抱着一厚本一厚本的书狼吞虎咽，还不时在周刊上练习打字的功夫，网球场上返老还童，体育馆中也还“构思”，握拳努目，奔向木马，谋一越而过之。其生活干枯，让人疑虑，但在茶余饭后，结队散步的时候，他带有几个“徒弟”，应接不暇，乐在其中。

梁思成：进城做礼拜，被摩托车压坏了腿，在医院休养得像三楼上的小姐一样白。

吴文藻：假如有两个人在那里辩论，吵得不可开交的时候，吴先生一跑来，辩论准会告结束，他不慌不忙地拿出他调和的劲来，说你有道理，说他也有道理，结果两个人的道理都不充足，只有他才合乎中庸之道。问他是否以学者终其身，他说有机会也要上舞台。这是他哲学一以贯之的地方。

……

没有比学生写学生更贴切而自如的了。有时不厌其烦地罗列细节，有时三言两语地截取片断，无不形神毕肖，意趣满满。没有朝夕的相处相知，没有相当的艺术功力，是很难收到如此生动活泼的艺术效果的。

再看诗歌中的学生形象——

清华园得天独厚的自然和人文景观不但滋养着学子，也在熏陶着诗人。生活在如诗如画的清华园，自强不息，发愤进取，是清华诗歌的主题。但是，对于清华的环境风物和教学设施并不只有赞颂之词，朱湘就在《冬夜歌——敬勉〈周刊〉铲物质而革课程也》一诗中对弥漫在校园的重物质轻精神的风气表示不满：“夕阳是清华的灵魂，/漫天的黑云将他攫吞”；“玄冰仿佛功课，/压住本性活泼的小河”。龙冠海的《给清华西园的小土山》，在怀恋小土山给予他欢愉和自然之趣的同时，以略带辛辣的口吻讽刺校园里的商业气味：教授们“左手拿了白笔，/右手持着簿记，/力尽声嘶地呼此唤彼”，在他的摊子里出售“脑浆”；当然，有资格买脑浆的还得“先买门票”——考取清华。

清华旧的考试记分制度为六个等级：E：超等，学生戏称之为“金齿耙”；S：上等，“银麻花”；N：中等，“三节鞭”；I：下等，“棍子”；P：及格，“当头棒”；F：不及格，“手枪”；而得了两个“F”的学生学校就要开除。于是有了下面的诗句：

谁买得最多的
我就送他一张超等的椅子（E）；
谁买得次多的，
我就送他一个上等的帐钩子（S）；
谁买得不多不少的，
我就送他一把中等的扇子（N）；
谁买得少的，
我就给他一条棍子（I）；
谁买得还少的，
我就给他一个棒子（P）；
谁买得最少的，
我就给他一把手枪装上弹子（F）。

听见了这种种的呼声，
于是他也抢，我也抢，
但是人人都怕抢到了枪；
放了一枪你就要惊慌，
放了两枪你就得逃亡。

无论如何，我们总得抢，
不问人家卖的脑浆，
是新鲜的还是肮脏。
抢到好的，得意洋洋；
抢到坏的，怨望心伤。

多年共读于清华园的学子们，肝胆相映，情同手足，诗歌，成为他们记录友情的工具。吴景超的《朋友》[1]生动地讲述着难忘的同学之情，作者列举了几位知交好友，一一动情地加以描述，在一些简单日常的交往中蕴藏着牢固的情谊，平淡的语汇里饱含挚情，可谓言浅意长：

1 吴景超：《朋友》，《清华周刊》238 期。

我想起光旦：
　我初见他时，
　不知他叫什么名字。
　一天，候他到信箱去拿信，
　就乘机在信箱前面，
　认清了他的名字。

一多：我们认识得最晚了。
　你还记得，
　我们那天饭后出校步行，
　论这人又论那人，
　月旦评作了我们的缔交证？

这首诗同样写得比较直白，但因为有了永恒的友情为纽带，诗人情绪的起伏构成诗歌的内在节奏，而且韵脚与诗行的排列较整齐，比之于前面两首诗歌，显得更为凝练含蓄。

朱广福用五言诗的形式创作了《秋日怀清华同学五首》，不寐、落泪、握别，秋山、远树、斜阳，这一系列哀愁孤寂的词语写尽了对同学的怀恋之情，短短一两句，状出同学的音容气质，仿佛友人就在目前，颇觉亲切。末句以山水草木来衬托人的情怀难禁，也留下了想象的空间。

送别，是诗歌常用的题材。对当年的清华学生来说，离校就意味着要漂洋过海，游学美国，于是，别校园，别同窗，别祖国，是每年的毕业生们的诗题。张锐的《别祖国》[1]写在太平洋上，回头看祖国，联想她的厄运，她的不幸，才真正体会到那是“我的”祖国：

别矣：
我系恋的祖国！
那儿有雄踞的长城，
那儿是华胄的血地；

1　张锐：《别祖国》，《清华周刊》384 期。

太阳照耀着我的家乡，
五色旗儿在空中荡漾。

看哪：
我系恋的祖国！
敌人嚼着你的心肝，
魑魅爬上你的肩膀；
月儿哭向着我的家乡，
惨淡得让人不忍再看。

长期生活在校园狭小的环境里，“要说说不出来，要喊喊不出来”，感觉到的往往是灰暗和死寂。站在去国的轮船上，在水天相连的一线那里，有你生长的一块土地，上面充满着纷乱污秽，你的心中陡然升起无限感慨，你从来没有像现在这么恋她！于是，诗情从你的胸间源源地流淌了出来。

S.M 的《去国小诗》[1]写得更为内敛含蓄：

吻过悠悠碧波的柔风，
你既催着霭霭夜色，
遮断我故国云山，
怎不遏住这船上人思乡万曲？

不惯别离的青年，
今番寄回去的，
是这一叶扁舟载不住的万里离愁？
是那水天连处看不尽的海上初秋？

梁实秋和闻一多是清华文学社的社友，闻一多即将留学美国，梁实秋的“失依之感”很浓烈，“别离情绪盘萦脑际不去者累日”，于是“弗计工拙，迸而成诗”，作《送一多游美》[2]。这首送别的诗既有浪漫主义的

1 S.M：《去国小诗》，《清华周刊·第九次文艺增刊》，1925 年 3 月 27 日。

2 梁实秋：《送一多游美》，《清华周刊·第八次增刊》，1922 年 6 月。

抒情呐喊，也有唯美主义的极端描画，达到相当的艺术水准。作者将“诗人”与“人的灵魂”联系在一起，在这“跳舞的骷髅，游行的尸身，/ 早密密丛丛地填满了人间”的行尸走肉的世界里，只有能够献出心灵的人，才能够成为真正的诗人：

我的朋友！
看渊潭久了，渊潭也要看你！
嗅香花久了，香花也要嗅你！
天上人间的诗人呀！且记取：
“拿去——这是你的灵魂！”
只这一句话能完成诗人。

他认为，诗人闻一多代表了“雍容温厚的东方的魂”，能够“秉着熊熊燃烧的‘红烛’，/ 昂然驰进西方海岸的湾港”；一旦倾吐离情别绪，作品的格调回到了传统婉约诗歌的路子：“牵衣的风啊！ / 系鞭丝的柳枝啊！ / 挽不住离人去了！……”

还有一些风格诙谐的校园诗歌，在轻松甚至愉快的讽刺嘲弄中，掀开了学生生活的某个角落，让本来不太能够公开的某些东西暴露在人们面前，显得滑稽可笑，却也无伤大雅。

请看吴景超的《好像》[1]：

好像北京的人们望着下雨——
　天天趁早起来，
　看天公，依然晴着。
　太阳光拼命地钻射出来，
　半空中再也找不到一点半点云彩！
但是，不要绝望了！
不久，
就可听到淅沥的雨声！

1　吴景超：《好像》，《清华周刊》239 期。

好像清华的学生望着出洋——
　秋阳几度了，
　总还留在校里。
　闷煞也——
　听不完的演讲，
　念不尽的课程！
但是，不要焦急了！
不久，
就可安安横渡太平洋！

仿佛民歌的比兴手法，将事关同学们前程的出洋与老百姓关注的天气变化相比况，幽默地把严肃化解为轻松，并略微地讽刺了一下那些迫不及待者，读之微微一笑，心照不宣。

微郎的《某大学生的失恋——拟鲁迅的新打油诗》[1]更让人捧腹。鲁迅曾经写过《我的失恋——拟古的新打油诗》："我的所爱在山腰；/ 想去寻她山太高，低头无法泪沾袍。爱人赠我百蝶巾；/ 回她什么：猫头鹰。从此翻脸不理我，不知何故兮使我心惊。"等四节，这里，作者依照鲁迅诗的大致方式，只是把镜头聚焦于清华的学生：

　我的所爱在"明"堂，（清华有女生宿舍明斋）
想去寻她心发慌，
低头无法泪双行。
爱人赠我白绸绢，
回她什么：笔记本。
从此翻脸不理我，
不知何故兮使我心碎。

　我的所爱在矿山，（学生称刻苦读书者为"开矿"）
想去寻她不方便，

1　微郎：《某大学生的失恋》，《清华周刊》529 期。

仰头无法心发颠。
爱人赠我 S，E，（指的都是考试成绩）
回她什么：大 F。
从此翻脸不理我。
不知何故兮使我糊涂。

我的所爱在考场，
想去找她怕教授，
俯首无法写夹带。
爱人赠我无字纸，
回她什么：纸无字。
从此翻脸不理我，
不知何故兮使我心戚戚。

我的所爱在影院，
想去寻她路太远，
搔头无法空长叹。
爱人赠我贾波林，
回她什么：张资平。
从此假装不理我，
不知何故兮——让她滚吧！

借名人的作品进行改制，将大家所熟悉的事物嵌入诗中，像考试成绩的俗称，还有当时时髦的张资平、卓别林等等，嬉笑讥讽中又含有某些真实景况，虽然没有什么深文大义，却能够使读者在莞尔之后获得某种心领神会的满足。

后来，又有署名“水木闲人”的作了《我的所爱——赠红衣女郎——拟古的打油诗的新打油诗》[1]，其中的很多词语都是有意识地用了反语，比如清华园有“古月堂”，诗里就有“今日堂”等，读起来同样令人忍俊不禁：

---

1 水木闲人：《我的所爱》，《清华副刊》35 卷 5 期，1931 年 3 月 28 日。

我的所爱一身红——
想去寻她今日堂；
摇耳无法泪彷徨。
我赠女郎十卷洋书，
女郎回我：豆浆一壶。
人皆说我不争气，
不知何故兮，使我舒服！

我的所爱红衣女——
想去寻她图书馆馆北之南；
张口无法泪湿扁桃腺。
我赠女郎自来水笔，
女郎回我：两杯咖啡。
人皆说我不争气，
不知何故兮，使我半身不遂！

我的所爱红女郎——
想去寻她东安市场；
摸鼻无法泪流指上。
我给女郎打电话，
女郎回我：不在家。
人皆说我不争气，
不知何故兮，还是想她！

轻松，是这类诗歌的特点。

逢到毕业时候，同学们的毕业留言格外生动有趣，用诗歌来作别，又是别一番滋味；白眼有《赋得毕业悲哀四首》：

一、黯然消魂，别而已矣
床头婆子脸皮黄，毕竟他乡胜故乡，
颇有自由谈恋爱，绝无“法宝”怕姑娘。

从来好事多磨折，此去佳期更渺茫，
只是哥哥行不得，最难离别是“？堂”。
（“？堂”显然是指女生宿舍“胡堂”——古月堂）

二、方帽易戴，饭碗难找
饭铸黄金何处求，似从海市望蜃楼，
书生只道谋生易，毕业方知失业愁。
抢饭偏偏逢捷足，求人处处触霉头，
四年吃罢平安饭，怕听双亲问报酬。
……

四、旧时豪气，而今安在
丘九从来地位崇，眼空一切气如虹，
头衔不见今朝贵，气焰翻输昨日雄。
著作半文钱不值，教书一辈子愁穷，
干完五典三坟事，来喝西风与北风。

这些亦庄亦谐的诗歌令人发笑；也许笑声能够纠正些什么，也许什么也改变不了，只是为了娱乐一下，这有什么不好呢？

第三章　文化社团与文艺刊物

清华校园的文化活动从建校初期就很活跃，最早有文字记载的可以追溯到1912年的“达德励进会”，最早的文学杂志就是同年由达德学会创办的《达德杂志》[1]和《修业杂志》[2]；吴宓在《达德杂志》上发表过《今世青年之心理》和《论科学小说》等文章。可以这么说，清华的校园文化活动是与学校的历史相始终的。在昔日清华三十多年的历史上，文化社团和刊物极为丰富充盈。

一、主要文化社团及其活动

清华学校时期（1911—1925年）

1. 达德学会及刊物《益智》

《益智》上发表有汤用彤的《道德为立国之本议》、刘庄的《清华园故实记》、傅葆琛的《游大钟寺记》等文章，吴宓采用中国元曲体例翻译的美国诗人的作品也发表在上面。

2. 修业团及其《修业杂志》

《修业杂志》由蔡元培题字，理事为冀朝鼎，团员有李效泌、梅汝璈、后来的著名烈士施滉等。修业团后改为“唯真学会”，不定期出刊物《唯真》，提出“一致用通俗白话文，新标点及横行；多译西洋著作，介绍新思潮”。其宗旨：文学不是贵族的玩物，而要能够使普通人类的心灵觉得明了、

---

1 《达德杂志》，1913年清华达德励进会创办的手抄本杂志，现存1913年3月30日的第2期1号。

2 《修业杂志》，1919年4月清华学校修业团出版的杂志，蔡元培题字，现存2期。

感到有趣，白话文学是求最大多数的便利等与“五四”的时代精神紧密相连。

3．美术社、丄社、美司社

美术社是教师司达尔女士（Miss Starr）组织闻一多、杨廷宝、吴泽霖等高等科三年级的同学二十多人成立的美术社团，分为“实习”“研究”和“宣传”三个方面；社员各择一题考其源流、迁变、现状，进行报告。它的成就显示在实践方面，作品有静物、花草、人物、户外写生、插画及图案等，有名家看见他们的作品评价说，不仅国内各普通学校望尘莫及，便是美术专门学校也难与之比肩。

丄社是1920年春成立的小社团，由闻一多、潘光旦发起，成员只有6人。“丄社”的名称是由闻一多取的，意思有两层：一方面取其“向上”“高尚”之意，另一方面“丄”在古文字中与“六”同义，用此纪念这个小团体成立时仅六位成员。他们提出“改良社会”的口号，热情地投入社会调查，闻一多就曾经到山东农村进行过调查，这是一个追求生活艺术化的团体。

“美司斯”（The Muses）是由闻一多、浦薛凤、梁思成发起组织的艺术团体，分文学、美学、音乐、绘画等部分；在成立大会上，梁启超先生演讲了中国古代真善美的理论；过了一个月，钱稻孙先生讲演了美学问题。之后，就再也没有什么活动了。

4．话剧社团

清华的戏剧活动素来发达，据建校十周年时统计，十年中有记载的演剧达77次，如加上没有记载的应超过百场。从1913年起，每年圣诞节有戏剧比赛，除夕和新年也都有戏剧演出。

1916年2月，洪深的《贫民惨剧》演出的轰动可谓清华文坛的一件盛事，闻一多、汤用彤、李济、张光圻等都参加了工作。戏剧描写贫民惨状，形容尽致，又极家亡人散之惨，使人如亲临其境，为之动容；戏剧家洪深就是从这里走向戏剧创作道路的。

戏剧社团著名的有新剧社、戏剧社。“五四”以后，对于戏剧理论的研究更为重视。1920年5月上演了陈大悲的《良心》一剧，很快就有《〈良心〉新剧之剧谈》发表,接着有《戏剧与“美的剧场”》《演剧与组织》《我之新剧观》等论文出现，从多方面探讨话剧艺术，为清华的戏剧从自发到自为的发展提供理论依据。

5. 小说研究社——文学社

小说研究社是清华校园文学和文人产生的基地，闻一多、梁实秋、朱湘、饶孟侃、顾毓琇、杨世恩等在中国现代文学史上占有重要位置的文学家都是从这里出发的。它成立于1920年底，是清华唯一的研究小说的团体,并发表有《小说研究会宣言》[1]；小说研究社进行的最大的工程是校庆十周年时翻译出版了《短篇小说作法》。

1921年底小说研究社更名为“清华文学社”，这是清华有史以来的第一个综合性的文学研究团体，不论是组织方面还是实践方面都有章有法。频繁地召开讨论会，总的议题有“艺术为艺术呢还是为人生？”“文学与人生”“文学可以职业化吗？”等。不定期地请名人演讲，梁启超讲过《中国韵文里所表现出来的情感》《文史学家的性格及其预备》；徐志摩讲过《艺术与人生》；宋春舫、张鑫海、吴梅都在文学社演讲过。《清华周刊》还开辟“文艺增刊”等。1922年9月创办“清华文学社丛书部”，出版的第一种是闻一多、梁实秋合著的《〈冬夜〉〈草儿〉评论》，第二种是《文艺丛刊》，第三种是闻一多的《红烛》诗集。

清华大学早期（1925—1937年）

1925年9月大学部成立以后，清华校园的文化活动开展得生机勃勃。它一方面继承了清华学校时期的传统，巩固着已有的社团和阵地，比如戏剧社、文学社的活动；另一方面又组织发起了一些新的文艺团体，创办新的文学刊物，其活动的范围和声势比以往更为宏大。

1. 弘毅学会

这是1926年成立的学术团体，陈铨在《弘毅学会成立纪事》中解释道：它没有任何政治色彩,为一“砥砺人格、研究学说”之团体；学会的《会奉》提出了他们的宗旨：“以谋中国之解放与改造”。会员修养的标准是：

1 《小说研究会宣言》,《清华周刊》205期。

一、平心研究，不肯盲从；二、坚韧耐劳，不怕牺牲；三、见义勇为，不畏强御；四、洁己奉公，不徇私情。

《弘毅》[1]月刊的总编辑为陈铨，学说干事为吴其昌，丛书委员为张荫麟；栏目有短评、论著、学说、文艺。从现存的两卷8期的月刊上，可以看出它的文学水准很高。李健吾在《弘毅》2卷3期上发表了独幕剧《囚犯之家》，借历史讽喻现实；陆侃如的文学评论《闵著〈春深了〉序》一文，论述闵之寅的小诗创作，将"五四"时期盛行的小诗的来龙去脉缕析得头头是道；陈铨的《清代第一词家纳兰性德评传》也很有见地。

2. 终南社

1927年成立，社长梁敬钊，朱自清为顾问。这是以"研究文艺为目的"的组织，聘请文学名人演讲是他们的特色。重要的演讲有：王文显的《西洋近代戏剧》；张彭春的《中国戏剧漫谈》；许地山的《中国佛教文学》；吴宓的《西洋文学与中国文学》；黄子通的《杜诗与渥茨渥斯》；冰心的《文学与社会》；杨振声的《新文学的将来》等。

3. 中国文学会

这是清华大学中文系的教授和同学在1928年共同组织创办的，其宗旨是：研究文学，联络感情，并谋求中文系的发展；朱自清、杨振声、毕树棠等先生一直关注参与这个学会，朱自清在成立大会上就作了《杂体诗》的演讲。杨振声曾作了会务报告，对中文系的课程标准定了三个途径：一、注重中国课程之博观；二、注重西洋文学；三、创造新时代的文学。此外，林庚讲过《新诗与音乐》，吴组缃讲过《大众文学问题》。1933年起，朱自清负责学术，闻一多负责出版，他们的任职一直持续到1936年。其最主要的成绩体现在出版了9期的《清华中国文学会月刊》[2]（即《文学月刊》）上。出版委员会的组成：林庚负责出版，朱自清先生负责学术，编辑有赫崇学、安文倬、浦江清、李文瀛。从一开始，这一刊物就显示出诗文并茂的特点，既有诗歌、小说、散文、戏剧，也有学术论文和文艺

---

1 《弘毅》月刊，1926年5月—1927年5月，共出版2卷8期。

2 《文学月刊》，1931年4月—1935年5月，共出版3卷9期，清华大学中文系"中国文学会"主办，全名《清华中国文学会月刊》。

评论。第 2 卷 3 期为“新诗专号”，第 2 卷 4 期为“戏剧专号”。俞平伯、林庚、李健吾、余冠英、孙毓棠、余上沅等都有佳作。

4. 文学社的中兴

1929 年 4 月文学社有所谓“中兴运动”，第 456 期《清华周刊·文学社中兴记》云：文学社为校内最好会社之一，代出名人，如闻一多、梁实秋、朱湘、饶孟侃、余上沅、柳无忌…… 同年 5 月，文学社所编《新风雨》月刊出版，上面刊载的诗文有：杨振声的《茅盾的〈幻灭〉〈动摇〉》、于潜的《回答》、念生的《给》、李惟健的《爱》、霍佩心的《我是一湾寂寞的池水》、曹葆华的《故乡》、朱自清的《中年》、罗皑岚的《苦果》等。《新风雨》是文学社最重要的文学刊物。

5. 戏剧社

演剧，是清华最悠久的艺术传统，早在“五四”以前，其声誉就越出校园，蜚声京津沪等地。戏剧社自 1922 年成立以来，一直是清华最成功的艺术社团，到了清华大学时期，活动得更为井然有序，无论是舞台的演出还是剧本的创作或是戏剧理论的探讨，都颇为成功。

1925 年 9 月，也就是大学成立后的第一个学期，刚开学，戏剧社就颁布宗旨：研究与表演艺术的戏剧。历任社长有何鸿烈、苏宗固、李健吾、万家宝（曹禺）等。1926 年戏剧社请来了洪深和欧阳予倩在工字厅演讲；1928 年起李健吾任社长的期间，戏剧社的社员达五十多人，他们进一步提出“研究戏剧原理，注重表演”的主张。1930 年秋季学期起，“来自南开、精熟戏剧”的万家宝（曹禺）开始任社长，他在迎新会上导演了《自然》一剧。据《国立清华大学校刊》记载：“戏剧社自社长万家宝就职以来，工作进行甚力。”

中国现代戏剧的领军人物曹禺的创作就是从这里起步的，他的成名作《雷雨》就完成于老清华的图书馆。清华大学的戏剧活动和戏剧创作在中国现代戏剧史上占有着一席之地。

联大及复员后（1937—1949 年）

卢沟桥的枪声打碎了校园的宁静，国立西南联合大学成立，开始了八年充满艰辛而又成果丰硕的“联大”时期。在这一阶段，大学校园的文化活动不但没有因为环境的简陋而沉寂，相反，众多的文艺团体和刊物在四季如春的昆明蓬勃生发，显示出特定的时代风采。因为这个时期的社团与刊物同属三校，在此略过。

1. 联大剧艺社－清华剧艺社

联大剧艺社于1944年下半年成立，剧社演出的第一个戏剧是为了庆祝清华校庆的名剧《风雪夜归人》。1945年国民党制造了震惊中外的“一二・一”惨案，4名学生壮烈牺牲。郭良夫同学收集烈士潘琰同学的生平事迹，创作了《民主使徒》(公演时改名《潘琰传》)；田汉、洪深、吴晗等先生给了这个剧作很大的支持，闻一多为之题字。

西南联大解散后，在清华的舞台上剧艺社表出现强劲的生命力。1946年12月20日，宣告清华剧艺社正式成立，郭良夫为第一任社长；后万文伟、闻立鹤、朱本仁都担任过社长。1946年末，在清华大礼堂演出《可怜的培迦》《处女的心》《十三年》三出小戏；1947年寒假期间，排演了国民党政府明令禁止的茅盾的《清明前后》。在“反饥饿、反内战”大游行期间，清华剧艺社赶排了《金銮宝殿》和《万元大钞》两个活报剧，这些都是学生与老师同台演出，吴征镒老师扮演过重要角色。

1948年初，清华剧艺社排演了曹禺的《原野》，王松声进行了改写，将一部象征主义的戏剧改为一个农民复仇的故事，变成一个人与制度而不是与命运搏斗的悲剧。特别是扮演仇虎的闻立鹤，身材魁梧，他的右腿为掩护父亲闻一多被国民党特务击中，走路略跛，加上他炯炯有神的大眼、激愤的情绪，很符合人物的外貌和心理。

1948年12月25日，清华园解放，清华剧艺社的同学们去石景山钢铁厂演出解放区的独幕剧《开市大吉》，去清河毛纺厂演出解放区剧本《枪》。1949年1月底，进城演出《迎接解放》《枪》等。

2. 清华国剧社

清华大学的师生对国剧的热爱由来已久。早在20世纪30年代初就成立了“清华谷音集”。当时，为了抢救已日益衰沉的昆曲艺术，学校专门请来了有“票界大王”之称的红豆馆主溥侗任特别导师，每周授四小时昆曲课。不少学生和教授、教授夫人都踊跃参加。溥先生的传授，带动了清华一批票友，逢年过节，师生们粉墨登场。俞平伯、浦江清等教授组织“谷音集”，为的是昆曲艺术的研讨与弘扬。俞夫人许宝驯、朱自清夫人陈竹隐在清华大礼堂演出过《游园惊梦》。

清华国剧社成立于1947年，年初有同学自发地组织演出《连环套》，使得爱好京剧的同学觉得有必要建立京剧组织，随即在大饭厅张贴海报筹建清华国剧社。第一次活动是教唱《二进宫》。经过一个冬天的排练，1948年4月在清华大礼堂公演《红鬃烈马》，获得极大成功。从此，每周四例行活动；师生同台，相继演出过全本《群英会》，以及《贺后骂殿》《游龙戏凤》《平贵别窑》《打渔杀家》等折子戏。1949年2月在平津铁路局大礼堂演出《九件衣》，长达四小时，一个业余剧团能够驾驭如此宏大的场面，这在国剧舞台上并不多见。

二、重要的文艺刊物

从现存的校园文艺刊物来看，当年清华校园的艺术水准与同时代的文坛相比毫不逊色；一大批中国现代文坛的诗人、戏剧家、小说家们就是从这里开始了他们的艺术征程，他们的校园创作有的甚至成为他们的代表作品。水木葳蕤的校园刊物成为他们值得骄傲的处女地。

《清华周刊》中的文艺刊物

《清华周刊》是清华校园影响最大、持续时间最长的刊物。在它出版的637期上，文艺栏目始终占据着醒目的版面。它陆续出版了11期文艺增刊、6期文艺专号，加上校庆纪念号等，汇聚成相当可观的艺术景象。

1. 文艺增刊

从第260期开始，《清华周刊》的后面不定期地刊登《文艺增刊》，共出版11期。在《本刊〈文艺增刊〉发刊旨趣》上这么说：“清华学生的生活是机械式的，极其枯燥无味。最高尚的救济方法，是使他们能领略鉴赏文艺，和创作文艺的兴趣”。试图通过文艺来改良学生的生活质地，是他们的追求。

《文艺增刊》的栏目有评论、诗、小说、戏剧和杂文。总计文艺评论20篇，诗歌60首，短篇小说24篇，戏剧4出，杂文12篇。《文艺增刊》集中了20世纪20年代上半叶在清华文坛崭露头角并且在中国现代文学史上占据地位的一群文学家：梁实秋、闻一多、朱湘、顾一樵（顾毓琇）、孙大雨（子潜）、余上沅、吴景超、何一公（何鸿烈）、罗皑岚……一个校园的文学杂志汇聚了如此众多的文艺才子，这在中国文坛尚不多见。

增刊里的论文主要分两类，一类是文艺理论的研究，一类是文学作品的评论。

《文艺增刊》上对文体的讨论很热烈，比如关于诗歌体裁，诸如《什么是诗》《诗的音韵》《十四行体与连锁韵》，对于“五四”兴起的白话诗的看法不乏真知灼见。对于戏剧这个舶来品的认识，也是清华文坛上讨论的焦点。余上沅发表了《联合剧的由来》，回顾了戏剧发展的历史，追溯它在欧洲的起源、演变和分化过程。张仲述演讲、贺麟笔记的文章《新剧在中国的前途》，论述话剧尝试阶段的失误，提出要重视舞台排演，培养优秀的演员；剧本要从新生活中发掘，从诸如“心情的紊乱，新旧的冲突，制度的变迁，生活的痛苦”中提炼素材。

《文艺增刊》上最有分量的文学评论是子潜（孙大雨）的《郭沫若——〈女神〉与〈星空〉》，因为作者就是诗人，他能够从诗歌的内在特性上把握郭沫若的创作，这篇诗论既阐述了新诗的基本要素，也是对郭沫若诗歌较为公允的评判，是现代诗歌批评史上的名篇。

在《文艺增刊》上刊登有大量的诗作。闻一多早年的重要作品《太阳吟》《忆菊》《秋之末日》，朱湘的《小河》《流啊，小河》，子潜的《秋夜》《荷花池畔》，还有梁实秋、何一公、饶了一（饶孟侃）等的诗歌，都是佳作。

《文艺增刊》上的短篇小说大致有两类主题，一是学生自己的身边琐事，描写的要么是青春的苦闷、同学间的关系，要么是童年的记忆、对亲人的思恋；一是反映社会问题，贫富的悬殊、道德的高贱等等，有的小说很具力度。

2. 文艺专号

“文艺专号”是指《清华周刊》的文艺专栏，共有6期。上世纪30年代的清华文学名家如林庚、吴组湘、曹葆华、李长之、季羡林、侯梅、李文瀛、郝御风、宗植等都活跃在这里，后来蜚声文坛的孙毓棠、方玮德、辛笛、陈敬容也在文艺专号发表过作品。它的栏目主要是诗歌、小说、散文（小品）、评论等。

文学理论及评论是文艺专号上的重头。俞平伯先生的《诗的神秘》以散文的笔调，从作品、作者、读者三个方面来阐明诗（包括词）的神秘性。作为一个新诗、旧诗词造诣均具的专家，俞先生对于诗的微妙、复杂、幽深自有独到的体味。西谛（郑振铎）先生的文章《我们所需要的文学》对清华文学家们定然有警示作用。

对于当前世界文学的动态，文艺专刊上也有论述。何东辉的《现代欧美文学概观》涉及了自然主义、未来主义、新现实主义、象征主义等19世纪末20世纪初的西方文学流派；苏菲亚的《苏联文艺的新动向》指出，最近的苏联文坛很活跃，占据中心的不都是革命题材，而是涌现多种主题——显然，作者已经注意到，一味地“革命”并不是文学的最佳状态；婉龙的《新现实主义文学概观》则具体论述苏联的革命文学创作。

佩弦（朱自清）先生在此发表了《论白话——读〈南北极〉与〈小彼得〉的感想》一文，他以一贯严谨的文风，缕析白话文的发展与演变。张露薇的《论徐志摩的〈翡冷翠一夜〉》写得入情入理。在徐志摩逝世后，爱戴他的与攻击他的人们在报刊上打了许多笔墨官司，这篇文章没有意气用事，立论和见解都较客观公允。李长之在此连续发表了《张资平恋爱小说的考察》《论茅盾的三部曲》《歌德及其童话》等长篇大论。对于园内文人的评论是清华的传统，这一阶段批评的焦点集中在曹葆华的诗篇《落日颂》（新月书店出版）上，春霖的《评曹葆华的〈落日颂〉》很有代表性。

文艺专号上最突出的成绩是小说，6期上共刊登了28篇小说，可见其密度之大。与上世纪20年代校园小说最大的不同在于社会容量的增大，对于当前的政治动向的关注占据这些小说的主体。抗日题材、革命题材、工人题材和农民题材的挖掘超过了对学生的自我身边问题的倾诉。

反映抗日主题的小说有林庚的《一隅》、任辰的《关外》、崔垂言的《疤痕》、笑里的《缴械以前》、涟清的《我们在地狱》、胡琴子的《还乡》等。工人题材也是清华校园文学的一个新的主题。俊林的《和平》反映工人罢工失败的过程；康铮的《播种》也涉及罢工的问题；程山的《耕耘》描写受苦的工人、妓女都在向往新的生活，寻找新的工作。

吴组湘在此发表了他在清华时期的代表作《官官的补品》《卍字金银花》《小花的生日》等小说。

文艺专号上的杂文也较有分量，林庚、叶公超、俞平伯、李长之、季羡林等都有佳作。

《清华文艺》

1925 年秋季学期，清华大学宣告成立，《文艺增刊》改名为《清华文艺》，另印单行本，月出一刊。《导言》阐明《清华文艺》的宗旨：第一，注重中国旧文艺的整理；第二，注重西洋文学的翻译和介绍；第三，注重时下作品的批评；第四，注重清华生活的描写；第五，登载有趣的笔记笑话以提高学生的兴趣。纵观《清华文艺》的创作，这些指导思想基本上得到了贯彻。《清华文艺》的栏目有批评与介绍、诗歌、小说、戏剧、杂谈等。

“批评与介绍”一栏包括中外文学的评论。第一期有杨宗翰先生演讲、贺麟笔记的《但丁的生平及其著作》；涛每的《诗人雪莱的心理》；署名“记者”的《评〈女神〉》。

《清华文艺》上刊载了大量的古诗词，这在“五四”新文化运动几年后的校园，也是一个有意思的现象。这里发表有梁启超的《沁园春 · 亡友汤济武之子佩松游学美国，倚声赠行》《浣溪沙 · 乙丑端午前一日，公园夜坐书感》《亡妻李夫人葬毕告墓文》等；吴宓的《水龙吟 · 乙丑中秋寄怀诸友》《荷花池即景》；钱基博的《乙丑秋夜读杜诗有感赋呈孟宪承先生三十二韵》等。翻译的外国诗歌也有不少采用的是古诗词形式，比如吴宓用五绝翻译的泰戈尔的《死别》、五言翻译的罗瑟蒂的《愿君常忆我》，自昭五言翻译的《静默之情郎》等。

杂谈在这一年的《清华文艺》中也占据比较重要的位置。总编辑涛每在前两期中专门开设了《涛每丛谈》栏目,集中了一些短小精悍的杂文,或就校园的某些问题发表见解,或针对文坛上的现象展开论述。《涛每丛谈》中有《良臣与民贼》《康有为的譬喻》《诗人的想象》。

在停刊一年之后,《清华文艺》1927年又重新出版。这一年出版的5期《清华文艺》有诗歌、小说、戏剧、散文、评论和小品,其中小说有不少佳作。逸生的《笑声》充满着对我们国民性弱点的愤懑,揭示着世人的凉薄。冠海的《例外的中国人》如同一幅漫画,辛辣地描写一个红脸的人在喋喋不休地对沉默寡言的同伴直骂"中国人"怎样怎样,唾沫四溅,仿佛自己不是中国人似的。李健吾发表了两篇小说,一篇是写给孩子们看的动物故事《一个极小极小的老鼠》,用拟人化的手法,写活了小人物似的老鼠在见到一块肉时的心理;另一篇《一个兵和他的老婆》(第二章),采用第一人称的方法,通过老兵的叙说描述了一个感人的爱情故事。罗念生的几篇散文都很有味道,《芙蓉城》是一篇记地散文;《打猎》生动地记述与外公打兔子的经历和孩童既恐惧又新奇的心理;《钓鱼》则非常详细地描写钓鱼的快乐的一天;无论记人还是叙事都显示出扎实的文字能力。

罗皑岚在《清华文艺》上有"家居乱画"专栏,发表的是杂文。毕树棠先生有《杂记》两篇,一是谈美的意境之不可重复雷同,另一篇是通过女子的绣花鞋讨论女性的心态。谢文炳的《灯蛾》反映他的动物主义思想。

《清华文艺》上的诗歌力作不少;题头、篇末的小诗也是它的一个特色,读起来朗朗上口。

《文学月刊》

《文学月刊》是1928年成立的中国文学会的刊物,发行了四年多。林庚负责出版,朱自清先生负责学术,编辑有赫崇学、安文倬、浦江清、李文瀛;顾问有陈寅恪、俞平伯、徐祖正、浦江清、郭绍虞、赵元任、赵万里、罗莘田、刘叔雅等。从一开始,这一刊物就显示出诗文并茂的特点,既有诗歌、小说、散文、戏剧,也有学说论文和文艺评论。文言文和古诗词在开始的几期中占据较大的比重；还出版有“新诗专号”“戏剧专号”。

每一期的开篇均为学术论文，陈寅恪在此发表了《庾信哀江南赋与杜甫咏怀古迹诗》等两篇论文，赵元任、浦江清、杨树达等都有文章。

诗歌是《文学月刊》的主导。未来的著名诗人林庚（静希）发表了大量的作品，做到了每期皆有；擅长戏剧和小说的李健吾在此发表过一首很有力度的长诗《囚犯》；俞平伯发表了 35 首《呓语》，则更像枝枝带刺的玫瑰，不论长短都既芬芳又尖锐。

民歌、山歌的收集整理也是《文学月刊》的一个特色。任二北（任半塘）的《一片翠》，精选小曲 24 首，大都为“闺怨痴情”、悲欢离合的恋歌，自然真朴，想象丰富。岭东客在《文学月刊》上刊登《山歌一束》，共 20 首广东客家山歌。

《文学月刊》中的小说不多，但也有上乘之作。吴组湘的《两只小麻雀》满溢着感伤，以平民主义的眼光注视着农民的苦难，同情他们的遭遇；何凤元的《韭菜》很有情趣，充满生活的气息。

文学理论与评论的文章较有分量。赵奇的长文《现代中国的几个女作者》对冰心、庐隐、丁玲、沅君、凌叔华、绿漪六位当时最有名的女作家一一详尽地加以评说，有些论断至今仍不失公允。熊佛西的《写剧的艺术》是一篇戏剧理论佳作，论述了戏剧文学的创作规律，探讨“热烈的感情”与“伟大的思想”之间的关系。余上沅也发表了一篇有关戏剧的论文《摹仿和摹想》。余冠英的长篇诗论《新诗的前后两期》，从五个方面对以《诗镌》为界的前后诗坛作了详尽的分析；他的《纪念徐志摩先生》一文很客观地评述了这位早逝的诗人：活泼可喜却有时不能深入，聪明但不伟大；他说中国文学自有新诗以来，有三个集子决不会被人们忘却：《尝试集》《女神》和徐志摩的《翡冷翠的一夜》，现代文学史已经证明了他预言的准确。

第四章　清华校园文化论争

没有论争的校园是多么的没有生气！当年的清华校园可谓思维雀跃，争论不断，一派盎然生机。无论面对的是名家还是师长，不管针对的是权威之说还是新晋思潮，学生们往往能够一呈己见，以理示人，体现出厚实的知识素养和坦荡的人格魅力。

一、文言文与白话文之争

1917 年 4 月到 1919 年 12 月，清华文坛上文言文与白话文的争论颇为激烈。坚持白话文的同学抬出了文学革命的先锋胡适，两次请他来校演讲，当时的《清华周刊》主编桂中枢等积极地为白话文呐喊；以罗隆基为代表的一派则决不放弃文言文的阵地；也有同学撰文持不偏不倚的态度。一时间论战四起，煞是热闹，直到“五四”运动后半年多，白话文形成不可阻挡的趋势之后，才归于平静。

首先在文坛上发难的是桂中枢，他在《清华周刊》上连续三期（106、108、111 期）发表《忏惰笔谈——改良文字观》，对中国文人的守旧意识猛烈抨击。有意思的是，他的这篇文章仍然用的是文言文：“神州文学，精深华美，包罗万有。独惜我国文人，嗜古成性，工于摹拟，惮于创始。辗转剽袭，陈陈相因。以至今日文学界大有腐朽沉寂之象。”他极力推崇陈独秀、胡适提倡的革命文学的主张；但他还有一个比较公允的观点，即不同意胡适他们提出的“废古典”一说，他认为古典之于日常生活确实没有什么大用处，而用于文学则很有裨益；文章还对那种以西文为依据来对中国文学指手画脚的做派很不以为然，认为正确的途径是“一面应采西人之长以补我之短，一面尤当发挥我固有之文明，将其真面目贡献于世界”。这是一篇心平气和的文章。

1917 年 11 月，胡适来清华演讲《中国文学改良问题》，与他在《新青年》上发表的《文学改良刍议》的观点大致相同；1919 年 5 月，在清华文坛有关文言文与白话文之争最激烈的关头，胡适又一次来清华演讲，可能他认为已经用不着再来为白话文正名，所以这次的题目是《白话文学何以必须研究》，从用字、文法、用韵三个方面来具体阐述白话文的作法，而客观上也是对坚持白话文的同学的一个激励。

“五四”运动前的两个月，是清华校内文言文与白话文论争至于白热化的时期。化名“吞炭”的罗隆基刚刚代理《清华周刊》的一切事务，他首先在第 164 期的《警钟》栏目里发表文言文章《白话文学》，主张文言文，反对白话文；同时署名“石潭”和“石湖”的两位同学积极声援罗隆基，也发表了反对白话文学的文章；接着“清华白话文学研究会”书记裴庆标、会长刘聪强分别给《周刊》总编辑来信，指责他们的文章发表在《警钟》栏里，不是在研究学问，“很有一点骂‘清华白话文学研究会’的气象”，研究白话文学何罪之有而需要敲警钟受劝告？罗隆基马上回复（当然用的是文言）：“刘聪强君来函系用白话文，此种文体于清华学校实属创建”，“依仆看来，实乃仅拾得些须**外国文字之糟粕**（重点为原文所加——作者注），试问今日陈胡（指陈独秀胡适）诸人，提倡之白话文字，究竟是欧化中文之结果，抑系中国人自己之一种新式文字？”罗隆基进一步奚落对方有方言白字若干个，“惟深通夫文学者始可以提倡改良文学，惟深通夫文学及白话二端者始可以提倡白话文学”，他并非“不好研究白话文字，乃是不敢研究白话文字耳。邯郸学步，失其故行，仆心警焉。”

反反复复，双方接着又争论了好几个来回，咬文嚼字，各执己见。罗隆基一方往往用气势唬人，诸如“凡提倡文学革命者必一代之文学家也”，从马志尼说到马丁·路德，意思是对方水准不到气候，就连胡适之的观点也被他作为白话文的反证：胡适在清华演讲时认为“春眠不觉晓，处处闻啼鸟”是白话诗，那么“‘睡’而曰‘眠’，天明而曰‘晓’，‘鸟叫’而曰‘啼鸟’，则不但唐诗为白话，即屈宋之楚辞亦可称之为白话”，文言与白话也就没有了区别。罗隆基洋洋洒洒，长篇大论，坚决反对文学革命、白话文运动，他用特大号的字体疾呼："倡文言文学者文言兴而白话不废，倡白话文学者白话兴而文言将灭绝于天下矣！"同时，坚持白话文的另一方也步步紧逼，毫不相让，惯用采用的方法是以子之矛攻子之盾。一时间，校园里的兴奋点都集中在这个论争上。

白话文学研究会与罗隆基等人后来都不免有些意气用事，倒是局外人的观点更客观公正。丹的《白话文学要义之大略》[1]，对白话文做了"痛快切实之探讨"，分析白话文学所具有的精神和实质两层，它的精神在于实用，实质在于适用；它求事理之真，以诚意感人。署名受的同学发表《文学改革谈》[2]，认为应取的态度是：不喜新厌旧，不守旧灭新，方为正当；反对白话文者更应该研究白话文，赞成白话文者更应该研究古文，然后立论。秋水的《折中主义》[3]主张文言文白话文并行不悖；南的文章《何谓白话文学》[4]从三个方面给白话文学下定义：新文学是白话文学，新文学是平民文学，新文学是人的文学。

伏生在1919年12月发表的文章《新文学同旧文字》[5]仿佛在给这场争论作了结，他说新文学与旧文学之间有着深刻的渊源关系，"新文学是现在的文学，旧文学是从前的文学"，对于过去，我们应该用从前的眼光来看而不应当用现在的要求去衡量；同时，旧文学中并非全然不可取，我们要进行改良，既要弄清楚该舍弃些什么，也要搞明白得保留些什么，这样才能真正地发展新文学。——这些见解较为公允。

这场为期不短的文学论争，虽然发生在清华校园内，实际上也是当时整个文坛新旧文化之争的缩影。谁是谁非，已经不重要了，时间也给予了最好的回答。随着新文学地位在中国现代文坛的确立，清华的文言文与白话文的争论也告一段落。

1 丹:《白话文要义之大略》,《清华周刊》167期。

2 受:《文学改革谈》,《清华周刊》168期。

3 秋水:《折中主义》,《清华周刊》169期。

4 南:《何谓白话文学》，同上。

5 伏生:《新文学同旧文字》,《清华周刊》182期。

二、新诗与古诗之争

诗歌，历来是校园文学的主体，清华也不例外。白话诗取代古体诗词是新文学运动的一个重要的组成部分，清华校园最早出现的白话诗是1919年8月出版的《修业杂志》署名“倦”所发表的《看见你》一诗，同期还刊登了伊凡翻译的泰戈尔白话无韵诗歌6首。此前，古体诗占领着清华文坛，一统天下，1920年以后，白话诗渐渐唱起了主角，王造时、闻一多等推波助澜，使清华的诗坛风气日新。

新诗与古诗的论争也就此拉开了帷幕。

1920年11月，浦逖生在《清华周刊》200期上发表文章《时髦白话诗底罪恶》,他说“白话诗的罪恶”在于：认为白话诗容易,可以随便地做，不讲求韵、律、辞藻、典故；要知道“诗是一件最高的艺术品——思想的结晶、构造的精华”，不是任谁拿起笔就可以涂鸦的；如果不就此打住，一味地追逐时髦的白话诗，势必迷误学诗人的思想，不去潜心研究，其后患无穷！不得不承认，这些观点切中了白话诗刚刚兴起时的某些流弊，诗歌没有诗的属性，仿佛分行的散文，所谓“作诗如作文”（见胡适《逼上梁山》)，这对于白话诗的发展很不利。

在201期的《清华周刊》上，无吾的《我对于现在一般新诗家的劝告》一文，就诗歌的内在思想性发表看法。他认为诗的精神、要素全在于思想而不在于体裁和文字；无论新诗古诗，思想、美感和气力是成功的关键；他指出，现在新诗很多做得不知所云，恐怕诗人自己也未必懂得，无病呻吟，不具备美感；最可怕的是国文半通不通，杂句横陈，根本不像诗。

1921年关于新诗旧诗的争论带上了意气，这可以从文章的题目上看出来：《敬告落伍的诗家》[1]《敬告时髦的诗家》[2]。先是新诗人风叶发难，他在《敬告落伍的诗家》一开头就来了两句：“告人此路不通行，可使脚力莫枉费”，他认为胡适提倡的诗体解放已经成为历史的事实，再来与“方

1 风叶：《敬告落伍的诗家》,《清华周刊》211期。

2 国史：《敬告时髦的诗家》,《清华周刊》220期。

斗派”（意思是指整齐“如豆腐块”的古诗）论争简直成了笑话；他“诚诚恳恳”地奉劝那些落伍的诗家：“若要真做诗，只有新诗这条道走”，否则只会丢尽面子，落得个腐败的名声。此文一出，反击之声即起，国史的《敬告时髦的诗家》是篇文言文，对上文的“刚愎自用”“百般诮骂”急起直追，他希望新诗人们不要“自甘蒙蔽而得破坏国粹之罪名”。

有意思的是，当时校园的著名新诗人闻一多、朱湘等并没有发表文章参与争论，但闻一多在此期间写了论文《评本年〈周刊〉里的新诗》[1]，对发表在这一阶段的有代表性的新诗作了详尽的评说，这也许就代表了他的见解？应该看到，虽然是新诗的积极倡导者和创作者，闻一多对新诗初期的直与白也是很不满意的，1921 年，他在文学社组织的活动中专门做了“诗的节奏问题”的报告，对无韵诗及在美国兴起的自由诗进行了抨击，直到后来他创立新诗的著名的“三美”理论（即音乐美、绘画美、建筑美），说明他不但不赞同初期白话诗那种“绝端的自由，绝端的自主”的状态，而且孜孜不倦地要为新诗建立理论规范。朱湘的创作也证明了这一点，他是一个追求新诗格律化的代表诗人。

三、电影问题的论争

清华校园 1916 年春天起就有电影放映，但开始时偶尔为之，因为那时在周末有许多俱乐会、演说会等文娱活动。到了 1919 年下学期，电影放映变得频繁起来，每个周末都有一场电影，影片中不乏有价值的教育片；后来几个同学不知通过什么途径从城里搞来不少美国的娱乐片，充满着刺激与诱惑，不少师生对此极为不满，一些美籍教授也对不能代表美国电影主流的影片很生气，于是，一场围绕电影问题的论争由此引发。

最早向清华电影发起挑战的是“丄社”的同学们，在第 198 期的《清华周刊》上，闻一多发表了一篇充满讽刺意味的小品文《黄纸条告》。所

1 一多：《评本学年〈周刊〉里的新诗》，《清华周刊・第七次增刊》，1921 年 5 月 27 日。

谓“黄纸条告”就是每周张贴在校园的电影广告，文章借不同人的口气，从多个角度来显示不健康的电影产生的后果，义愤的情绪溢于言表：

万人攒动，接踵摩肩，挤在礼堂的赭色门前，好像庙会时候护国寺的香客们朝见佛爷似的；他们的馨香顶祝的热忱，即表现于那被波涛澎湃的声潮里。“好极了！陡起来了！这个星期有好片子看了！”……我们整星期囚在这“水木清华”的但是平淡的世界里，多亏你常常饷以“五光十色，光怪陆离”的地狱风光，我们的眼福不小。

同期，周先庚也发表《改良清华电影的发端》的文章，指出清华的电影只是为了获利，放映的是些《神弹侠》《黑衣盗》《太阳党》等，长期下去，“不单无益于我们的学生，而且遗害全校”；他反感于影片的选择“太偏重于滑稽与爱情的两方面而偏轻于智识的一方面”。

上社的讨论犹如导火索，很快引发了清华校园对电影问题的关注，争辩之声四起。200 期的《清华周刊》上署名果的文章《电影话》对闻一多的文章“极表同情”，但不赞同他的刻薄之辞，而且反对周先庚的观点；择片者董大酉也在此发表了《电影问题》，对“外界不知真相，妄加批评”予以解释，列数择片的困难、众口难调、美国电影的发展趋势等等，并且宣布“本星期起即与清华电影脱离关系”。

争执还在进行。201 期、202 期的《清华周刊》连续刊登了多篇有关电影的文章。刘聪强的《电影之由来》、孔繁祁的《电影事业》、闻亦传的《世界各国电影底情形》，这些文章大都是本着研究的目的，不带有火药味。接着是潘光旦的《电影与道德》《电影与视觉》、泽霖的《电影与教育》、繁祁的《电影与宣传》一组整齐的文章；最后还刊登了《清华电影之过去与现在》的回顾文章。

潘光旦的《电影与道德》一文探讨了为什么电影会引起道德问题的缘故，分析电影发生不道德所在的范围、影院的污浊环境和影片性质产生的后果，关于影片的分析更为详尽：滑稽片影响少些，侦探片坏处最明显，他希望萌芽期的中国电影界能够警醒。《电影与教育》论述电影可以用于改进教育手段的广阔前景，痛惜于中国电影业一味追逐娱乐；旧的教育方式太枯燥乏味，根本不能引起孩童的兴趣，希望中国的教育家和清华研究电影的同学关注这个问题。今天看来，这一注重直观教育的见解很有预见性。

闻一多在203期《清华周刊》上发表了论文《电影是不是艺术》，认为电影不是艺术，因为它永远不能脱离“机械的管辖”，而且为了赢利，不会去顾及艺术理想；但他又承认电影有教育的意义。他的这一观点还是基于对清华电影状况的不满而发的，后来在美国看到了艺术性很高的电影，他承认“机械与艺术”是可以结合的，修改了自己早年的看法。

⊥社同学还“以个人名义”约见了校长，接着传出清华将废止电影播放的消息。有的同学对于⊥社的“指手画脚”很不满意，著文开火。李迪俊的《电影与⊥社》一文中不客气地指责他们“法律上的违法”——少数的六人机构没有代表大多数清华人的资格，“智识上的缺乏”——他们自己很少看电影却来批评和废止大家爱看的电影。丁济祥的《对于电影问题之不平鸣》也是与⊥社“抬杠”的文章。

争论至此，其实大家对清华电影的过去有了比较一致的看法，即娱乐成分过大，教育意义缺乏，通过讨论，也提高了同学们对电影这一门类的了解。那么清华的电影往何处去？这又成为争论的焦点。潘光旦首先陈述他的观点：在电影本身，设电影选验委员会，选片有所为——名著改编的电影、纯洁的爱情片、有教育价值的影片；有所不为——太兴奋的侦探片、近于秽亵的言情片及滑稽片。另外减少上映的次数。在电影以外，恢复俱乐部、组织游艺室和演说活动，以满足学生多方面的娱乐愿望。[1]钱宗堡提出所谓“一减少、二替代、三改良”的意见，认为电影不必取消，改良很有必要；但现在临近大考，可以暂停。[2]

由于电影问题的争执波及面广，反映强烈，以至于校长金邦正最后也不得不出来表态：“余认为电影有好处，亦有坏处，而此好处坏处各人不同。”并说最近为了大考先停演一段，今后将继续上映，且要与其他高尚的娱乐活动共同进行。

至此，历时两个月的电影问题的论争方告结束。

---

1 潘光旦：《清华电影和今后的娱乐》，《清华周刊》203期。

2 钱宗堡：《清华园电影问题的我见》，《清华周刊》208期。

四、疑古与复古之争

20 世纪 30 年代上半叶，国内论坛上出现了很强的复古倾向，中小学有所谓“文言运动”，思想界开始倡导“读经尊孔”，有人甚至主张不但要返回“五四”前的时代，而且要回归淳朴的古代社会，以此来对抗“世道衰微，人心不古”。出现了湖南禁读白话、广东提倡孝经、禁止男女同泳甚至禁止男女同车同行。还有的地方严令剃发，免得三千烦恼丝诱惑异性，运动的最高点为“民族扫墓”祭孔。1934 年的秋季学期，《清华周刊》第 592~593 期为“尊孔与复古专辑”，由此引发了清华校园的一场疑古与复古的论争。这场论争的年代不是发生在新旧思想尖锐冲突的“五四”时期，而是在如火如荼的新文化运动过去了十五年之后进行，使得大家更能够心平气和地分析研究，而且很多教授的参与，使得其理论水准和实际效果都令人称道。

冯友兰针对清华理工学科的特点，首先发表了论文《读经尊孔与提倡理工》，论述的这两个概念看起来似乎互不相干，“因为‘理’‘工’既不讲孔子之道，而孔子也没有讲过‘理’‘工’”，这两者却是一个思想的两个方面。他对三十年前张之洞提出、后来很为流行的“中学为体，西学为用”的观点提出异议：西洋超过中国的并不只是那些“声光化电”等“格致”之学，中国的道德伦常也并不比西洋高明，所谓中西之分，实在应该是古今之异；“物质文明”是与“精神文明”相配套的，现在世界分崩离析的原因就在于“物质文明”与“精神文明”的脱离。当然，“古亦非尽不能存”，他很诗意地比况：历史犹如大河，中间虽有曲折，而其大势总是浩浩荡荡地向着目的地走去，再不返回。

陶希圣对尊孔复古完全持否定的态度，他在《我对于尊孔的意见》中直率地指出：不是“应不应又尊孔”，而是“何以又尊起孔来了”的问题；他对于尊孔的民族主义论点一一予以辩驳，得出的结论是：拜孔教没有任何复活的理由——当然，拜孔教与孔子本人及其学说不能看作是一回事，“孔子早就管不了孟轲董仲舒周敦颐的事了，他又有什么方法管到于今的民族主义的思潮？”

张申府的《尊孔救得了中国吗？》也对尊孔复古不以为然，他认为中国根本要解决的问题是救济农村经济的破产和抵抗帝国主义的侵略；尊孔的运动无非是粉饰太平、复活陈腐，当然也有一定的社会原因，即“五四”时期“打倒孔家店”的行动过于激烈、中国思想界失去重心、世界民族主义国家主义思潮抬头等。

佩弦（朱自清）的《文言白话杂论》以他一贯严谨求实的文风参与讨论，他以林语堂的观点为对象，剖析最近的文言运动的两个理由——文言文便于应用文、经书为做人的根本——都很苍白无力；他认为有的问题，比如书信的称谓，不是文言白话的分别，而是啰唆与经济的分别；至于说理、辩论，古文还是比白话细密达意；且自梁启超以来，文言与白话的区分已不显著了，随着大家对欧化句式的扬弃，以国语为基础的白话取代文言成为必然。

林风的长文《新文化运动与尊孔复古》从反思“五四”运动入手，清醒地看到“尊孔复古实在不是天外飞来的奇祸”，而是中国反封建文化运动的任务并没有完成，“封建势力存在一天，封建文化便要挣扎一天，孔子偶像要受一天香火”，尊孔复古的去路只有一条，那就是彻底地推翻封建势力。还有文章从社会经济的背景上分析、展望复古尊孔运动。

围绕着尊孔复古展开的这次论争，基本上摆脱了意气和派别之见，能够从社会意识形态和社会生产关系的研究入手，客观而有深度地分辨缕析，对澄清思想文化界的认识很有益处。这也是清华校园文化界的一次成功的理论探讨。

第五章　清华校园文化品格

一、底气十足，挑战文化名人

从昔日清华的校园里，可以倾听到不少率真而不失品位的声音，不论是对于校园文化建设的讨论还是对文坛名家作品的评说，都能够畅所欲言，不迷信名人，不畏惧权威，显示出健康的批评态势。其中显现出的论述之精到，观点之公允，都是具有良好文化理论素养的清华学子底气充沛的呈现。有的观点至今还没有失去意义。

在 1923 年的《清华周刊·春假生活号》上，梁治华（梁实秋）同学在《南游杂感》中说：到上海遇到一些作家，谈到翻译错误，发现郑振铎将法国诗人翻译成英国评论家；沈雁冰（茅盾）将法文的“新”翻译成“小说”，居然还主持《小说月报》——他对这些情况很不以为然。

同年，梁启超来清华演讲《文史学家性格及其预备》，很快地在《清华周刊》292 期上刊登了王造时同学的评论《梁任公讲学的态度和听讲的态度》，文章说：梁启超政治上落伍，若讲演带有政治色彩，那是我们不得不怀疑的；我们十二分欢迎梁先生讲学，我们又十二分畏惧梁先生讲政治。——对于当时的国学大师梁启超也并不全盘接收。

1925 年，第 342 期的《清华周刊 · 书报评介》上发表文章《评胡适最近的诗》，说胡适最近写诗很少，大概是见了自己所提倡的新诗太烂了，这一观点确实触及新诗初期显现的病症。当时清华的教授也常常直抒己见，一吐为快。1927 年，白晖教授发表《近来的几篇小说》一文，认为茅盾的《幻灭》描写与分析是成功的，但没有一个统一的结构，太散漫无归，且前后不能一致。

1927 年经“终南社”的数次邀请，冰心女士来学校演讲《文人与社会》，接着，署名为“热血男士”的发表文章《听罢冰心女士的演讲》，说是听后失望得很，认为“冰心要不是有‘女士’的尾巴，不见得会在文坛上享有这样的盛名；要是冰心在如今女士如鲫的时候才开始创作，也不一定会成为有名的女作家；她不过是时代造出来的，听讲演后更证实了”。署名“哈哈”的发表文章的题目是《冰心女士的演讲》，同样很不恭敬，针对冰心演讲的几个方面一一论说其“欠精密、太笼统、太偏窄、太矫揉造作、有矛盾”等，几乎没有肯定的地方。下一期的《清华周刊》也有学生来信，认为这些杂感有谩骂性质，并不能代表清华师生的思想。

第474期的《清华周刊》上振声发表文章评论郁达夫的小说，认为郁达夫作品中的人物都是他自己，未免单调了些，“作者长于描写自己，解剖自己，短于描写别人”，就是说，郁达夫的创作自传性太强了，缺乏艺术所需要的共性与个性相包容的人物或事件，他往往描写最容易激动他自己情感的“女色”或“穷苦”，虽然也能够激动一般的青年，总难以让人回味咀嚼。这是很到位的见解。

1929年《消夏周刊》上发表邹文海《读郭沫若先生的〈我的幼年〉以后》的评论，用较为辛辣的笔调讽刺郭沫若只顾自身利益而忽视别人，口口声声说如何爱母亲，却不知道她现在在何方。诸如此类，对这位文化名人很不恭敬，这之中有偏狭之处，但这种敢于向名人开战的勇气可嘉。

对于徐志摩的评判，张露薇同学1932年发表的见解至今仍然有着可读性，《论徐志摩〈翡冷翠一夜〉》一文中有这样的话：一个东方情调的才子，由于个人经验的狭窄、生活情态的优裕，虽有一分半分天才，但经常未曾完成时代的任务；他知道人间有忧愁，但却只是希望忘却；他不理解宇宙，不理解人生，只是做着天国的幽梦，沉醉于个人主义的梦想。……“诗的表面刻上了浅薄的哲学的花纹，这是徐志摩把哲理拖入诗行的手法。”——正值徐志摩遇难的时候，众人对他歌颂之时，这确实是“另外的声音”。余冠英同学即使在《纪念徐志摩先生》的文章中也直言不讳地指出，徐志摩的诗歌有时不能深入，其《猛虎集》是退步的作品。

当时的清华校园的文学评论有多种声音，也有不少赞美的话语，但绝没有阿谀奉承的音调。这里选取的只是一些与当时论坛不怎么和谐的音响，有的甚至近于刻薄；尽管如此，这些著名的诗人文学家的文学史地位并没有因此受到动摇。我们倒是能够从中窥见当年清华学生的文化品位和分析评论作家作品的功力。正因为如此，他们的“不同声音”显现出的不仅仅是勇气，还有更值得珍视的文化底蕴和艺术修养。

二、卓尔不凡的文化气质

清华校园文化有其独特的形象，它没有消融于泱泱民国的大和谐中，而是用清华学子的歌喉吟唱着属于自己的旋律。

第一、自省与自我批判意识

自从1914年将《易经》乾、坤二象辞“天行健君子以自强不息”“地势坤君子以厚德载物”中的精髓“自强不息厚德载物”作为校训以来，清华人视之为人生箴言，校园文化的发展也以此作为尺度。在清华校园里，有关清华精神、清华校风、人生道德、个人修养的议论文频繁出现。检点、完善自我，批评、激励同伴，监督、修正校风，成了每个清华人的自觉。清华杂文在这里起到了很重要的警示作用。早年，师生们意识到，“留美预备学校”是建立在“中国四万万同胞以往的体面和四万万同胞几十年的负担”之上的，享受庚子赔款的学生，无不怀有沉重的心理负担和对于责任的清醒意识：

> 学友们，我们都是受人民血汗钱供给读书的，纵然我们忘怀了自己，难道连我们的同胞们都忘怀了不成？纵然学校的精力来不及培养我们的道德，难道我们自己就不会努力吗？我们自己也应该泣血而誓的自奋，抚躬自责的自勉……醒来罢，茫茫神州，苍苍蒸民，都抬着头睁着眼望着我们享受特别权利的青年救国呢！[1]

“臧否清华”在校园文学中成为风尚。一方面对学校从办学方针、课程设置到校园风物“品头论足”，一方面对自我和他人进行描摹、剖析甚至抨击，形成相对开放而健康的校园文化。比如对于清华过于重视物

1　代中：《我心中的真教育》，《清华周刊》330期。

质、追求实用的校风，几乎每一拨学生都有尖锐的批评：朱湘在《冬夜歌》中用诗歌形式“敬勉产物质而革课程也”，用象征手法比况弥漫着物质气息的校园吞噬灵气如坟墓，缺乏自主意识如同石像，它并不缺少灵秀的环境，就像它不缺少活泼的少年一样，是黑云压住了美景，功课窒息了学生的天性。郝御风在《清华之纪念》中指出：在一个科学务实的社会里，应该再给它一个心灵，“清华需要一个更开展的心灵，来配合它哲学般的环境”，应使每个心灵成为一切知识的主宰，而非仅主宰于知识。提倡精神教育，培养自觉的人格，反对“奴隶式的整齐”。

反省自身、砥砺自我，是清华校园文化中动人的部分。这不仅仅反映在悔悟过度消费来自贫困家庭的资助、同学间由利益得失而生的抵牾，更表现在直率地袒露自我人性中的异态。比如，由于很长一段时期清华只招收男生，同性恋问题没有被文学所回避，散文与小说中的这类题材不在少数。校庆十二周年纪念出版的《清华生活》增刊上，方重同学发表了引起极大争议的小说《七年来的露榔与清华》，以主人公露榔在清华求学期间与同屋之间波折丛生的同性恋爱，来反映清华学生的情感无所归依的痛苦与彷徨，其揭示出来的赤裸裸的同性恋问题，后来的《〈清华生活〉批评号》上有过激烈的争论。有的认为这是一个“天真烂漫的孩子在向你叙述他的历史”，是清华不能回避的问题；有的对同性恋持反对的态度，但对于作者的忏悔精神和袒露自己失败历史的勇气和使后人警戒的用心极为佩服，并发出呼吁：“人生多歧路，我们千万要留心啊！”

第二、浓烈的人文主义情怀

探索人、人性、人生等问题，是清华人道主义文化氛围的主体。对封建主义践踏人性的愤怒，对弱小群体的同情，对芸芸众生的哀其不幸恨其不争，构成了以人为本的校园平民文学思潮。强烈的社会责任感和个性主义思想，使得这类作品有鲜明的道德判断意识；同时，目睹社会人生的种种缺憾，也使其带上了感伤主义的情调，反映出他们精神探索过程中的苦闷和焦虑。虽然大都是没有进入社会的青年学生，在他们的笔下却不乏人生的种种况味，甜与苦，得与失，个中滋味，能够让人细细咀嚼，慢慢琢磨。比如对于封建礼教的戕害人性的抨击，顾一樵的《洋囡囡》反思的是封建婚姻习俗用关爱的方式葬送着孩童；吴组缃的《卍字金银花》展现传统伦理道德对妇女的迫害；提曼的《拖油瓶》刻画封建种姓制度造成的乡间悲剧。

值得注意的是，当“五四”后的中国文坛都在为爱情自由婚姻自主而欢呼雀跃之时，清华文学中却出现了一系列追寻爱情婚姻的实质而不仅仅注重其形式的作品，比如戏剧《张约翰》提出这样的思考：婚姻自由难道一定是以牺牲另外一个人的幸福为代价么？假如有人借“婚姻自由”之名行“喜新厌旧”之实，还应该歌颂吗？它警示接受西方资本主义文明的知识分子，应该如何严肃地对待爱情婚姻问题。戏剧“First Impression！”探讨的也是新旧婚姻的问题，有意思的是，剧本的结论与时新的潮流并不吻合，它理智地告诉人们：父母之命媒妁之言有时也能成就美满的婚姻，如果一味地唯新是趋，没准要搬起石头砸自己的脚，正像剧中所说的“旧式婚姻，当然百弊而无一利，应该根本打倒！然而新式的，也得慎重下手！譬如白话诗，写得没有风格，不是同八股文一样的无味？”

清华的文学青年们还以独特的眼光投注于抗日题材，在昂扬激愤的爱国主义与英雄主义的主调之中，仍然可以聆听到人性关怀的声音。小说《期待》以一个在中国打了几年仗的日本士兵的思索、痛苦、幻灭直至自杀的过程描写，将他放置在正常的人性视野下，对其灵魂进行拷问，通过他的忏悔，把侵略者的野蛮兽性和非人本质揭露得更为透彻，他的自杀也是人性的复归。《紫荆开花的时候》通过中日两个青年的交往和相互理解以及日本青年死于战场，说明战争不仅给被侵略的中国人民带来无尽的灾难，对于日本人来说，又何尝不是灾难？一个有头脑有正义感的年轻人，活生生地被送上了死路，不也是一场悲剧？小说还昭示：在日本人中间，同样有美好的心灵存在。这些作品从理性和人道主义的角度思索战争的恶果，也显示出清华学子的胸襟和肚量。

第三、学院化的理性与智性

除了文艺作品所必具的形象思维外，清华学生还显示出浓郁的智性思维特色。这首先体现在对于艺术理论的自觉追求。比如诗歌，上世纪

20 年代闻一多、朱湘们对于新诗格律化的建设性探索，30 年代林庚对诗歌形式的实验，40 年代穆旦、辛笛对于现代主义诗歌艺术的借鉴。比如戏剧，一些有志于艺术探索的师生一直在孜孜不倦地追求现代戏剧艺术，1924 年余上沅创作的荒诞剧《世界的将来》与刚刚在西方兴起的表现主义艺术相呼应；张毓鹏自称他的三幕剧《归宿》是“第一次试作未来派剧本于清华”；还有李健吾、万家宝的舞台实践，吴组缃对小说形式的探索，都加深了清华文艺甚至中国现代文学的理性思维和文化内涵。

在艺术创作中，哲理性的包容，象征性的寓意，幽默与揶揄，反讽与诙谐，使清华的文艺创作比同时代的作品多了些许学识、智慧与艺术才华。赵元任先生的《语条儿》，张申府先生的《感》《重感》，叶公超先生的《门》充满着对人生透彻的感悟；当年的学生季羡林的《回忆》，林庚的《风》《星与月》，李长之的《笑的诅咒》也都是感性与智性相糅合的。在诸多校园作品中，对于人生磨难的精神悲剧的揭示，诸如事业与爱情的矛盾，女性在婚姻中的迷失，无聊的境遇造成的近乎“无事的悲哀”，多余人的生活等，都蕴涵着学子们对于人生和世界的理性探究和深邃感悟。

三、傲立中国文坛的艺术成果

开放的清华犹如艺术的摇篮，给予清华学子以充足的养分，从这里走出了众多学者型的艺术家：罗隆基、王造时、陈铨、吴景超、罗念生、钱钟书、季羡林、英若诚……也哺育了中国现代文坛如雷贯耳的文学家：洪深、梁实秋、闻一多、朱湘、李健吾、万家宝、林庚、吴组缃……在此，仅仅以清华校园刊物上的作品为依据，舍弃一些创作于校园而且享誉文坛的名著，比如朱自清的《荷塘月色》、曹禺的《雷雨》等。

清华校园的话剧活动在现代戏剧史上具有开创之功，早在“五四”以前，其声誉就越出校园，蜚声京津沪等地。自 1913 年起，清华每年的圣诞节都有话剧比赛，闻一多和几位同学自编自演的独幕剧《革命军》（*The Revolutionary Army*）在第一次比赛中获得第二名。此后，每年的校庆、迎新、新年都有话剧演出，据1921年建校十周年时统计，十年中有记载的演剧达77次，如加上没有记载的超过百场；演出最多的1914年共演了19场。1916年2月，洪深的《贫民惨剧》演出的轰动可谓清华文坛的一件盛事，它一演再演，并走出校门，在北京青年会演出，观众甚众。现代戏剧的开拓者洪深的戏剧生涯由此开始。演剧成了清华最为悠久的艺术传统，在现代文坛提倡“爱美剧”（Amateur）的运动时，清华成立戏剧社，它运行了近30年（包括西南联大时期），成为清华最成功的艺术社团，李健吾、万家宝都担任过社长，活动一直井然有序，无论是舞台的演出还是剧本的创作或是戏剧理论的探讨，都颇为成功。从这里走出了洪深、顾一樵、曹禺等一大批戏剧大家。

清华的小说创作一直紧紧跟踪着时代主流思潮。年轻的学子们还没有走向社会，缺乏人生的历练，然而年轻与单纯并没有拘囿其艺术的视野，他们不只关注身边琐事，而能够敏锐地捕捉时代动向，及时地反映社会问题，通过他们所能够把握的题材，从微观处洞悉和折射出博大与深刻。细腻的体察和严谨的写实成为校园小说的主调，浪漫的抒情反而相对薄弱，而且批判社会的倾向颇为普遍，这也许与那个苦难与严峻的岁月有关。在“五四”时期，抨击封建势力、改造国民性的启蒙文学主宰着校园文学，出现了揭露封建礼教、暴露国民性弱点的问题小说，张扬个性自由的抒情小说，反映民生疾苦的乡土小说；当日本侵略者的铁蹄蹂躏中华大地的时候，抗日救亡也成为清华文学的主题。清华校园小说的创作为数众多，出现了不少堪称杰作的佳构。当然，对于学生来说，这里只是他们文学的起点，艺术创作，尤其是小说，需要扎实生活的体验、独到的人生感悟及长期的艺术酝酿，需要余裕的构思与动笔时间，这使得清华的小说大都是短篇小说和中篇小说，长篇小说很少。艺术上的锤炼，有的离炉火纯青的地步还有不少的距离。但也正因为如此，校园小说所独具的新嫩与清纯，以及一种初生牛犊之气，散发在清华校园，显示出赤诚的拳拳之心和矫健的艺术张力。

在新诗发展史上，清华学子的地位更为显著。早年的“清华四子”朱湘（子沅）、饶孟侃（子理）、孙大雨（子潜）和杨世恩（子惠）以及20世纪三四十年代的林庚、曹葆华、穆旦、辛笛等都是现代诗坛的执牛耳者。中国现代诗坛上倡导格律诗的新月派，其主要成员中的相当一部分来自清华文学社，梁实秋、闻一多、朱湘、饶孟侃、孙大雨、潘光旦、罗隆基等清华出身的文人都是早期新月派的干将。早在学生时代，闻一多对新诗初期的直与白就很不满意，1921 年他在文学社组织的活动中专门作了“诗的节奏问题”的报告，对无韵诗及在美国兴起的自由诗进行了抨击，他不但不赞同初期白话诗那种“绝端的自由，绝端的自主”的状态，而且孜孜不倦地要为新诗建立理论规范。这是闻一多最早的一部关于新诗创作理论的文章，它系统地为诗歌节奏的含义、特性、作用列了提纲，从中可以窥见未来新诗立法者的身影。朱湘也是一个追求新诗格律化的代表诗人，他在清华发表的诗作，往往旋律舒缓，节奏悠扬，错落有致的诗行，加上活泼清新的形象，在不经意中营造出一派和谐世界，给人以阅读与聆听的双重美感。朱湘孜孜不倦地进行着新格律的探索，形式上讲究整齐、对称，诗韵上讲究与内容情绪合一，这些努力使朱湘在新诗创作史上留下了深深的印记，人们把他与英国的浪漫主义诗人济慈相提并论。

散文，是清华文学中较为发达的部分。比之于其他文体，散文相对自由从容，它往往就事论事，简短而醒目。很多清华人在这个领域慷慨陈辞，激扬文字。他们或者袒露少年情怀，抒发青春朝气；或者臧否校园风物，一展正义胸襟；或者借题发挥，寓人生感喟；或者追忆怀旧，寄拳拳深情。所思所想，所爱所恋，一触即发，欣然成篇，形成了清华散文的繁荣局面。顾毓琇的《清华生活之面面观》写活了同学少年;《教授印象记》中的刘文典先生、俞平伯先生、陈寅恪先生、冯友兰先生……各具特色；呼唤招收女学生的杂文在 1928 年之前常常出现。清华的杂文中，还有不少托物言志，抒发人生感喟的作品。它们有的如凝练的格言，蕴涵着人生的感悟；有的似哲理小品文，糅合着生活的苦涩；有的描写自然风物，寄托胸怀，动人心弦。生活中常见的事和物，经过学子们的深思熟虑和笔墨点染，就赋予了辽远的意趣，透露出某种人生的况味。尽管味道和风格并不相同，或者平和冲淡，温柔敦厚，或者尖锐凌厉，咄咄逼人，但往往都熔知识性趣味性于一炉，能够促人思索，耐人咀嚼。

清华校园文学的繁荣时期与“五四”新文学是同步的。20 世纪上半叶的中国处于大变革的时期，与此相伴随的中国文学贯穿着“现代化”的历史使命：启蒙，成为文学现代化的最初的思想基础，这也是清华文学所担负的使命。清华校园文学的组织者后来大都成为现代文学史上的骁将。水木清华给这些即将叱咤文坛的学子提供了锻炼身手的园地，如火如荼的新文学运动更是磁铁般地吸引着他们。现代文坛所爆发的一些论争，在清华园里一样波澜大作；现代文学所涌现的创作题材，清华园里同样佳作丰硕。清华校园文学创作是中国现代文学不可或缺的组成部分。

第六章　清华戏剧寻踪

在清华园，展开最早、持续最长的文化活动是戏剧。清华戏剧在中国现代戏剧史上也都留下了重要的一笔。从建校开始，每学期的校庆、国庆、圣诞节和新年都有戏剧演出，1913 年起，每年有各级戏剧比赛。据统计，1913 年至 1920 年的八年间清华校园的戏剧演出有 77 场，而这仅仅是“指可以由清华周刊考查出来的说，此外未见周刊等出版物中的，想必不少。合计起来，当在一百出以外。”[1]

清华校园的戏剧演出大致可以分为三个时期：

清华学校时期（1911—1925 年），这是清华戏剧的第一个繁荣时期，成立的戏剧社团先后有游艺社、新剧社、戏剧组、戏剧社等；除了上面列表的演出外，有记载的还有如下的一些演出：

1921 年：《良心》《第一棵圣诞树》。

1922 年：《金银岛》《飞》《棠棣之花》《不至二十五岁不要娶妻》（教职员演出）。

1923 年：《虚荣毒》《父之归》《喜相逢》《终身大事》（在美国的同学演出）、《织工们》《平民的恩人》《张约翰》。

1924 年：《环峨嶙与蔷薇》《一个好妇人》《一只马蜂》《战之罪》《阔人的孝道》《好儿子》《月下》《回家以后》。

1925 年：《亲爱的丈夫》《酒后》。

为了配合戏剧的演出，清华园的刊物也踊跃刊登文章，对即将演出的剧目进行介绍分析，对已经演出的剧目进行志盛评论。比如 1916 年 2 月至 4 月，洪深创作的《贫民惨剧》分别在北京青年会和清华园连续上演四场，场场引起轰动，《清华周刊》以《演剧记事》《戏剧再志》《戏剧

1 《清华十周年纪念增刊》，1921 年 4 月。

再演》《演剧志盛》等题目发表评述文章，将戏剧的演出形式、内容提要、舞台效果、观众反响等各方面的情况及时予以报道；同时，借助校园良好的戏剧氛围，举行“清华应否注重演剧”的英文辩论会。一时间，戏剧成为清华园里人人关注的话题，对提高戏剧的表演和欣赏水平都是很好的促进。

《清华周刊》298 期上刊登一组文章，为 1923 年圣诞节即将演出的德国剧作家、诺贝尔奖获得者哈蒲曼的《织工们》做专栏介绍，第一篇文章是内容概略，介绍三幕剧的大致情节，并指出戏剧中无特别英雄或坏人，仿佛人人都是主角。注重日常群众的感觉，用生活的真实来刺激观众的视线和同情心，使人们对工人的生活留下深刻的印象。第二篇为外籍教师谭唐博士的文章（贺麟笔记、翻译）《哈蒲曼的〈织工们〉在德国文学史上的地位》，指出该剧是那个时代的精神和情感的产物，达到了自然主义运动的最高点，是受托尔斯泰、左拉和易卜生的影响而写的社会剧，同情下层人民。他特别强调，剧中四十几个人物都很重要，表演要恰如其分，不要太拔高形象。作者也不是革命作家，不是鼓吹社会主义，只是写劳动者受压迫的情景，言词要自然，不要带着训斥的口气。结尾是开放式的，既表示工人的反抗无明确主张，也表示劳动者与资产者的矛盾还在继续，没有终了。还有一篇翻译文章《自然派的哈蒲提曼》，介绍作者的生平和创作概况。这一组质量很高的文章，为即将上演的剧本作了宣传与指导，对表演者与欣赏者都是不可多得的收益。

《清华周刊·第八次文艺增刊》刊登新闻：1924 年 12 月 7 日下午，戏剧社在上海的陆灏职工教育馆演出《好儿子》《月下》《回家以后》三部独幕剧，受到上海方面的欢迎，尤其《回家以后》一剧最动人，表现一留学生在国内有妻室，到了国外又与另外一女子结婚，回国以后发现，旧妻原来比新妻更为可取。评论说：清华的学生将来都会出国，“我们离家以前的人，最好看看这个戏，或者于道德上也许有一点帮助吧！”

在早期清华的戏剧舞台上，影响力最大的是丙辰级的洪深同学，他 1912 年考入清华学校，发表过一系列的科学论文，但他对文学尤其是戏剧情有独钟。校园每次戏剧表演都有他的身影，而且他是主创人员，据说，那时校园中的戏剧十有八九出于他手。1914 年 6 月，他编演英国戏剧《罗宾汉》，这个剧本的好多情节发生在深山密林之中，舞台上的布景很难表现出它的气势和内涵，于是，洪深大胆革新，将戏剧舞台设置在室外，把剧场搬到树木茂密的地段(今闻亭一带)，取得了很好的艺术效果。

清华早期的一些戏剧创作，没有很详细的剧本，多半是提纲式的，就是将全剧情节分为若干景，简单地提示某个景应有几个人登场，大致发生什么事，没有详细的情节、对话，到了演出时，各人自由发挥。这样的体例显然不属于规范的戏剧演出。清华园里第一个正式剧本的产生，就出自洪深之手。他在1915年为本年级戏剧比赛创作了带有台词的独幕剧本《卖梨人》，描写一个卖水果的小贩受恶人欺诈的痛苦遭遇。由于有了固定的主题、情节和人物对话，能够更为科学地排练演出，使之获得了第三次戏剧比赛的第一名。洪深接着又为筹建一所贫民小学创作了六幕剧《贫民惨剧》，此剧多次演出，受到广泛好评。在演出过程中，洪深既是编剧，又是演员。这部戏剧的内容反映了劳苦大众的悲惨境遇，作者自己后来回忆说，当时他在清华读书，与四周的贫民都做了朋友，尤其是学校门口做小买卖的、拉洋车、赶大车的，“我晓得了他们平常所不肯说而一般同学不屑过问的凄惨情形”，他把这些生活写进剧本，取得了较好的艺术效果。洪深后来出国专攻戏剧，成为中国现代戏剧史上的代表人物。可以说，清华给了他最早的戏剧养分和实践舞台。

为早期清华的戏剧事业做出重要贡献的还有闻一多、李迪俊、何鸿烈、余上沅先生等，特别需要提到的是何鸿烈（一公）同学，其绰号为“莎士比亚”，他担任戏剧社的社长，组织发布过《清华戏剧社章程》。除了积极组织戏剧活动外，他还进行戏剧创作，在清华发表的剧本有音乐独幕哑剧《双十节》，表现爱和美，战胜名和利。《决心》描写一个守财奴的生活。《爸爸的儿子》描写儿子与庶母之间的不正常感情以及悲剧的结局。他还有表现沪案的剧本在京演出受到欢迎。可惜的是，这位有志于戏剧事业的才子英年早逝，是清华戏剧界的损失。

清华戏剧的第二个繁荣时期是20世纪20年代后期到30年代初期。大学成立后的第一个学期，清华戏剧社就颁布了新的宗旨：研究、表演具有艺术性的戏剧，而不仅仅满足于即兴式的表演，要把戏剧作为一门科学性的艺术加以研究、实践。他们将以前随机性很强的舞台演出具体划分为7个部门，剧本、化装、布景等分工明确，各司其职。戏剧社的历任社长有：何鸿烈、苏宗固、李健吾、万家宝（曹禺）等。戏剧社经常请戏剧专家到校演讲，提高学生演剧的理论和实践水平。陆续来演讲的有：欧阳予倩的“中国戏剧变迁史”，洪深的“表演述”，张彭春的“中国戏剧漫谈”，王文显介绍美国大学剧社和职业剧团的演出、舞台情况。戏剧社也经常组织专题讨论，结合演出探讨戏剧发展的问题。这一阶段的戏剧活动不像早期那么频繁，而是注重艺术的锤炼，很少以班级为单位组织演出，都是以学校社团的名义，汇集全校师生的力量，排演一些思想性艺术性都较高的大型戏剧，这些戏剧往往都反复演出好几场，甚至进城到大的舞台上公演，其剧目大都能够在艺术上站得住脚。

其中重要的演出有这么几次：

1928年校庆时，聘请赵元任先生为导演，演出丁西林的独幕剧《一只马蜂》，以振兴沉寂太久的清华戏剧；年底，又排演了丁西林的《压迫》。

1929年春，公演王文显的戏剧《媒人》，这是清华舞台上第一次男女同台，社长李健吾有《戏剧社本届公演的前后》一文，谈论演出的情况。

1929年夏，演出西方名剧《少奶奶的扇子》，由洪深改编。毕业演出《瞎了一只眼》。

1930年迎新演出《自然》，曹禺导演；上海曦社来清华公演《忐忑》《湖上春梦》《早已过去》《强盗》。

1931年校庆，曹禺组织排演《娜拉》。

1931年夏公演《最后的假面具》《心底的心》《单调》。

戏剧作品的大量创作也开始于这个时期。翻译西方戏剧曾经是清华文坛的一种传统，“五四”以前，英文戏剧在西文老师的指导下，基本上是直接搬上舞台。后来较多的同学投入翻译戏剧的行列，将一些西方名剧翻译或改编，再进行演出。到了20世纪30年代，创作话剧的势头越来越强盛，出现了一些比较成功的剧本。

西南联大时期，是清华戏剧的第三个高峰，当然，这是与北大、南开大学的师生共同合作完成的。值得提出来的是复员以后的清华戏剧，主要是围绕“清华剧艺社”而展开的活动。清华剧艺社的前身就是联大剧艺社，1946年11月1日联大校庆日清华剧艺社成立，演出了《升官图》

《原野》等；它继承了联大剧艺社的战斗激情，在新的形势上又加入了要求民主反对内战的思想内容和更完善的艺术追求。同学们克服了人手不足、剧本缺乏、物质困顿等重重困难，团结许多爱好戏剧的同学，1947年在清华大礼堂演出了茅盾的反对政治腐败的戏剧《清明前后》，连演三场。这不但标志着清华的戏剧舞台重新开张，更建立了一种良好的演出机制：前后台的工作划分得清清楚楚，有条不紊；准时开幕；打破了“明星制”，即说明书上不刊载导演、演员的名字；布景等设置较为规范。这些都为以后的戏剧发展奠定了基础。

以戏剧配合政治运动也是西南联大的作风，在反内战反饥饿的运动中，“五·二〇”大游行时，在“民主广场”演出了《放下你的鞭子》，接着在清华园举办了三次晚会，演出了《放下你的鞭子》《金銮宝殿》《万元大票》，后来又赶写赶排了《六二在清华》于6月3日演出。这些演出还走出校门，到农村群众中去表演，使同学们真正懂得了“为人民服务，首先得向人民学习”的道理。

一、戏剧理论

戏剧理论的探讨与清华演剧活动是几乎同时进行的，尤其到了第二时期，对于戏剧艺术的探索更为科学与有序。虽然清华戏剧理论的收获远没有戏剧舞台演出产生的影响大，但对于戏剧组织、戏剧演出、戏剧效果等问题的讨论始终伴随着舞台的实践，为规范与提高演出的艺术水平起到了敦促与指导作用。

1925年《清华戏剧社章程》颁布，戏剧的“宗旨”为研究与表演“艺术的戏剧”。戏剧的“事业”有两个方面，一是介绍现代的戏剧文学，请校内外戏剧专家演讲和利用“小剧院”实验创作或翻译的剧本；二是进行艺术的舞台实践。接着，又发表了《清华戏剧社启事》，指出“戏剧是一种最高尚的娱乐，也是一种难做到恰好的地步的艺术，因为它需要的条件，比任何艺术都要繁难得多”。在中国戏剧界沉寂时刻，“本社不自谅力，想在中国的剧坛上，呐一声喊；尽其微力，供给点高尚娱乐给清华诸师长和同学们，并增进清华普通鉴赏高尚娱乐的力量，本社同人藉此或可得点戏剧上的知识的经验”。清华的同学们越来越认识到，戏剧是一门严肃的艺术，需要“戏剧专家的指导”和人才的培养，“绝不是专靠演员出台就可了事的”。

对于演出的剧评，也关系到清华戏剧事业能不能得到理性的发展。1917 年，在清华演剧风气正炽的关头，时昭沄发表文章《学生演剧平议》[1]，从得与失两方面论述学生演戏的社会效应。因为当时校园里对于演出有着截然对立的两种意见，有的人说学生演戏“适足废时失业，得不偿失”，支持者则说戏剧“大可增长经历，舒展性情”。这篇文章认为，如果戏剧的情节“风雅动人，有关世道，其习练纯熟精密，布景周到完美，多大纯而少小疵，则不特演者得增进阅历，引起刻苦勤劳之精神，悟分工合作之要，即观者亦受无穷之感化矣”，而且，“学生之所短者，在经验之浅薄，而演剧能补助。学生之所以见轻于社会者，乃少刻苦勤劳之精神，而演剧能贯注之；学生之所以大抵落魄无聊者，乃傲慢自大，无服从之自觉与协同之精神，而演剧亦能挽回而矫正之。”他认为，只要不妨碍课程，有适当的老师指导与敦促，演剧对于学生来说是一种优良的实验教育。

1921 年，清华文坛有多篇文章谈论戏剧。杨夏怀仁的《我之新剧观》在回顾了中国新剧发展的历程之后指出，“旧剧之败弊，在专重声音及颜色，且成旧相因，毫无更机”，“戏剧感人最深，具有左右社会之能力”，所以戏剧创作要以“改良风化，利导人民为宗旨”，但也不能矫枉过正，要以“声音颜色为肢体，而言语动作，组织立意为主脑”。文章对新剧提出几点要求：

一、立意不必太高，但务恰社会之心理，而寓改良风俗之宗旨；
二、布景服饰，须采取社会所常见者为模范；
三、语言须一致，而尤以京话为最适宜；
四、结尾当适可而止，则余味醉然，耐人思索。

华因的《戏剧与“美的剧场”》一文探讨的是戏剧与社会问题以及戏

1　时昭沄：《学生演剧平议》，《清华周刊》107 期。

剧的发展趋势。首先，文章认为戏剧文学是社会生活的写实，探讨的是人生问题，它用精细的方法深刻地表现现代人的日常生活，将社会与人生的种种病原真实地描写出来，在不知不觉中起到促进社会改革的作用。而且，戏剧比之于其他文学形式有着更便利的条件，它可以“从视觉听觉两路并进”，印象更深切更永久。其次，“戏剧见影响之大端，非赖文学家几种剧本，必待艺术家的研究而全其成”，有待于现身说法，它的真正成功，一定要借助美术家。文章进一步论述，“剧场”与“戏剧”两个词都来源于希腊文，包含“观瞻”“动作”的意思，戏剧的要点在“动人的视听”，那么，除去扮演的动作外，剧场的建筑、光线、布景、化装等均是重大问题，需要美术家精深地研究——这就是“美的剧场”的含义。

王成组的《演剧与组织》重点论述戏剧演出必须具备的条件，不能图新图快，因为戏剧“需要艺术的经营，使台上的布置和表演发生单纯和洽深刻诚挚的影像”，这就要长期的研究实验，否则“草率的表演，即使观众能得一时的快感，然而这种满意绝不是长久的”。提倡创造适应演出剧本的条件，建立“永久的组织”是方向，这样才能对剧本加以审慎的研究、演员有适当的训练、舞台有系统精细的实验。健全的组织是保证清华戏剧繁荣的基础。

1925 年，张彭春（仲述）先生作了题为《新剧在中国的前途》（贺麟笔记）的演讲，认为新剧（说白戏）在中国是尝试期，“失败自然是免不了的”，而失败的原因有这么几点：一是“大家把排演说白戏看得太容易了”，敷衍从事。二是“做试验的人太偏重于学者心理”，所演的戏多半是对于现代文化或人生问题的批评，“这是为少数学者欣赏的剧本，不是为社会一般人着想，结果太偏，太狭，太贵族，不与民众发生关系”。三是“少专门研究的人”，许多高谈戏剧者，其实都是门外汉，研究者也多皮毛之学，缺少潜心研究的人。对于这种种状况，张先生提出了挽救的方法，以引起以后研究戏剧者所注意：一、“演作的训练”。他还认为，在清华舞台上，开始时“欲望不可太奢”，应先从二三流的剧本演起，慢慢地再演头等剧本。二、“新剧本必由多方的深切的新生活经验得来”。而现在一般剧本，不是恋爱问题就是劳动问题，足见生活经验的缺乏。“我们现在处于过渡时代，社会问题复杂，比较可以多得些经验。我们各个人试自己去体会平时心情的紊乱，新旧的冲突，制度的变迁，生活的痛苦……可以供给戏剧的材料实在多得很”。还有写剧本的工具语言问题，“必须以感情去运用白话，换言之，要能够抒发情感的语言才是活的语言”。三、“新的观众”。新戏不可依靠几个知识阶级的观众，“必须博得未受教育的观众的赞赏”，“活的戏剧，必须雅俗共赏”，如果戏剧只能让“有恋爱经验，念过洋书，读过小说，受过高等教育的人才能欣赏，我相信必不能成功的”。其结论是：“演剧最要紧的是人——人的深广的感情和活的语言的工具。”

余上沅是清华戏剧的大力提倡者，不论是在校期间，还是出国专攻戏剧的时期，他都在为清华的戏剧事业出谋划策，也在积极地探索中国现代戏剧的出路。他在清华的刊物上发表了不少有关戏剧的理论文章。《写实剧的困难》对戏剧的真实与生活的真实进行了辨析，他说“‘写实剧’不是‘实’，只是‘写实’，只是‘戏剧’”，不能与生活的真实情况相等同，然而由于观众对戏剧真实的期待，使得写实剧有这些困难：一是时间的困难。戏剧与小说不同，不能将“时间”一笔带过，要服从舞台的习惯……剧作家的艰巨的任务就是要在两三个小时之内和同一布景之下，把人类生活的本质时间和情景表现出来，其困难可想而知。二是空间的困难。戏剧家必须在二十五尺的舞台上把人物表演出来，“无巧不成书”等常常为人诟病，“独语”“对白”也不免遭攻击，如何描摹人物的心理活动？如何将人物的一生在有限的空间表现？真是难上加难。概括起来说，戏剧的困难就是要把他的一切动作集中起来，在有限的短促时间和有限的背景空间前表演。判断一部优秀的戏剧，“要看他对伟大的永久的人生之现实是否忠实；不是对要过去的、不关紧要的闲情忠实，也不是对小的、干燥的事实忠实”，这也是判断一切描写人类生活的文学艺术的根据。

《联合剧的由来》[1]是余上沅的另外一篇探讨戏剧艺术的文章。所谓“联合剧”是指一个一个“配景”（Pageant）联合地演出，形成一个完整的有系统的戏剧。这里可能指的就是多幕剧，即作者所讲的“是由若干幕‘景’‘配’合成功的意思”。文章主要追溯“联合剧”的发展演变的历史，

1　余上沅：《联合剧的由来》，《清华周刊・第五次文艺增刊》，1923 年 3 月 16 日。

从欧洲中世纪寻找源头。作者有着扎实的西洋戏剧的功底，对这门艺术的发展如数家珍，但他所用的“联合剧”这一专用名词并没有被延续下来。

1923 年，余上沅赴美专攻戏剧，在美国仍然心系清华的戏剧，经常来信介绍海外最新的戏剧动向。《清华周刊》304 期上刊登了他的来信，从国家富强的角度论述，人类最完美的生活是精神与物质相互调剂，而美术是必不可少的途径，戏剧又是艺术的总汇。“在现代民族争斗、阶级争斗、两性争斗正猖獗的时候，唯有美，唯有艺术，可以把人们卑浊而且丑恶的胸襟，感化而为高洁而且美好”，“我的志愿就是要用这个高贵的艺术，来图谋社会人群的幸福，……来创造中华的新艺术”。为此，他在美国特别注重戏剧的技术方面，“技术是可以传授的，艺术是不可以传授的。我们学熟了技术，才能去发展自己的艺术”，每周 40 个小时以上的学习，使他的“独幕剧的技术现在已有把握”，他还专门学习舞蹈，尤其是民众舞蹈，可以更好地理解诸如莎士比亚的戏剧。从这些方面可以窥见余上沅先生的戏剧情怀和胸襟。

在戏剧进行舞台实践的同时，清华的戏剧评论也密切配合。1921 年在清华园上演了陈大悲的《良心》一剧，很快就有《〈良心〉新剧之剧谈》的评论出现，对剧本、舞台的布景、化装、角色一一加以评说。文章对重要人物和次要人物做了详尽的评论，可见作者“水道人”是一位精通戏剧者，尤其舞台经验较充实，对演员的一招一式都有研究，且言之成理。这样的评论，对于改进清华戏剧舞台表演，很有指导意义。

1922 年，清华学生王成组创作了三幕剧《飞》发表在《小说月报》上，自昭在学校刊物上发表《读王成组的三幕剧〈飞〉》[1] 的评论，王成组立即有回应文章《释题——答自昭君》[2]，大家各抒己见，对剧本的题目、人物个性等方面进行商榷，澄清了戏剧中的某些问题。

清华二十周年校庆时，由万家宝导演的易卜生的《娜拉》上演，S.T.C 发表了《观〈娜拉〉以后》[3] 的文章，主要对演员的表演进行评说，认为“剧

1 自昭:《读王成组的三幕剧〈飞〉》,《清华周刊》第 2 次文艺增刊，1922 年 12 月 22 日。

2 王成组:《释题——答自昭君》，同上。

3 S.T.C:《观〈娜拉〉之后》,《清华副刊》35 卷 10、11 期，1931 年 5 月 20 日。

中人物之分配，颇称得体”，尤其是主要人物的表演较到位，在很难处理的“出走”的动作上，将一个既想脱离“玩偶”地位又舍不得儿女的女子心理表现得很有分寸，“颇似蔡文姬离胡归汉”。娜拉的丈夫的表演也很贴切，“一喜一怒，动作亦极不易”，但有几个地方，“出言略嫌太快”。孙毓棠扮演的柯乐克，“神情口吻，是似老奸巨猾；其化装与行走之状尤妙，前后语气，轻重缓急自如，恰到好处”，唯一不太满意的是一两个词语的翻译。这样的评论属于就事论事，对于学生演出的改进有直接的指导作用。还有署名“呆子”的发表《关于〈娜拉〉》一文，他是戏剧表演的参与者，主要叙述排演过程之不易，台上揣摩人物心理、想方设法演好戏，台下赶做布景、道具、化装等忙得不亦乐乎，终于完成使命，写得很是生动。

曹禺的《雷雨》完成于清华校园，它的发表和演出必然引起清华人的极大关注。1936 年《雷雨》在清华公演，又一次引发了热议，罗山的《雷雨的故事思想人物》[1]是其中质量较高的一篇。文章说，《雷雨》的每一幕都非常紧张，因此“为了给予相当的‘欣赏距离’”，而在前面套了一段短的序幕，在结尾附加了短短的尾声，这在书本上看不算累赘，但若搬上舞台，就相当费事——这种观点被后来很多的演出所证实。作者认为，《雷雨》里的人物都逃不出命运的网罗：周萍悔改了“以往的罪恶”，他抓住了四凤的手不放，想用一个新的灵感来洗涤自己，但这样不自知地犯了更可怕的罪恶，从这条路引到死亡。繁漪是个最令人可怜的女人，她不改悔，她如一匹执拗的马，毫不犹豫地踏着艰难的老道，她抓住周萍的手不放，想拾起一个破碎的梦来救出自己，但这条路也引到死亡。论文肯定了《雷雨》中人物性格塑造的成功，“从新文学创造的开始，能创造几个有生命的鲜活的典型人物，一出台就能认识他，幕闭不忘记，真还不多，而《雷雨》中每个人物的性格，能一直活跃在眼前，这是很可喜的”。当然，《雷雨》的人物也不是“靡有毛病”，毛病来自剧作者的命定观点。这些评论，即使放在今天来看也很中肯贴切。

总的来说，清华的戏剧理论和评论并没有一定的体系，是散兵游勇

1　罗山：《雷雨的故事思想人物》，《清华周刊》620 期。

式的，但其中不乏真知灼见，对清华的戏剧演出和戏剧创作都起到了更为直接的促进作用。

二、戏剧创作

清华戏剧文学的创作成绩不菲。比之于其他体裁，戏剧对艺术营造的要求更为精深，它不但要具有文学艺术的特性，还要受到舞台规律的检验。总体上说，清华戏剧文学中的独幕剧相对成熟，多幕剧有的还比较粗糙，当然仅仅指发表在清华刊物上的作品。其戏剧主题也是多方面的，有学生身边的事情、爱情问题、战争与贫困、历史与未来等。怀有人类关怀的开阔视野，清华戏剧文学对人物心灵的透视和心理的挖掘达到自觉的程度，避免了政治性对艺术过多的统辖，人物形象比较生动贴切而没有多少概念化倾向，这是难能可贵的。当然，大部分学生的创作实验性较强，有的同学仅仅出于爱好而不是视戏剧为事业，因而有的作品显得比较稚嫩，这也在所难免。

平平的《钱与分数》[1]以一个宿舍为舞台，表现不同类型的学生生活，说明的是有钱与贫困都不能获得好的分数。剧中塑造了这些人物：张品清——“衣衫不整，乃一贫苦的大学生”，他整天在计算着借了谁谁多少钱，花费了多少，没有心事做作业，考试成绩可想而知。杜书中——“他只知读书，人家都叫他蠹书虫”，他总是埋头在书堆里，又抄又写的，遵循着先贤的格言“学贵有恒”“一寸光阴一寸金”之类。常好贤——“衣服阔绰，举止潇洒”，每月有固定汇款，经常请客，尤其对待女同学很慷慨。这三位同学住在一起，必然地会产生摩擦。在对于分数的态度上，经常得“F”（劣等）的张同学与常同学各有说法：

> 常：（正经地）老张，你这个人真奇怪。以我来看，你究竟不能比我。因为我有个好爸爸，每月给我寄来六十多元，不够还可以找我妈妈要，对于分数是可以马虎的。可是你这样连吃饭的钱都没有，

1 平平：《钱与分数》，《清华副刊》44卷6期，1936年5月16日。

怎么不想法弄个好分数，要求学校的津贴呢？

张：你错了！你以为分数是穷得像我这样的人可以得到的吗？你错了！我整天地筹划着怎样来借钱来维持我这无用的生命。今天的饭钱有了，昨日的账又该还了。至于明天，还不是仍旧没办法？衣服破一点倒还不成问题，可是我们的世界里没有容许不穿衣服的地方呀。念书必须要有书，我，连课本都没有买全。我所有的精神都在钱上费尽了，哪里有闲心去争分数的多少；哪里还有要求津贴的野心！好分数是有钱的人们才有资格去得！

关于劣等成绩的标志“F”和超等成绩的“E”，也有一段很形象的说法：

张：穷人有了F就好办了，你们看F不是很像把手枪吗？穷人有了它可以去当强盗，也可以去自杀，作强盗和自杀是穷人两条大路。

常：不对，不对，以我看F像个钥匙，有了它才可以打开保险箱，拿出中交银行的钞票来。……E么，立着像个掉了一边的书架子，横过来看像个没了抽屉的书桌子，这么（指杜）只好给书虫子。

来了一个花枝招展的女同学，各自都充分地表现了一番：杜书虫献出了不肯借给同屋的已经做好的作业，有钱的常请她上饭店吃一顿，再从她手里借作业抄一下，穷困的张卷起了铺盖准备去当铺。结局围绕的还是分数问题：

常：化学的分数也出来了。

张：是么？你得了个什么？

常：我？还是我那把钥匙。

张：我呢？

常：你么？还是你那把手枪。

戏谑而生动的对话之中，不乏生活的种种况味，从一个侧面显示当时学生生活的某些方面。

在清华历史上，学生爱国爱校运动频繁激烈。短剧《大考的早晨》[1]反映的就是警察到学校抓人、全校团结一致共同抵抗的情景。

1923 年夏天，清华大礼堂公演了顾一樵（顾毓琇）创作的三幕剧《张约翰》[2]，描写的是一留学生抛弃国内的结发妻子和三岁幼儿，在国外与一女留学生再婚，回国后发生的悲剧。在又一批学生即将跨出国门的前夕，作者有意识地推出这个剧本，其用心可谓良苦。“五四”新文化运动以后，恋爱自由的欧风美雨吹到了中国，一时间表现个性解放和婚姻自由的作品大量涌现，这当然是值得肯定的现象；但是，所谓婚姻自由难道一定是以牺牲另外一个人的幸福为代价么？假如有人借“婚姻自由”之名行“喜新厌旧”之实，还应该歌颂吗？顾一樵的这个剧本比之于当时一般的作品更为深刻的地方就在这里，他从另外一个角度提出警示：接触了西方资本主义文明的知识分子，应该如何严肃地对待爱情婚姻问题。

管效先的四幕剧《惨杀》[3]也是描写留学生的爱情问题。它是受报纸上刊登的一则报道的启发而创作的。晋守石与骆馥英已经订婚十四年，一直形影不离，相互恩爱，晋视之为“我的灵魂我的生命——不！我看你更是过于我的生命，所以我宁肯自己吃苦，绝不叫你稍受委屈”；这次他得到留学日本的津贴，主动拿来给未婚妻，成全她希望留学东瀛的愿望。第一幕《惜别》的场景就发生在送别的旅馆里，未婚夫在帮助未婚妻收拾行李，依依不舍，互诉衷肠。第二幕《遇诱》的地点在日本，时间是骆留学日本四个月后，她遇见同是留学生的张某人，马上见异思迁。第三幕《忧愤》，未婚夫赶到日本，心急如焚，他否定自己想自杀的念头，他决定找出情敌决斗。第四幕《惨杀》，未婚夫终于杀死未婚妻，自己也自刎而死。在此，作者对两个主人公都予以了批判：女方自私轻率，不但不对男方作必要的解释，而且当他千里迢迢赶到日本，对他非常无情无理，进一步激化了矛盾；对于男子的凶杀，作者显然也是谴责的，他视未婚妻为私有财产，得不到就要狠心地毁灭掉。当然作品对男主人公

1 平平：《大考的早晨》，《清华副刊》44 卷 10 期，1936 年 6 月 13 日。

2 顾一樵：《张约翰》，《清华周刊》543 期。

3 管效先：《惨杀》，《清华周刊》397 期。

更多一些的同情，尤其强调了他为未婚妻所做出的种种牺牲，因而，感情的天平倾斜在他的一方。

汪梧封的“First Impression！”探讨的也是新旧婚姻的问题，有意思的是，剧本的结论与时新的潮流并不吻合，它理智地告诉人们：父母之命、媒妁之言有时也能成就美满的婚姻，如果一味地唯新是趋，没准要搬起石头砸自己的脚。戏剧的人物关系并不复杂，男主人公陈一冰是个大学生，他有一个“旧式未婚妻”萧雅菲，萧有一个女友罗哲彬。萧是一个“意气豪放，刚愎自信的新式女子，短发，貌美，双目灼烁”，一开场，她就在恨恨地斥责未婚夫的来信：“他想今天来见我！真可笑！……他对于那旧礼教订下的一张婚约，简直视为金石了，所以敢如此妄为！我倒要给一些手段他瞧瞧呢！”女友劝她还是见一见这个总是来信的陈先生，她愤然道：“去见这种不识趣的东西？见了不要作呕吗？也失去了自己的身份！”她视之为“旧式婚姻的妥协者，宗法社会的走狗，有血气有知识的，谁都会仇视他，岂独我一人而已！”她对“指腹为婚”的婚姻制度的仇视不是没有道理：

我们仿佛都似猪狗，给他们随便可以拉拢来成配作对的。尤其痛心的是什么聘金哪，什么红礼哪，将我们女子，当作货品一样，所以订婚的时候，男家便要付定费，以防再给旁人买去！你想可恨不可恨？中国多少有为的青年，便由此断送了他们的性命！多少暗惨的悲剧，便由此造成了，天天搬演出来！

但是，把对旧式婚姻的仇恨完全强加到从未谋面的未婚夫身上是不是公正呢？在好朋友的撮合下，这对从小订婚的男女终于见了第一次面，萧虽然还不肯轻易放下架子，但见到陈一冰的外貌、气质以及合情合理的谈吐，从不屑开口到参与交谈，不知不觉的口气越来越柔和，态度越来越温顺。陈一冰是位“身健，面秀，态度潇洒，举止绰约的青年”，他也是迫于母亲的压力贸然来见所谓的未婚妻的。一到这里，他马上看出了自己不受欢迎的处境，于是审时度势，不急不躁，以情动人，以理服人，渐渐地化被动为主动，终于赢得美人之心。在看似针锋相对的对话中，他诚恳地表达了自己的意愿：“在这青黄不接，暗无天日的社会中，青年人也难乎为情，尤其是我们男子。他们都知道爱，想爱；而总没有机会爱，即使有了机会，有时也因为双方认识不清楚，结果还是不能爱！”在关键的时候，他把球传给了女方，使之一步步就范，开始盛气凌人的萧小姐终于心甘情愿地接纳了这个未婚夫。

这部戏剧的主题正像罗小姐所说的：“旧式婚姻，当然百弊而无一利，应该根本打倒！然而新式的，也得慎重下手！譬如白话诗，写得没有风格，不是同八股文一样的无味？”应该追求的是爱情婚姻的实质而不仅仅是它的形式，这样的观点显然是有道理的。剧本的艺术功力不凡，人物语言机智风趣，个性分明；男主人公的循循善诱，步步深入，其语言既有分寸又不乏骨骼，在不亢不卑的从容话语中显示其外柔内刚的品性，只有这样的说话方式和性格，才能最终为那个极力标榜要做新女性榜样的萧小姐所接受。萧小姐的形象设计有点像莎士比亚的喜剧《无事生非》（也翻译为《捕风捉影》）里的女主人公贝特丽丝，聪明伶俐，主观任性，对异性怀有天然的偏见，结果却落入自己所挖的坑里，让人既觉得可笑，又觉得可爱；受新思潮的召唤，她对一切带“旧”字的东西怀着仇恨，对没有见过面的未婚夫更视之为老古董，“提起他的名字，就要恶心怄气！”准备“骂他一顿，杀杀他的兴头，出一点气！”婚姻自由在她那里，更多的是标语口号，她并没有获得真谛，正如罗小姐一针见血指出的那样，“多念了书，不会消化，结果，只得一些西洋的皮毛”，其实根本没有什么主见，这也就使得她在陈一冰的绵绵细语中不攻自破，乖乖就范。作者越是渲染她滔滔不绝的新式话语，越是强调她对未婚夫的满腔愤恨，也就使她的形象越生动鲜活，结局越精彩夺目，整个戏剧也因此灵动了起来。

易卜生的《娜拉》等社会问题剧传入中国，引起戏剧界（其实不仅仅是戏剧界，而是整个中国文化界）巨大的革命，娜拉成了自由女性的象征，“出走”成为共同的文学主题。清华戏剧中也有类似的题材。各它的《姑母的侄女》[1]以喜剧的形式表现妇女冲破封建丈夫的束缚，追求个性自由的故事。马俊才家要为前妻生的一对儿女请一位女家庭教师，要求是未婚的，黄文珍男扮女装前去就任，与马太太陈丽明成了朋友。丽

1　各它：《姑母的侄女》，《清华周刊》499 期。

明向“女”教师诉说自己婚姻上的不幸：“我没有爱，他也没有向我求过什么爱。横竖他从我的父亲那里好像只是买去了一个人，所以到现在我也只有一个人是他的。假使每一个男人都像俊才一样，那么我想，男人不是喜欢女人，而是喜欢蹂躏女人。”文珍决定帮助她解脱这种没有爱情的婚姻。没有想到的是，男主人居然也爱上了这个“女”教师，他极力贬低自己的妻子和他们的婚姻来取悦于文珍，还表示可以与丽明离婚，以求得与文珍结合。他强吻黄文珍，被妻子撞见，黄抓住这个机会，马上让马俊才写下离婚证明，并催促不知就里的丽明签上名字。最后，黄告诉丽明真相，并表达了对她的爱慕之心。丽明终于出走了，不过，她不像娜拉那样不知走向何方，她不但有了心心相印的恋人，而且也有明确的去处——做家庭教师。这部戏剧将严肃的婚姻问题用轻松的形式表现出来,采用了传统戏曲抖包袱的艺术,把本该是悲剧的内容化解为喜剧，但它的批判与暴露的目的并没有减弱，在嬉笑之中，同样剥下了男主人道貌岸然的假面具，显露出他的贪婪自私的嘴脸，女主人的遭遇也没有演变成悲剧。这样的表现形式可能更适宜中国的戏剧舞台，也更吻合观众的接受心理。

当众多的剧作家们为“出走”的女性欢呼的时候,梅玄改写的剧本《我俩》却反其道而行之，为女子的“留守”而鼓掌，明显地带有反易卜生主义的倾向。唐克铭是位医生，希望工作回家后能够与妻子厮守着，可他的妻子淑娴却不安于老式的生活，总在追求着新的生活方式，喜欢在家请客、外出交际，不是去看赛马，就是去募捐义演，这难道就是所谓的现代婚姻、新式夫妇？今天，女主人又要在家大摆宴席，把丈夫支使得团团转，自己也在不断地梳妆打扮，紧张地等待着客人。谁知由于老仆人忘记了将请帖送出，一个人都没有上门。夫妇俩在难得安静的家里敞开了心扉交谈，妻子终于发现：两个人的世界才是她真正需要的。作者显然更赞许传统的家庭模式，对轰轰烈烈的新生活运动不感兴趣，因而在他的笔下，走出家庭的妇女不过是在追求官能刺激，她们的人生价值不但没有提升，相反添上了虚荣浮华的毛病，她们唯一的出路就是回归家庭。这种观点是难以被女性解放的提倡者们所接受的。

清华戏剧创作者也把目光投注到下层人民的身上，对他们遭受的苦难给予了深深的同情。叱的《金妹的丈夫们》描写的是一个阮姓财主用阴谋手段放高利贷，把穷人逼得走投无路的惨剧。阮财主用同样的手段把金妹的三个丈夫一个个逼上了绝路：金妹十七岁上嫁的第一个丈夫李红茄因为还不起他的高利贷，他就逼着金妹改嫁给陈士悌，第二个丈夫拼命地干活也还不清欠债，阮财主把陈榨干以后，又逼金妹改嫁给了这第三个丈夫，现在同样被逼到了穷途末路。财主家的狗腿子上门逼债，金妹要跟他们拼命。这时门外来了一个乞丐和一个工人，他们竟然是金妹的两个前夫。乞丐已经奄奄一息，很快死去。财主带了打手进来，把金妹的两个丈夫抓走了，对着另外一个丈夫的尸体，金妹痛哭着。这个剧本所展现的剥削与压迫的主题很有代表性，贫富矛盾已经到了一触即发的地步了。作品的不足在于人物语言有较重的学生腔，不太吻合普通农民和工人的身份。

历阳的《血食》表现的是工人生活的穷苦无告。陈在新是个有血气的工人，他的妻子因为长得貌美，遭受工厂监督的侮辱给活活气死了。他辛勤劳作，供一对儿女上学，决心不让女儿重蹈母亲的覆辙。女儿和儿子都孝顺知礼，可他却累倒了，生命垂危。孩子的未来怎么办呢？满嘴仁义道德的神甫居然出面，为富贵之家做媒，要将他女儿娶为小妾，被他严词拒绝，女儿也是个有骨气的少女，严词斥责上门劝说她为父卖身的媒婆，弟弟也痛骂想让姐姐当模特儿的无赖。可是，再硬朗的心气也敌不过穷苦潦倒，他们连给父亲买棺材的钱也没有。剧本没有交代这姐弟俩的结局怎样，留下的只是痛哭父亲去世的哀鸣。

在日本侵略中国的时候，郭同寰的剧本《灯》[1]从一个侧面反映老百姓的愤怒与不屈。日本军队夜里要训练，逼迫周围的老百姓一律不许点灯，北平近郊的一户人家从孩子到家长不把日本人放在眼里，坚持点灯，巡警上门管制，他们也不为所动，表现出中国人的凛然正气。面对上门劝阻的中国巡警，父亲义正词严地回答："强盗已经占领了北京啦，你们怎么不去捉？……强盗没有那么多的手脚来克我们，只要是我们自家伙儿下手，谁也不怕！"使那些为日本人当走卒的巡警哑口无言。日本人

1 郭同寰：《灯》，《清华周刊》634 期。

的炮弹击中这家的房梁，在屋子的倒塌声和孩子的哭喊声中，剧幕落下。侵略者的行径并没有停止，而老百姓的反抗更将坚持下去，这就是作品的主旨。

曾经有传说，在日本鬼子侵占东三省时，某将军还在与电影明星莺歌燕舞，寻欢作乐。落拓生的《舞场》[1]就直指这个事件。时间：1931年9月18日的晚上；人物有“蝴蝶”和“将军”，以及商人、买办、走狗等。日本人的炮火正在轰炸沈阳，司令却在北平与明星周旋；当隆参谋长气喘吁吁地报告：“方才接到电报，日军已向我北大营——”将军却愤怒地打断道：“唠叨什么？有事等回去再说！”“不过——”“你还站着干什么？滚出去！”自己仍然醉心于女明星。参谋长再一次神色仓皇地闯入，拖住将军的衣裳：

隆：司令！坏了！日……本兵！……已经……占领北大营……向……向城里……向城里进攻了！

将军：（怒目视隆）：他妈的，混蛋！我不早就告诉你们‘不抵抗’么？到时候，还来扰我！

隆：司令要考虑，日本真要全占——

将军：（愈怒）占凭他占，江山是我的，干你屁事！

隆：不过——

将军：去！滚回去！

当将军和蝴蝶离场后，舞伴们一齐唱着：“赵四风流朱五狂，翩翩蝴蝶最当行。/ 温柔乡是英雄冢，哪管东师入沈阳？ / 告急军书夜半来，开场弦管又互催。/ 沈阳已陷休回顾；且抱佳人舞几回。”这是朱蕴山的一首讽刺诗。近年来有报道说，对某某将军的这段描写是不属实的。作为文学作品来看待，它反映出青年大学生的抗日激情，他们对抵抗不力的现象深恶痛绝，借助戏剧来表达一腔爱国之情。

诗人孙作云创作了一部历史题材的戏剧《偷嘴的风波》[2]，人物有

1 落拓生：《舞场》，《清华暑期周刊》34卷6、7期，1934年8月。

2 孙作云：《偷嘴的风波》，《清华副刊》40卷6期，1933年11月27日。

孔子、子贡、颜回、子路、宰予等，内容和形式都完全是现代式的，很滑稽可笑，人物语言极诙谐有趣。一开场，结实莽撞的子路就在向面黄肌瘦的颜回抱怨老夫子的为人处世不近人情，使得大家多日没有饭吃：

颜回：子路啊！你不饿吗？我真有点饿呢！

子路：干么不饿！七天不吃食，狗也饿蓝了眼睛，何况我们是人啊！前两天，我要求出去和敌人拼命，谁想那老头子又讲起仁义道德来。我还不管哩！看谁能耐饿！

颜回：别说这些话，子路……唉，我真有点饿呢！

子路：你听那老头子又弹起琴来了！他真是老得发昏哩！这是啥时候还弹琴！等哪一天，我非把那倒霉的琴——要饭的家伙，摔碎不可。

颜回：那是夫子呀，别老头子老头子叫个不了。叫人听见，多笑话。

子路：我才不管三七二十一呢！惹我发火，我一拳把他打死。我们挨饿，全是他惹出乱子的。瞧那倒霉的架儿！若没有我，说不定受多少气呢！

孔圣人的至尊，在他的学生眼中都不存在了！所谓的仁义道德连他们自己都在怀疑，怎么能够让别人相信呢？子贡好不容易冒险从敌人的重围中摸出去，破费向乡下人换回一石米，做好饭，想让老夫子多吃几天，他却发现孔子最得意的门生颜回竟偷吃了起来。这还了得，他们愤怒地去向老师讨个说法，孔子仍然认为像颜回这样仁德廉洁的人，绝不会穷而改节；宰予不服，讽刺了两句，孔子大怒："闭嘴，宰予！你又来捣鬼，你这顽皮的东西。啊，你真把我气坏啦！你白天在教室里不是睡觉，就是和我捣乱！前几天，你又提出什么黄帝三百年的问题。你问黄帝是人不是，为什么黄帝会活三百年。你问这作什么，你问这作什么？我们去古这样近，你就疑古吗？可恶！"看来，儒雅之孔子，也不免有不雅之时，而且他们谈论的竟然是"五四"时期争论的疑古问题！果然，老夫子的眼光不差，颜回因为见一块土从房檐上掉下来，落在饭里，把它取出来，怕坏了夫子的牙，扔掉又有些舍不得，所以吃了下去。问题终于得到了解决。这个剧本有意思的不在于具体事件，而是它独特的借古讽今的形式、非常现代化的对话以及对孔夫子不屑的那些言语，在活泼幽默的外表之下，显示出独特的时代精神。

清华一些有志于文学艺术探索的师生，一直在孜孜不倦地追求现代戏剧艺术。1924 年，余上沅创作了荒诞剧《世界的将来》[1]。时间：6923 年，人物：两个男女，裸体，从山坡上走下来，拾果子吃，拥抱，接吻，结束。极短，没有对话，动作简练。这与盛行于 20 世纪上半叶的表现主义艺术一脉相承，语言和行动简单到不能再简单，以富有隐喻意味的场面来表达作者更深层次的思想，如贝克特的《等待戈多》一般，题旨有多意性，人物的语言动作荒诞可笑，难以定性，却也给读者和观众留下了更多的感受空间和再创作的余地。

张毓鹏自称他的三幕剧《归宿》[2] 是"第一次试作未来派剧本于清华"。作品标明的时代是"将来"，有三个人物，李四：赫赫武功之将军，王五：成名的政治家，赵六：诗人。第一幕，背景：一个偏僻的荒野，四面环绕着许多白杨，几株黄了头的芦苇在凄厉的寒风中摇摆；由远而近地出现一条羊肠小径，路的尽头是森林，两旁是坟墓，一个新墓的碑石上有字"公爵张三的墓"。幕开：快要落日之时，李四骑着高头大马，身上戴满勋章，趾高气扬地向西走去。第二幕，十年以后，背景与第一幕相同，只不过路两旁的坟墓多些了，最新的是李四的坟墓，张三的坟墓已经快平下去了。幕开：王五坐着自动车向森林开去，满面春风，衣锦还乡，"斜阳也被虚荣引诱着，送他还家"。第三幕，二十年后，还是同样的背景，小径两旁的坟墓更多了，李四的墓都不易找到了，新坟中最显眼的是王五的坟，新种的柏杨间出没着野兔。赵六独自在小径上徘徊，他说出了这个剧本里唯一的一段话语："咳！显贵的张三，伟略的李四，扬名的王五，这些出人头地的人物又上哪里去了呢？世界上的一切，简直是苍狗白云，转眼皆空，又有什么可贵？！像这些人，现在也只有和枯草白杨作伴了！咳！人生的短促！人生又有什么意义么？难道这就是她的归宿吗？咳……"剧本将人生无常、声名荣誉如过眼烟云的道理通过三个画

1 余上沅：《世界的将来》，《清华周刊·第四次文艺增刊》，1923 年 2 月 16 日。

2 张毓鹏：《归宿》，《清华周刊》466 期。

面表达出来，一个个新添的坟墓就是一段段过往的历史，也是每个人必然的“归宿”。它确实属于现代派戏剧的范畴，人物面目模糊，身份来历是朦胧的，可以有多重理解，世俗的，哲理的，真实的，比喻的，过去的，未来的，老人的，青年的，见仁见智，给读者留下很多有意味的空白。

《最后的一刻》[1]的作者静秋说，这是“一出不好上演的独幕剧”：在一个激烈战斗终止后的晚上，皎月高悬，尸横遍野，除了一个垂毙的青年战士以外，世界上的男子都已经被战争夺去了生命。出场的人物还有一个妙龄少女。一开幕，少女很婀娜地在尸堆中来回地走，很忧郁地说：“怎么办呢？世界上死心塌地为女人驭用的忠仆都已死了，我们此后怎么生活下呀？！”她发现了偃卧在尸体中的血肉模糊的战士还活着，很是惊喜：“啊，你这位勇敢的战士，真可怜！你现在觉得痛苦吗？我来服侍你，好么？……我是世界上最美丽的女郎，天上的安琪儿呢！亲爱的，请接受我的爱吧！”却遭到战士严厉的呵斥，他滔滔不绝地讲述自己三次全身心地恋爱，又三次遭受女子抛弃的经历，他认识到：“世界上的女子都是这样的无耻，我必想到一个尽善尽美的方法来报这个仇。”他毅然投入军队，天天鼓吹打仗，直到天下的男子都战死沙场。“现在，你看我是多么的快活呀！哈，看你们这些魔鬼此后怎么办？”他拔刀自刎，世界上最后一个男子也死去了，只剩下少女在捶胸顿足。这里采用的是象征的手法，将男女的冲突置于非常的境地，推至极端，以符号式的人物代表广泛的世界，人类的终结矛盾似乎也蕴含其中。这样的戏剧再也不能用传统的方式加以分析判断，不能去追问“是什么”“为什么”，只能去感受它的气氛，见仁见智地领略它的真谛。

1 静秋：《最后的一刻》，《清华副刊》39卷1期，1933年3月15日。

第七章　清华小说寻踪

20 世纪上半叶的清华园走出了一批著名的小说家。当年的校园小说极为繁荣，其题材的广泛、主题的深刻、艺术构建的扎实，在同时代的中国小说界处于醒目的位置。清华校园的小说创作与中国“五四”新文学的小说进程几乎是同步的，“五四”以后在新文坛上出现的“问题小说”“乡土小说”“自叙传小说”“革命加恋爱”小说、通俗小说乃至新章回体小说等题材，也是清华文坛的主旋律，有的小说以其不俗的功力而进入了中国现代文学代表作的行列。清华的一些小说家也因此成为现代文学代表作家，如顾毓琇（一樵）、陈铨、李健吾、罗皑岚、吴组缃等。清华校园小说成为中国现代小说的重要组成部分。

校园小说除了几篇教师的创作外，大都出自没有走向社会的学生之手，然而年轻与单纯并没有拘囿他们的艺术视野，同学们不只关注身边琐事，而是敏锐地捕捉时代动向，及时地反映社会问题，通过他们所能够把握的题材，从微观处洞悉和折射出博大与深刻。细腻的体察和严谨的写实成为校园小说的主调，浪漫的抒情反而相对薄弱，而且批判社会的倾向颇为普遍，这也许与那个苦难与严峻的岁月有关。

与开阔的题材相呼应，清华小说的艺术也在不断地开拓。强烈的主观抒情性从始至终贯穿于清华小说之中，这既是“五四”时代个性主义的召唤，也是青年学生青春气息的自然流露。这之中，也有一个不断深化主观感情的发展轨迹，即由直抒胸臆的呐喊到抒写对生活的主观感受，再到将情感寄托于客观事物的描述之中，将个体的情感戏剧化、陌生化，或寄寓于忧伤的现实人生之中，或剪贴在令人怒发冲冠的反讽对象身上，叙写越来越客观冷静，感愤与悲怆却无处不在。从浮出水面的冰山潜踪到水下的世界，强化与凝练了主观情感，也增强了作品的阅读厚度。人物形象的塑造，也有一个从浮面到深化的过程，越是在现实性强的作品中，人物越精雕细琢，个性也就越分明。总之，清华小说的艺术在探索中不断地向着纵深延展。

一、描摹校园生活

以小说的形式来描写身边的生活是最自然不过的事情。因为有着自我的体验和直接的观察，学生的生活境遇，他们的所思所想，所作所为，经过艺术加工和形象地表述，生动与贴切也就理所当然了。

恋爱，是大学生重要的业余活动，然而在昔日校园题材中没有发现美丽凄婉的爱情故事，倒有几篇充满讥讽的作品。陈铨的《重题》[1]描写一个单相思的大学生，怎样一厢情愿地自作多情，最后竹篮打水一场空。其布局颇精巧：先是用倒叙的手法，回忆主人公刘作明当年在国内如何追逐众多女同学，终于疯狂地爱上了张岷仙，又是如何因为没法摆脱前任女友而坐失良机；如今在太平洋这边，忽然接到张女士的来信，她也要到刘所在的学校念书，真是天赐因缘，岂能马虎？今天的课怎么也听不进，饭也不想吃，单等着下午五点钟接站。作者用浓重的笔墨描画刘作明在等待的那段时间里的所作所为，栩栩如生地勾勒出一个自我感觉太好的小人物形象；可是当他兴高采烈地前去接心目中的女朋友时，不想被迎面来的一个熟人浇了盆凉水：张女士将与未婚夫一起到达！真是一个晴天霹雳！在不长的篇幅中，将主人公的性格史交代得清清楚楚，也将眼前的喜剧安排得很有章法，起伏的情节凸显出人物的轻浮和委琐。最后的“包袱”抖得很到位。

这些描写学生生活和性格的小说，大都篇幅不长，往往选取某一事件或某个片段，如同舞台上表演的小品，人物的语言生动，动作感很强，开篇到高潮的间隔不长，而结尾与高潮一般是重叠的。这并不意味着人物的性格没有发展的历史，而是性格浓缩化了，在矛盾的紧要关头才得以显现。

1 陈铨：《重题》，《清华周刊》472 期。

翟毅夫的《开除后》[1]就很艺术地塑造了两个尴尬的人物。吴振声与周思华，一个偷窃者，一个被偷者，在事件终于披露、偷窃者遭开除的时刻，各自的性格得到充分的展示。吴振声的羞愧、后悔、对告发者的恼怒甚至嫉恨，“恨不得一拳把小周打死”；可是面对唯一的送行者小周，小吴不知不觉流下了眼泪；看着远去的洋车，小周也在用雪白的手帕揩着眼睛。眼泪冲刷了灵魂上的皱褶，净化了青年学生的心灵，他们的性格都得到了升华。谁受害谁得益都已经不重要了，重要的是他们都怀有一颗纯真善良的心，都舍不下同学之情，这种感情是利益计较所替代不了的。将一个较难把握的题材处理得如此深情满注，可见作者有相当的艺术底蕴。

学生题材中，最可贵也最能够感动人的是青年学子的拳拳真情。G.H的小说《悔》[2]就是描写一个挥霍的学生对父母的真诚忏悔。入不敷出的父母告贷寄钱给儿子，儿子可从来没有在同学面前露出寒酸的样子，他每每在火车上发誓节俭，可到了学校又每每过起阔少的生活，家人可以维持多日的费用，他不消二十分钟便送给厨房了。良心的责罚，促使他写下了忏悔的信。小说通过这封盛满泪水的书信，袒露儿子对父母的悔过之情，他也在悔悟中站起来了。这里塑造的形象是真实可信的，主人公的行为与思想吻合青少年学生那种在群体中虚荣心发达、独处时悔恨莫及的心态，虽不失赤子情怀，但不能完全理智地约束自己的行动。有了这份刻骨铭心的忏悔，相信他再也不会重蹈覆辙的。在此，描写的虽是校园里学生的生活，也从侧面反映出社会的动荡不安，民众生活的不易，透露出时代的某些信息。

1928 年以前的清华只招收男生，这使得学生的生活相对单调，感情的寄托难以落实到通常的男女恋爱之上，以致出现过同学之间的超出友谊的一些特殊关系。清华小说对于同性恋的主题没有回避。1923 年在校庆十二周年纪念出版的《清华生活》增刊上，方重同学发表了引起极大争议的小说《七年来的露榔与清华》，以主人公露榔在清华求学期间与同

1 翟毅夫:《开除后》,《清华周刊》249 期。

2 C.H:《悔》,《清华周刊》243 期。

屋曜如之间的波折丛生的同性恋爱，来反映清华学生的情感无所归依的痛苦与彷徨。揭示出来的同性恋问题在后来的《〈清华生活〉批评号》上产生过激烈的争论。罗皑岚的《过去的印象》[1]是同类题材中比较突出的作品，无论是布局谋篇还是人物故事都有些气势。这是一部中篇小说，以第一人称来诉说两个带有同性恋倾向的少年的遭遇，写得婉约凄清，如泣如诉。小说分四个部分，诗句起头，且与结构和情节上的起承转合相呼应，有景物描写、肖像刻画、心理分析、境遇安排、气氛衬托等多种艺术手法的调度运用，营造了浓浓的氛围，将两个少年之间由处于陌生环境中的同病相怜到相互爱慕的难解难分以及最后为人误解诟病不得不挥泪别离的过程作了尽情渲染，尤其是“陌头杨柳三次换了颜色”之后，两个好友由生离终至死别，写得如泣如诉，令人黯然神伤。作者有不俗的艺术底蕴，能够从容周到地遣文运笔，收放自如。同性恋题材的小说还有C F的《或人之恋爱》、莠茵的《严寒中的春意》、孤特的《什么是爱情的报酬》、郑桂泉的《流星》等。

从这些直接描画学生形象的小说中可以看出，作者比较注重的是反映学生的心理、性格乃至人格形态，不太注重人物外貌肖像等外在形象的刻画，有点像传统文学中的写意手法，通过人物的语言、行动和心理活动，大致可以揣摩其神态做派。小说的结构一般都较纤巧，常常有出人意料的安排，但还不具备掌握大格局的气魄。

教职员工的题材也是校园小说的重要方面，其精巧之处同样在于塑造人物形象上。钱宗堡的《黑胡子，金丝眼镜》[2]篇幅很短，速写一般地勾画了一个在学生面前道貌岸然，实际上乃酒肉之徒的学监面目。小说抓住人物的外在特征：当他第一次出现在违章喝酒的三个学生跟前时，“黑胡子”和“金丝眼镜”很是唬人，两个学生遭到开除，一个年幼初犯者记大过两次；而当这副尊容第二次被年幼的那个同学见到时，却被剥下了伪装俨然的面具：被严惩后十分沮丧的小杨独自踱到院子后面，听到一阵熟悉的声音在劝酒，“小杨往里一望：只见一个背窗左坐着，侧边

1 罗皑岚:《过去的印象》,《清华周刊》327 期。

2 钱宗堡:《黑胡子，金丝眼镜》,《清华周刊》195 期。

还有一个，黑胡子，金丝眼镜。桌上放着一个瓶，两个杯子，两双筷子，几个碟子”。寥寥数语，把一个说一套做一条的伪君子形象神态逼肖地传达了出来。

学监，在学生的心目中大概都是一副与人作对的模样，仿佛总是板着面孔，变着法子找学生的碴儿。但灵约同学的一篇《老学监》[1]却为之正名，让人们第一次看到，老学监也是一个有血有肉有丰富人情味的厚道长者。小说很诙谐，采用先抑后扬的艺术手法，开始极写其的外貌之不扬、身份之不弱、举止之不善；而且他的行踪无处不在：夜深人静时，他常常猫一样地偷偷站在学生宿舍窗外，听这帮小耗子在被窝里叽咕些什么，“如果听出来所谈的是男女，便咳嗽一声，小耗子知道是猫来了，连忙把脑袋缩到被窝里去，一时万声都渺，庭皆寂然”。他还有这样的本事：你不瞅他或未曾看见的时候，他明晃晃地盯着你；你真的瞅着他的时候，他又把两盏电灯转向另一个方向了。小说用许多极生动的细节告诉人们，这是个能够把学生吃下去的厉害学监。小说的精巧在于，当竭尽全力把人物塑造到接近恶的边缘时，马上笔锋一转，开始展露他的善与美的一面：学生对于学校有什么要求，“从别人手里总不如从他手里得来的圆满：只要这个要求对学校没有太大的损失”，平时解决不了的问题只有和老学监商量才能解决，尽管他总要做足“文章”：先是左右摇头，再是“用他的脑袋圈点，表示这种举动不免有些多余”，最后总是上下点首，还忘不了垫上一句：“放假可是放假，但总得念书才好”，或“娱乐可是娱乐，但总得守规矩”。更让人意外的是，周日在春光秋色“一齐往身上扑来”的山水杨柳之间与老学监不期而遇：“黄昏的林中，常见他一个人踱来踱去，仿佛在吟味着什么似的，想不到严谨拘执如老学监对于山川自然之美也免不了有情不自禁的时候”。如此，一个鲜活的灵魂跳跃在被职业的外衣遮蔽住了的心中。小说还有一个余音袅袅的收尾：离开老学监四个年后再遇到他，“他提到：他总忘不了看我们那张相片”。——分明有深情厚谊埋在老学监那轻易不敞开的胸间。此刻，谁还觉得他是个黑衣判官？

1　灵约：《老学监》，《清华周刊》502 期。

描写校园人物比较典型的还有侯梅的《老瘸子》[1],塑造一个身处劣境穷困无依的扫厕所的校役，人穷志不短，怎样在恶浊的环境里保持心地的善良、干净，硬朗地承受并不公平的命运，反映了大学生对社会底层民众的同情与关切。

署名“冷眼客”的章回小说《金陵外史》[2]只有第一回“地平风云学生倡罢课，情场角逐代表告成功”，说的是金陵学校三个投机的学生，在“七八”风潮停课搞运动时机，借爱国之名，实际上为了自己找对象，结识女友。行文流畅诙谐，充满反语讥讽，能够三言两语将油滑的学生代表的模样做派勾画个大致，颇为生动。

由于清华的学生有比较扎实的古典文学的根底，使得校园的章回小说较为发达。1934年《暑期周刊》上发表的《清华园四季曲》是由八位同学共同创作的，分“春、夏、秋、冬”四回，每人撰写一回；它分明在解构四部中国古典名著，其框架与气势都非同一般：第一回《春——小放牛村童进学，大开眼牧子游春》，将《儒林外史》王勉求学的故事，改写为王儿那年春天到清华园民众学校念书，通过一个乡间的孩子眼光，将清华园的景致和某些生活方面自然地写入小说。第二回《夏——清华园宋江消夏，游泳池李逵怕凉》，解构的是《水浒传》，说宋江等因山寨无事，闻知清华园风景清幽，最宜消夏，吴用又认识清华园的黄天霸，于是带着李逵同来，在这斯文之地闹了很多笑话。第三回《秋——由梦入幽秋来古月殿，即景生情夜坠荷花池》，显然是《红楼梦》新解，口气腔调也都仿佛有怡红潇湘味道。贾琏在外花钱买了野鸡中学的毕业证书给报了名，黛玉居然考上了清华；刘姥姥提着果子来清华园看黛玉，出尽了洋相。第四回《冬——清华园老残赏雪，公子携少女溜冰》，是《老残游记》的现代版本。这部章回体的通俗小说，把背景移植到现代的清华校园而已；其中人物语言既符合各自早先具备的性格特征，同时也带上了校园气息。把古典人物与现代场景和谐地嫁接在一起，有时虽显得有些油滑，但也能够透过讽喻，领会到作者的良苦用心。有古有今，亦

1　侯梅:《老瘸子》,《清华周刊》577期。

2　冷眼客:《金陵外史》,《清华周刊·15周年纪念增刊》,1926年3月。

俗亦雅，文笔流畅，情节推进自如，很有可读性。

1932 年春季学期，《清华周刊》发起全校同学一起来写章回体的长篇《待续演义》，共完成六回，无深文大意，倒是题目对得较工整，可一窥学生们的古典文学功底。

二、关注时代风云

相对宁静的校园生活，并没有弱化学生的社会触角，清华校园小说中相当一部分反映着时代的风云变幻。其中两大主题最为突出，一是关注农民命运的乡土小说，一是反映抗日图存的战争小说。

乡土写实小说的出现与清华学生的生活经历有关。20 世纪上半叶的中国城市并不发达，即使来自市镇的同学，也与乡村有着天然的联系。他们年纪轻轻远离故土，来到都市北京，一方面对故乡满怀思念和依恋，另一方面由于接受了新思想的熏陶，反观宗法制农村的种种陈陋愚昧的形态而痛心疾首。阶级鸿沟，苛捐杂税，天灾兵祸，民不聊生，一系列满蕴感伤情绪、倾诉乡愁乡怨的作品出现于上世纪二三十年代清华的文坛上。

丁当的《腊公公》[1] 是一幅农村风俗画，作者用细致绵密的笔触把一个村庄的景象描画得生意盎然，其中王妈妈一家的纷争是画面的底色和基调，腊公公这个人物是主角与核心。小说的开头就用戏谑的笔调交代族长腊公公的形象做派，他身为族长并没有一呼百应的权威，一方面是由于他早年的荒唐行为，另一方面是他在任时村民的日子一日穷于一日，他却“兼任全村中的富翁了”，威严怎能建立？他曾试图在茶馆里叹叹苦经，年纪大的人还不好意思当面驳斥他而给些“虚慰”，年轻人可一点不买账。这部小说将乡间的人情世故传达得头头是道，这里没有尖锐的阶级冲突，却同样有着很深的人与人的鸿沟。小说气氛诙谐轻松，写人状物游刃有余，乡土气息扑面而来，显示出较强的艺术驾驭能力。

东野的《今天》[2] 反映的是农村根深蒂固的阶级矛盾和农民迟缓的觉

1 丁当：《腊公公》，《清华周刊》509 期。

2 东野：《今天》，《清华周刊》617 期。

醒过程。故事的构架是建立在强烈的对比之上的：一边是兴旺腾达的黄大户家，大先生官运亨通，另一边是给黄家做了一辈子长工的彻底破败的小三麻子家，“昨天死了四个孩子，还加上一个老婆”。小三麻子的思想和性情的转变是整个作品的主线。给黄家做了十五年长工的小三麻子一直有着“做稳了奴隶”的心态，当他家破人亡后终于彻底清醒过来，再也不抱有任何幻想，下决心去追随那几个鼓动造反的外乡青年人。林山的《白河》[1]通过忍无可忍的农民铤而走险，反映被压迫者与统治者的阶级斗争进入了白热化。作者同情被侮辱与被损害的受苦受难的劳动大众，他们勤劳，本分，善良，不到被逼入绝境也不会采取过激的行动，而剥削者却为富不仁，倚强凌弱，把自己的利益建筑在穷人的痛苦之上，当老百姓连基本的生活条件都被剥夺之时，革命的时机也就成熟了。类似的主题还有纹冰的《刘家垅》[2]，佃农陈世锡杀了刘老爷，还杀死了自己的妻子儿子，结果他的头也被砍下来悬在了保安队的门柱上。谁之罪？作者用细腻的描写告诉人们，陈世锡并不是一个天生的恶魔，他曾经是忠厚老实，甚至是胆怯的，他一年中胼手胝足的辛劳，到头来却被搜刮一空。他彻底绝望，终于被逼入了绝境。一个老实巴交的农民，就是这样变成了杀人的野兽，这罪责难道要他一个人承担吗？这是小说留给人们久久的思索。

宗植的《瓜》[3]的贯穿线索也是贫富间的冲突，同时还写了丰收成灾、瓜贱伤农的辛酸遭遇。阿根是个头发都白了的老农，如今却因为欠了名分上的侄子三先生的三担租受尽了奚落，今年阿根想改种西瓜来打个翻身仗，谁知忙了一季连还三先生的利息都不够。他渐渐明白了：“没法，确实没法，这世界不是种田人吃饭的世界；要有法，除非换过朝代。”这部小说不但有鲜明的思想性，艺术上也具有特色，它的乡土气息很浓厚，在揭示主人公悲剧命运的同时，对宗法制农村的人情习俗也有精到的描述。宗植的另外一部小说《开始》[4]中揭示的已经不是一两个农民与一两

1 林山:《白河》,《清华周刊》615 期。

2 纹冰:《刘家垅》,《清华周刊》604 期。

3 宗植:《瓜》,《清华周刊》522 期。

4 宗植:《开始》,《清华周刊》556、557 期。

个地主间的冲突，而是一群农民与政府部门的正面冲突，农民们开始意识到，他们的穷困不是命运的安排，而是统治者的为非作歹。小说用快速流动的艺术手法，将农民们的暴动场面渲染得轰轰烈烈：当城里的老爷绅士们正在梦乡里时，“城外，却正摆动一群农民们的毛的腿，毛的腿，毛的腿……数不清的历乱的锄头，铁锹，锄头铁锹，扁担……睁大的眼，眼，眼……”农民与统治者的斗争拉开了序幕。这里的反抗虽然还是无序的自发的，但预示了两个阶级不可避免的冲突已经为时不远了。

抗日图存，是中华民族历史上最艰难也是最伟大的里程碑，紧贴时代的清华抗战文学以疾风迅雷之势涌现于现代文坛，民族仇、亡国恨，使怀着强烈的使命感和忧患意识的学子们把人民的苦难和侵略者的暴行描绘得鲜血淋漓，把不屈不挠的抗日救国的民族意志渲染得可歌可泣，形成了波澜壮阔的景象。

任辰的《关外》[1]塑造了一个孤军奋战的义勇军战士的形象。战争的血腥与残酷一开始就笼罩着全篇，用的却是反衬的手法，以静写动，以肃穆衬托喧嚣。“我”是一场浴血奋战后的唯一活下来的义勇军士兵，早已冻僵了，可眼睛还像燃烧似的看着前方，一杆没有刺刀的枪还紧抱在怀里。小说没有正面描写战斗，然而硝烟和怒吼弥漫着，勇士的血液沸腾着，有了这样无畏的战士，什么样的敌人都能够打败，什么样的战争都能够取胜！小说要传达的思想是：人民战争依靠的就是这些用血肉之躯去抵御机枪大炮的无名战士，他们才是胜利的丰碑！

陈祖东的《插着国旗的地方》[2]写得铿锵有力，通过一对夫妻的遭遇揭露了侵略者的暴行，讴歌了游击队的复仇。在一个漆黑的深夜，四五个游击队员提着步枪袭击一艘鬼子的哨兵船，他们机警敏捷，动作干净利落，转眼间就将船上的鬼子全收拾了。正当他们准备撤离时，看见了遭受鬼子蹂躏致死的游击队长的妻子四嫂，四哥悲痛欲绝，他把妻子的尸体捆绑在自己的背上，双手抱着两颗炸弹，“如一只出笼的猛兽一般”，钻到敌人发炮车底下。这部作品如同雕刻般的速写，将日本鬼子的丑恶

1 任辰：《关外》，《清华周刊》533 期。

2 陈祖东：《插着国旗的地方》，《清华周刊》531 期。

无耻和抗日战士的悲愤勇猛力透纸背地勾勒出来，可以说是用血与火凝聚成的文字。

清华的抗战文学更多的不是直接描写战场上的拼搏，而是描写敌占区人民的斗争和后方民众的抗战情绪，虽然没有硝烟，但同样地有仇有恨有流血牺牲。这是一场人民的战争。

诗人林庚在1931年创作了小说《一隅》[1]，以中日沪战为背景，以北平一个理发店为中心，描写北平老百姓不可抑制的抗日救国热情。林庚很有组织小说的才能，他的笔触从远离战争的一个角落，折射出壮阔的反日爱国浪潮，人物个个动态可掬，不论是话多的掌柜王头、爱与人干架的老板张七，还是卖元宵的李二傻、奔赴战场的金禄，三两笔就勾勒出很有质感的形象。民情的激愤也反衬出政府的消极与无动于衷。从一滴水映照出一个世界，是这部小说的特点。

张向天在1934年到1936年间创作了好几篇很有质量的抗日小说，他一般不直接描写战争，而是把目光投射到战后地带，往往选取民间素材，从老百姓遭受的苦难来揭露侵略者的罪行。《春日町》[2]是描写被日本人占领的沈阳的日本站附近一条街道上发生的事情。作者以愤怒的反讽口吻，抨击那些苟且偷安的中国人，他们不顾民族大义，没有廉耻尊严。民族危亡的严峻关头，泥沙俱下，正是检验国民性优劣的时刻，也是考验中国人人格的时机。小说以一对兄妹对日本人截然不同的态度，反映特定环境下小人物的不同心态。十七岁的金凤家断了口粮，哥哥带着她出来卖淫，处在这样的逆境里，她仍然关心着齐齐哈尔的战况，拒绝与日本人纠缠。在国难当头的时节，一个被逼卖淫的姑娘仍然保持着正义感和道德心，比之于那些穿着和服的有身份的中国人，她是泥沙中的金子。《父与女》[3]是张向天另外一篇描写在日本人占领下老百姓的辛酸遭遇。金姑和老父亲逃难到沈阳市来卖艺，受尽屈辱。张向天抗战小说的着眼点都不大，一般取材于一两个小人物的悲苦遭遇，却把他们置身于一个比

1 林庚：《一隅》，《清华周刊》533期。

2 张向天：《春日町》，《清华周刊》591期。

3 张向天：《父与女》，《清华周刊》606期。

较开阔的背景之下，取到以小见大的艺术效应，进而对时代社会进行鞭挞。《流亡者》[1]是从一个知识分子的角度来感受国破家亡的耻辱与仇恨，这是作者从知识阶层中挖掘出的中国人的脊梁。张向天有一定的驾驭题材的能力，写文化人与写农民的手法很不一样，同样是反映抗日的精神，这里的书卷气很浓厚，人物更具理性思维的色彩，尤其是那首《受掳者之歌》的旋律始终回荡在篇中，成为人物行动的动力。

值得一提的是，在这类小说中，有两篇格调很独特，其共同的主题都是强烈的反战情绪，属于抗战文学中的另外一种声音。森的《期待》[2]以一个在中国打了几年仗的日本士兵的思索、痛苦、幻灭直至自杀的过程，为日本军国主义的侵略政策掘下了坟墓。作者从人道主义思想出发，将一个日本兵放置在正常的人性视野下，对他的灵魂进行拷问，通过他的忏悔，把侵略者的野蛮兽性和非人本质揭露得更为透彻。冯夷的《紫荆开花的时候》[3]描写同时受教于一个俄文教员的中日青年的交往和相互理解，表达对不义战争的愤怒。他们刚刚在一起上课的时候，“我”满怀着对日本人的仇视借机会就攻击日本，想不到这个日本青年也很爽快地承认“我”的观点，两个青年人慢慢地成为朋友。日本青年被强迫征兵到满洲打仗，战死在前线。一个有头脑有正义感的年轻人，活生生地被送上了死路，这不也是一场悲剧？爱好和平自由是人类共同的心愿，日本青年同样是有希望的一代。这样，将战争的思索上升到理性的高度，把发动战争的元凶与广大的日本民众区分开来，显示作者具有人性关怀的开阔胸怀和对侵略战争的清晰认识。

三、感悟百味人生

自“五四”运动以后，对人、人性、人生等问题的探索成为文学主潮，清华文学也不例外。对封建主义践踏人性的愤怒，对弱小群体的同

1 张向天：《流亡者》，《清华周刊》603 期。

2 森：《期待》，《清华周刊》616 期。

3 冯夷：《紫荆开花的时候》，《清华周刊》636 期。

情，对芸芸众生的哀其不幸恨其不争，构成了以人为本的校园平民文学。清华师生紧跟时代的启蒙主义步伐，观察分析人生中的种种问题，以唤醒人们改造社会的自觉，追求理想的人生。

情爱主题颇能吸引青年学子，这里成功的爱情小说大都不是取自于学生自身的素材，而是描写社会人生中的经历。其笔力的娴熟，情节的精巧，运筹的老到，令人叹服。有的清华同学后来登上中国文坛，使人一点不觉得突兀，他们的才能已经熠熠闪烁在校园，步入文学的殿堂乃水到渠成。

李健吾，当年在学校以小说创作见长。他的爱情小说题材广泛，有市民平俗的爱情，有闺中柔弱的爱情，有大兵粗犷的爱情，一种人一个路数，都营造得生气勃勃。他的小说基本上洗尽了书生气息，散发着浓浓的世俗味道。《私情》[1]中塑造了一对街头青年男女小贩间的火辣辣的爱情，他们从打耳刮子开始，又以打耳刮子收场。真惊讶于一个学生作家具有如此到位的分寸感，他将两个充满生机的主人公间的爱情设计得不同凡响，能够自如熟练地安排打情骂俏的场景，结构和人物语言都有种流动感和跳跃性，使小说满溢着生活的情趣和泼辣辣的气息，而且前后连贯，一气呵成。没有对生活的细心观察和相当的艺术功力是难以如此得心应手的。《在黑暗里，没有分别的》[2]是李健吾的另外一部爱情题材的小说，它有着巧妙的布局：一位刚刚做了母亲的女子，发现丈夫独自去参加表妹的生日宴会，她激灵中感到了什么，在黑暗中逮到了在向表妹抒情的丈夫，使其无地自容。假如说《私情》是以相当外露的方式来表达两个野性十足的年轻人的爱情的话，那么这篇小说则含蓄内敛，大都以心理活动来宣泄爱的失落，其用语遣词也不像前者那般张扬跃动。女主人公的心计也让人不敢小觑，表面的虚弱掩饰不住内在的锐利，她那失而复得的爱情已然掺杂了另外的成分，远不如那对欢喜冤家的爱情来得富有朝气。

有的爱情小说虽然出于年轻的学生笔下，却灌注着辛酸的眼泪，没

1 李健吾：《私情》，《清华周刊》394期。

2 李健吾：《在黑暗里，没有分别的》，《清华周刊》386期。

有青年人所憧憬的爱情那般诗意。这不是简单的爱的波折或阴错阳差，而是描写社会毁灭爱情，贫困葬送爱情，正像鲁迅在《伤逝》里发出的感慨：只有生活着,爱才有所附丽。柳无垢的《奔流的心》[1]是一部日记体的中篇小说，以一个为了爱情而沦为舞女的女性的遭遇来揭示生活的残酷逻辑。作者很艺术地运用日记体所具有的抒情空间，将一个弱女子外在的不堪与内心的坚强一层层地铺叙开来，使读者越来越同情于她的遭遇，感动于她的奉献，更钦佩于她的胆识。从某种意义上来说，她的命运不仅仅是个人的遭遇，已经带有时代悲剧的典型性。青年人有自强的决心和刻苦工作的能力，却走投无路，被生活逼入绝境，谁之罪？社会是不是该负责任？

毕树棠先生的《画梦》[2]是一部篇幅较长的爱情小说，其构架与气度比一般的学生创作来得雍容舒展。他采用了倒叙的笔法，以十三年后故地重游的S君的回忆，展开一个如泣如诉的爱情悲剧：十四岁的S与同乡的高大哥一起来到省城读中学，租居在一位退职的前清候补道李老先生家，李家老夫妇膝下只有一个十六岁的女儿娟，一家人厚道有礼。高大哥是一个混混儿式的人物，不但在外面惹是生非，在宿舍里也欺压驱使S，倒是李家夫妇给予幼弱的他些许温暖。谁知，高大哥早就垂涎于李小姐，在井边动手动脚，遭到李先生的斥责，怀恨在心，一次看到S与李小姐交谈，寻衅闹事，血口喷人，导致了李小姐受惊生气，一病不起。过了三年，S中学毕业要去北京入大学，依依不舍地离开了李家。秋后李先生来信，小姐已经与世长辞，老夫妇也卖了房子带着灵柩回故里去了。S心不死，一放假匆匆奔回，然而人去物非，踪迹全无。如今，S已经留洋回国，娟姐姐在他心中还是当年的模样，面对湖水，他泪如雨下。这部作品的最大特色在于其弥漫着古色古香的味道，犹如古典爱情小说那般典雅与幽静，又风骨暗隐。人物也像从水墨画中走出来似的，素净淡然，幽忧悲戚；作者有着营造意境烘托气氛的才能，情与景互为映衬，相得益彰。S是贯穿人物，除了心理活动外没有讲过几句话，他在与高

1 柳无垢:《奔流的心》,《清华周刊》566 期。

2 毕树棠:《画梦》,《清华周刊 .15 周年纪念增刊》，1926 年 3 月。

大哥的蛮横无理的对比之中显示得更加柔弱、善良、正直；多年后的寻寻觅觅，面对故园的无尽思念，使这个人物的性格渐渐趋于饱满，也使小说在结构上得以整合。

在清华校园小说中，对女性不幸命运的同情倾注着对封建传统势力的有力控诉。顾毓琇的《洋囡囡》[1]是一篇用柔和的笔描写的残酷故事。高门大院里的一个十一二岁的女孩子，正是玩洋娃娃的年纪，却已经被安排好了未来的婚姻命运：梅红帖子里头“浓浓的几个墨点就轻轻把一个无知无识的幼女许给一个无知无识的孩子”。小说一方面极力渲染金碧辉煌的大厅和熙熙攘攘的人流，互相道喜的欢快景象；另一方面细腻地描写那一个人躲在僻静的小屋里的女孩子的楚楚可怜，她隐隐约约地感到恐惧，“战战兢兢，犹如怕大难临头”。作者含蓄而语意双关地写道：“弄衣含羞的女郎还紧抱着那换了一身新衣的洋囡囡，她再也想不到她的洋囡囡已经许了人家了。”这小姑娘的命运不就是一个任封建礼教和习俗随意摆布的木偶娃娃？谁关心过她的意愿，把她当作“人”看待？她未来的命运更是难以预料。

女性在爱情婚姻上往往比男性有更多的付出，也有更多的迷失。古草的《菲儿的笑》[2]以婉约轻柔的笔致描写一个令人辛酸的故事。菲儿从幼小年代就很爱笑，笑，成了菲儿的性格，成了她的标志；笑，成就了她的爱情和婚姻，却没有给菲儿带来婚后的幸福，丈夫与婆婆再也不允许菲儿笑了。如同电影镜头一般，小说由几个画面剪辑而成，菲儿的性格与遭遇就象征性地体现在这几幅画面之中，笔墨简洁而富有力度，一个女子在封建势力面前的不幸命运由此成了定局。

照理，学生时代是讴歌的季节，也许是童年的痛苦记忆，也许是所处时代的黑暗，清华学生的笔下却流淌出源源的辛酸苦水，揭示出种种的灾难与不幸。这类作品有的哀怨凄切，有的冷峻凝重，在平实、深挚、严谨中显示深刻的生活底蕴和艺术造诣。狄的《春兰的嫁》[3]展示的是一

1 顾毓琇:《洋囡囡》,《清华周刊·第三次文艺增刊》, 1923年1月13日。

2 古草:《菲儿的笑》,《清华副刊》39卷3期，1933年3月29日。

3 狄:《春兰的嫁》,《清华周刊》629期。

个苦命丫鬟的遭遇。十七岁的春兰希望能够与青年长工成家，却被已经当祖父的老爷强奸了。处于被奴役地位的少女就像风中的一株小草，孤苦伶仃，无依无傍，最基本的愿望也被残酷地践踏。小说写得干净，洗练，透彻，越是在开头渲染春兰的欢快欣喜，也越烘托她结局的凄然暗淡，对不公平的世道的抨击也越显深刻。

吴组缃的《卍字金银花》[1]如泣如诉如歌，以一年绽放三次的美丽的金银花为结构的轴心，讲述一个女子温馨的童年和凄厉的成年，揭示妇女在那个残酷时代的生存状态。女主人公守寡后怀孕，无处栖身，在乱草堆里难产而死。作者以散文般的笔调为一个被封建礼教所吞噬的美丽女子谱写了一曲哀怨缠绵的挽歌。“卍字金银花”是小说的贯串线，它连接了女主人公美好的童年和尔后的悲惨身世；它的灿烂既是这个女子童年时代的象征，也与她可怜的结局形成醒目的对比；金银花的比况是作者对女主人公的友谊、同情和肯定，最后献在她的坟墓上，寄托着人间的哀思与怀念，也是对无情社会的抗议。

侯梅的小说《智慧的劫难》[2]质地厚实，舒展雅致。它的主人公孙蕴珍是一个美貌已逝青春不再的单身女子，题目就告诉人们，她敏颖智慧却为聪明所耽误。小说的氛围设置很具艺术匠心，首尾的场景几乎是一模一样，都是深秋薄暮的萧条时节，一个瘦弱的女子垂头坐在木椅上；树上的叶子在飘动，冷风吹得黄叶打旋，她丝毫不为所动，只偶尔惆怅地叹口气，抬头看一看灰色的苍天——如同一幅年代久远的油画，凝固而黯然，与人物的性格和命运相呼应。这前后相同的环境与人物描写所要阐述的是，对于女主人公来说，时间是静止不动的，就像首尾相接的圆圈，没有发展与突破，没有开始与终结。作者用细腻的笔法塑造了一个悟性很高的知识女性的形象，她的悲剧是心灵悲剧。小说的构思细密精巧，人物雕刻得神形丰硕，其意蕴也颇耐人寻味。

以客观写实的笔触刻画生活中的种种丑恶的世相，揭示国民性的弱点，透视民族的病态心理，使清华小说具有了理性的批判力量。这类作

1 吴组缃:《卍字金银花》,《清华周刊》566 期。

2 侯梅:《智慧的劫难》,《清华周刊》594 期。

品往往采用或诙谐或辛辣的讽刺笔调，嬉笑怒骂，皆成文章。展示畸形丑陋世态的目的在于将它们拎在半空中，尽情表演，让人们的嘲笑与诅咒使之无立锥之地，也让人们在见证他人的缺憾时引以为戒，洁身自律。这既表明青年人对民族劣根性的深恶痛绝，也显示他们对改造国民性的一片赤诚，使得这类作品有着更深广的现实针对性和社会意义。

用人物自己的语言来显示其性格的缺陷，是冠海的《例外的中国人》[1]的特色。“中国人不成，中国人简直不成，中国人多半都是怪物！”小说一开场就先声夺人，传出这“乌鸦的哑嘈”似的声浪，之后才让读者看到那个生气的醉汉似的红脸高额的人在向同伴手舞足蹈地发表议论。他口若悬河斥责所有的中国人，甚至建议：要读书，不要跟着中国人读书，要思想，不要跟着中国人思想，要革命，也不要跟着中国人去革命。听了他的一番鼓噪，人们不禁要问：他自己难道不是中国人？作者最后画龙点睛地指出：他口口声声说别人是怪物，他自己才是真正的怪物，“不，他不是怪物，他只是一个例外的中国人！”L.C.H 的《一阵拍掌声》[2]篇幅很小，如同一幅街头速写：一个西装革履的青年毫无怜悯之心地用文明棍打着人力车夫，赶到会场却大谈特谈劳工神圣、爱护贫民，洋洋洒洒的发挥赢得一阵阵拍掌声，他又大言不惭地接着说：“但是最要紧的，就是要能够实行才好，我每每看见有人说得很好，然而却是不能实行，所做的事完成与所说的相反，这种人，真是新文化运动中的蠹虫！他的害处，恐怕比资本家更大，我希望诸君要能说能行才好。”台下又是一阵拍掌声。这位伪君子的尊容还需要别人来揭穿么？

滤清渝的《体面的家庭》[3]题目就暗含讥讽，是对伪善的揭露。小说的构思很大气，从上海一个寓公之家推宕到民国前后的官场，在开阔的背景上从容地展开故事。小说以辛辣的讽刺笔调对所谓的体面人家的揭露挖苦到了鞭辟入里的程度。老爷的淫荡，太太的诡诈，儿子们的好色，真可谓上梁不正下梁歪。最具意味的是将爷儿俩置于矛盾焦点的两端，

1 冠海：《例外的中国人》，《清华文艺》1927 年 2 卷，1927 年 10 月 14 日。

2 L.C.H：《一阵拍掌声》，《清华周刊 · 第三次文艺增刊》，1923 年。

3 滤清渝：《体面的家庭》，《清华周刊》535 期。

让他们父子俩为一个奶妈争风吃醋，撕破脸皮，老的不像老的，小的不像小的。可即使到了不可开交的地步，老爷还要摆出家长的架势，让儿子扶他下台。儿子被迫去向老子谢罪这一举动，将体面家庭那已经撕裂开来的最后一层帷幕又拼拼凑凑地蒙上了，在外人看来，还是一个体面的家庭。这一笔很有力量，它告诉读者，那些冠冕堂皇的家庭，谁能说它不藏污纳垢？那些道貌岸然的人们，谁能说不是男盗女娼？小说机智，老到，流畅，锐利，显示较强的艺术驾驭能力。

不少作家写过中国人的“闲”，有了空闲就去管别人的闲事，去鉴赏别人的痛苦，添油加醋，无中生有。中国人的这种缺乏同情的“看客”心理，冷酷无情而又不动声色地毁灭着许多人，造成无数查不出罪魁祸首的人间悲剧，清华文学中也有对这种丑陋心态的痛心疾首的批判。

逸生的《笑声》[1]以质朴凝练的文笔，细致绵密地描写宗法制农村社会的人为悲剧，对残陋的人性充满着悲哀与愤懑。五月的禾田里，七八个农村妇女一面在扒花，一面传播着柳乡的小道消息，今天，消息最灵通的阿八嫂嫂在传播柳宅上 28 岁还没有出嫁的柳小姐的故事，拐弯抹角地说柳小姐怀孕了，妇人们进而推断：柳小姐是不是生产了？她们不负责任的谣言，引起一连串的恶性后果：与柳小姐自小订婚的枫少爷逮着了机会，当众宣布离婚，甚至，“柳老太从这天起，对于自己的女儿也怀疑起来”，哪里还有柳小姐的活路呢？一个无辜的生命在众人轻狂的笑声中被埋葬了。她没有伤害过任何人，别人却津津乐道地污辱她，中伤她，而且诬陷者并不觉得可耻，终于置人于死地，柳小姐至死也不清楚谁主宰了她的命运。小说告诉读者：这些闲人们缺乏同情心，擅长捕风捉影，肆无忌惮地造谣惑众，冷酷地鉴赏他人的苦难，用品尝别人的痛苦来冲淡自己生活的无聊，他们并不知晓自己同样处在牺牲品的可怜地位，却实际上充当了封建势力戕害无辜的帮凶。小说剪裁精到，视野开阔而锋芒犀利；中心人物的柳小姐始终没有出场，但她的悲剧命运却笼罩着全篇。这真是一曲令人毛骨悚然的乡间悲剧。

清华校园小说的创作为数众多，出现了不少堪称杰作的佳构。当然，

1　逸生：《笑声》，《清华文艺》1927 年 3 卷，1927 年 11 月 4 日。

对于学生来说，这里只是他们文学的起点，艺术创作，尤其是小说，需要扎实生活的体验、独到的人生感悟及长期的艺术酝酿，需要余裕的构思与动笔时间，这使得清华的小说大都是短篇小说和中篇小说，长篇小说很少。艺术上的锤炼，有的离炉火纯青的地步还有不少的距离。但也正因为如此，校园小说所独具的新嫩与清纯，以及一种初生牛犊之气，散发于昔日清华文坛。

第八章　清华诗歌寻踪

诗，是青春的“特权”，也是学生的“专利”；清华园里从不缺乏诗歌的素材与审美抒情的主体，于是，这里也从来没有停止过吟唱。古诗词是多数同学进清华前就打下了坚实根基，即使在更适宜表达当代人情感的白话诗蔚然成风之时，校园的平仄格律之声仍然朗朗不绝。然而，一个时代总有一个时代的文学主流，自“五四”以后，新诗，以它平易质朴的外在形式和无拘无束的感情寄托激发着菁菁学子的性灵，颇具现代意味而又情绪丰厚盎然的自由诗作成为清华诗歌的主流。友谊、爱情、自然、和谐……是诗的向往；清新、热情、浪漫、单纯……是诗的情绪；怀疑、感悟、失落、追寻……是诗的题旨。青春的亮丽谱写出校园诗歌的明朗旋律。

一、校园景观

好了！新生命胎动了！
寂寥的园内生了瑞芝，
紫的灵芝，白的灵芝，
装点了神秘的芜园。
灵芝生了，新生命来了！

好了，活泼泼的少年
摩肩接踵地挤进园来了。
饿着脑筋，烧着心血，
紧张着肌肉的少年，

从长城东头，穿过山海关，
裹着件大氅，跑进园来了；
从长城西尾，穿过潼关，
坐在驴车里拉进园来了。
——闻一多《园内》[1]

清华园如同一溪活水，哺育着学子，滋养着诗神。闻一多在校庆十二周年发表的长诗《园内》，赋予清华园以“新生的太阳”般的崇高地位：她是四千年中华文明的象征，又是东西文化交锋时的旗帜，更是“自强不息”的少年的严师。诗人怀着“五四”时代的启蒙精神和浪漫主义的激情，歌咏着与时代和“少年”一道成长的校园：那曾经是“寂寥封锁的园内”，就像沉睡的太阳；“金黄釉的琉璃瓦/是条死龙的残麟败甲”，“长发的柳树还像宫妃，/瞰在胶凝的池边饮泣，饮泣……/半醒的蜗牛在败壁上拖出了颠斜错杂的篆文，/仿佛一页写错了的历史”。当新思想的“曙光烘醒了东方”，清华园如同翻身起来的太阳，旭日灿烂在少年的头上，“少年对着新生的太阳，/背诵着他底生命底课本”，膨胀了血管，铸就了筋骨，“凭着希望造出了希望”。闻一多的这首长诗感情浓烈，表达洒脱，形式上是在自由参差中渗以整饬的诗行，既吸收了中国古典诗歌注意对仗的造句特征，又在总体上保持了自由体诗服从感情流动的审美特色；色彩的艳丽，节奏的起落，达到了视觉与听觉的完美结合。《园内》可以视为清华校园诗作的典范。

清华的景致风情更时见于诗。荷花池，朱自清先生为之写下了散文名篇《荷塘月色》，诗人梁实秋和孙大雨则不约而同地创作了《荷花池畔》的诗篇。

梁实秋的《荷花池畔》[2]是由14段诗节组成的抒情长诗，面对夜色中荷花池周遭的景物，抒发一腔喷薄欲出的激情。诗的一开始，“我”独立在荷花池腋下的亭子里“运思游意”，对岸那“被人间逼迫到艺术家底山水画里去的”孤松，使抒情主人公的内心“檀香似的焚着，越焚越炽

1　校庆十二周年纪念专号《清华生活》，1923年4月。

2　梁实秋：《荷花池畔》，《清华周刊》第一次文艺增刊，1922年1月25日。

了/……心火烧得要爆了，也没有一个人知道，/只腾冒着浓馥的烟，在空袅袅”；他感叹于自我的受约束，羡慕荷花池畔的绿树流水的自由：

不过是一株树罢了，可是立在地上
便伸臂张手的忘形的尽量地发育了；
不过是一条小溪啊，他也自由地奔放，
尽性的在谷峡里舞跃，在坦途上奔跑。

我的心情的翅，生满了丰美的翎毛，
看着明媚的湖光啊，我心怎能不动摇？
我要是振翅飞进昊天底穹隆去呢，
我怎知道：天上可有树，树上可有我的巢？

荷花池成了诗人感情的象征，自由，奔放，无拘无束，诗人凝神观照静夜中的景物，为内心的阔大渺茫而叹息而呼喊；这首诗所用的比喻手法最为动人，比如下面这段对心情的形容：

久郁的心情，都是些深藏的蓓蕾，
要在春里展开他们拘厄的肢体；
但是薄情的春啊！瞟了一眼就去了！
撇下彷徨的心灵，流落在悲哀的雾里。

“心情”这个只可意会的词语在此成了可以触摸的花蕾、肢体，它的倍受冷落也因此更具有实体感，诗歌也由此增强了表现力。

与梁实秋的浪漫主义的直抒胸臆不同，子潜（孙大雨）的《荷花池畔》[1]则充满着象征主义式的朦胧的意象，在若隐若现中传达诗人的失落和幻灭；其格律也更讲究，排列也更整饬：

池水氤氲出夏夜的幽深诡秘，
诡秘里悲哀冒着青青的烟缕。
哦！生命好比那叶上流珠；

1　子潜：《荷花池畔》，《清华周刊·第七次文艺增刊》，1924 年 11 月 21 日。

黑夜振着星芒大氅，圆叶凝汞，
晨风底气息又把他送返无穷。

我愿捧着满握的柏果松针，
在幽秘的山坳里铺成床寝，
让胸中咬心的悔恨埋着哀情，
然后笑对着荷风，沈沈睡去，
向我沉黑的故乡永远奔逝。

诗人的感情历程是用一系列充满灰暗而又新奇的意象烘托出来的，幽深诡秘的夏夜、锁闭的池心、沉黑的故乡、深更星夜蕴成的寂寞的苦心，还有夜霭、宿雨、酷暑、疮痍，这些陌生、怪诞而耸人听闻的意象，将外部世界与诗人内心的苦楚渲染得嶙峋可感，触目惊心，造成强烈的视觉与听觉效果，给人以一种簇新的审美感受。

罗皑岚的《清华，呵，我那舍不得的情人！》[1]唱出了学子对校园风物恋人般的情感，在作者的笔下，清华园里光影与色彩相映，建筑与自然交辉，人文与地理和谐统一：

我爱清晨微雨里的西山，
是含羞的处女蒙着轻纨，
她面对东方在悄悄地沐浴，
生怕水声惊醒了人间，
清华，呵，我那舍不得的情人！

我爱日午蹲在河滨的礼堂，
太阳从草地晒到黄金似的铜门，
有村鸡正歌罢了园内的和平之曲，
它催走了白石上坐着的儿童，
清华，呵，我那舍不得的情人！

1　罗皑岚:《清华，呵，我那舍不得的情人！》,《清华周刊》193 期。

…………

我爱月色朦胧下的荷池，
独木桥上曾印着我和伊的足痕，
秋虫唧唧地织出离思，
舞倦了的老柳筛下一片黄鳞，
清华，呵，我那舍不得的情人！

杏芬的长诗《忏悔》回溯自己成长的过程，有这么一段描写的是求学清华园："大礼堂的圆穹，/ 常鼓励我'好学无穷'！ / 书库里的黑斑纸堆，/ 怨我怎不多生几个脑袋？ / 倦了吗？ / 合作社一杯咖啡，/ 荷花池畔看孩子们摸鱼。/ 还不清爽吗？ / 站在小丘，/ 绕过红楼后，/ 那里有浅水微波的田亩,/ 尽让我优游……"作者比喻自己在清华读书如同被天帝"放在天鹅绒垫的摇篮里"一般，吮吸着"全国瞻仰的知识的宝渊"。确实，清华园得天独厚的自然和人文景观不但滋养着学子，也在熏陶着诗人。

生活在如诗如画的清华园，自强不息，发愤进取，也是清华诗歌的主题。请看谢文炳的这首《春日》[1]：

活泼泼的日光，照在满园的树上。
三五同志，饭后散步，到处都是花草的芬芳。
谁管那秋日的萧条，谁管那冻日的凄凉。
春天来了，让我们旧友重逢，湖山浪荡，风景饱尝，
人工总比不上天然的美，天然的美能使我们心地清洁，志气高尚。
…………
求学千里外，回头思故乡，思父母，想弟妹，聚乐一堂。
想起那东洋西洋，惊心吊胆，又怕这锦绣的河山，闹得国破家亡。
男儿有志在四方，不问家庭，更不问那一己的辉煌。
让我们振起精神，把这国家救了，再来享受这活泼泼的日光。

这首诗发表于 1919 年 5 月 2 日，也就是"五四"运动的前两天，内容上的激昂并不能掩盖它在语言和形式上显现出来的初期白话诗所带有

1 谢文炳:《春日》,《清华周刊》198 期。

的平白、直露的缺憾。

其实，对于清华的环境风物和教学设施并不只有赞颂之词，朱湘就对弥漫的重物质轻精神的风气表示不满，当然也带有他对课程设置的某些偏见。作为一个未来的著名诗人，他投入在创作上的功夫必然影响到课业，清华严格的考勤制度对于他不能不说是拘束，他把一己情感发而为诗，创作了《冬夜歌——敬勉〈周刊〉铲物质而革课程也》[1]，从艺术角度评判，这是一首音韵和美、动静协调、比拟妥帖的好诗：

夕阳是清华的灵魂，
漫天的黑云将他攫吞，
遗下物质的躯壳，
有大会堂作伊的坟茔。

玄冰仿佛功课，
压住本性活泼的小河，
月光只映他滞重的面色，
再不见风中的笑涡。

龙冠海的《给清华西园的小土山》[2]，在怀恋小土山给予他欢愉和自然之趣的同时，以略带辛辣的口吻讽刺校园里的商业气味：教授们“左手拿了白笔，/ 右手持着簿记，/ 力尽声嘶地呼此唤彼”，在他的摊子里出售“脑浆”；当然，有资格买脑浆的还得“先买门票”——考取清华。前面说过，清华考试记分为六个等级：E：超等，学生戏称为“金齿耙”；S：上等，“银麻花”；N：中等，“三节鞭”；I：下等，“棍子”；P：及格，“当头棒”；F：不及格，“手枪”；而得了两个“F”的学生学校就要开除。于是：“无论如何，我们总得抢，/ 不问人家卖的脑浆 / 是新鲜的还是肮脏。/ 抢到好的，得意洋洋；/ 抢到坏的，怨望心伤。”

这些是校园诗歌中对清华风物发出的“不一样的声响”。

1 朱湘：《冬夜歌》，《清华周刊》303 期。

2 龙冠海：《给清华西园的小土山》，《清华副刊》35 卷 2 期，1931 年 3 月 7 日。

二、叙事诗

清华诗歌中的叙事作品为数不少，有的相当成熟。在生活中寻找诗，缘事而发，由境生情，将青春的目光投注于现实社会，把友爱的情怀向生活敞开，于是，笔端流淌出来的涓涓诗韵，多了些许重量，有了一份凝练。

校园名诗人曹葆华以抒情诗见长，他的叙事诗《献》[1]质地厚实，这是一首记叙母亲慈爱、抒发壮志情怀的长诗，据说是作者遵循一位朋友的嘱托而创作的，这位朋友已经为事业献出了生命。诗人想到，他母亲此刻一定正呆呆地坐在空房里，怀想她唯一的儿子，“面对着油灯发出叹息，/ 止不住热泪流出眼眶”；她会担心儿子是不是只埋头读书忽视身体的强壮，怕儿子生病住院，躺在床上没有人服侍；他告诉母亲：他已经抛开书本，烧毁诗章，离开学校，充满沸腾的血液，在渴望着东方太阳升起，“大步踏上革命的战场”。他曾遵循母亲的教诲，压抑自己，循规蹈矩，但那不是他的本性；当他俯瞰芸芸众生受煎熬的时候，当他看到世界上如此贫富悬殊不平等的时候，“幽闲的意志逃入云霄，/ 已往的玄思绝了方向”；他懂得了：

我不能再唱神秘的歌词，
把个人的欢乐织成花样，
我不愿独处幻想的世界，
将有用的时光掷入虚茫；
我只想利用强健的生命，
为着大众把幸福增长。

这里，一个泪眼婆娑的母亲形象，一个壮怀激烈的儿子形象，都栩栩如生地矗立在诗中；即使叙述也是抒情的叙述，诗人常常自己站出来，直接抒发自己的激情。母亲对儿子的希冀与儿子不同的选择，在这叙事与抒情中交织着，慈母的感情，儿子的理性，也在这交织中显得合情合理，使各自形象更为丰满。作者有着较好的驾驭长诗的能力，节奏随着感情

1　曹葆华：《献》，《清华周刊》487 期。

的起伏时而舒缓时而急促，韵律感强，富于音乐性。

“五四”以后的文坛，经过平等博爱的民主思想的浸淫，大家把目光投射到受苦受难的下层民众的身上，劳工神圣的观念越来越得到认同，工人农民成为文学描写的对象，而且他们再也不是像古典诗歌里那样仅仅作为被怜悯的形象出现，而成为有血有肉的人物，成为被歌咏的主人公。在清华的叙事诗歌中就有不少描写劳动者的。

曹葆华的《拉着一辆车》[1]为一个车夫塑像，劳动者的艰辛、忍耐体现在他滞重的动作中：“拉着一辆车，/ 恰如拉着 / 一口漆黑的棺材；/ 不管头上 / 盖着火热的天，/ 他的心 / 总是很凄凉的。”如同一幅木刻，色彩浓重，布局凝郁，几乎看不出作者的身影，只是将人物客观地呈示出来，让人们感受着压抑和痛苦；节奏是短促钝滞的，词语也黯淡低沉，大多为单音节的词，劳动者的深重负担就压坠在这些一字一顿的字里行间；第二诗节的反问句很有力量，批评的矛头直指车夫悲惨命运的制造者——正是这些悠闲的富商大贾的压榨，使劳苦大众无以为生。没有评论，只有描写，其效果更为触目惊心。

余兮的《布谷鸟在叫了》[2]以婉转忧郁的旋律哀悼一个小孩子的夭折和一条小牛犊的死亡。诗歌分为四个部分，每部的开头有两句开场白，“布谷又在叫了”为起句，引出下面的内容：

布谷又在叫了
我的小牛犊不再见了

小犊儿死得顶可怜
它是陪着我的小三子一块儿去的
小三子只六岁，他是小犊儿的伙伴
他脸上有两块黑疤，眉毛尖缺了点儿
他总爱笑，露出雪白的牙齿
我说，“小三子，你总爱笑什么”

1 曹葆华：《拉着一辆车》，《清华周刊》566 期。

2 余兮：《布谷鸟在叫了》，《清华周刊》623 期。

…………

我才知道小犊儿干吗流眼泪
它知道它要被水冲去呀
为什么小三子总是笑嘻嘻地
他也被水冲去了呀，我的小三子
我再也见不到他雪白的牙齿

　　布谷又在叫了
　　我想我的小三子

那个有着酒窝的孩子永远不可能长到能够喝酒的年龄了。见物落泪，对景抒情，诗歌忧伤地追述一个天真可爱孩子的短暂生命，对人生的苦难境遇表示了莫大的怀疑甚至愤怒。

朱石的《挑水的老人》[1]细致地刻画了一个给人家送水五十多年的老挑夫的辛酸经历：

祖先传下一根扁担一对桶，
每天和肩膀成了亲密的朋友，
走上坡下坡整五十春冬，
生活没有一天改好，
身子却弯成弓！

一步一声咳嗽，
拖拉着细腿前行，
强担起两半捅水当一桶卖，
但常夸耀过去的威风——
日头冒红到月亮升
挑七八十趟算得啥事，
而今老了……已不中用……

1 朱石：《挑水的老人》，《清华副刊》45 卷 10 期，1936 年 12 月 28 日。

生活压得老人腰已经向后凸拱，但还是挣扎着挣点糊口的钱，在诗人的笔下，他劳动的过程被赋予了一种伟力之美，一步一个脚印，上坡下坡，他不吝气力，不怕辛苦，且怀有劳动者的自豪感，作品充满着对他的敬意。这首诗歌对人物动作的描写较为细腻，有种雕塑式的凝练，用的词语很独特，比如写愤怒用了“一棵”作修饰，很形象新颖，引出了下句的“挡住”喉咙，使人仿佛看到他那股愤怒的火焰从胸中喷发而出，很见力度。

清华学生一直有社会实践的传统，一位同学从门头沟实习归来，创作了《矿工》[1]一诗，他看到上下井的电梯边上没有栏杆，随时有倾跌的危险，而且矿井中黑暗之极，工人身旁的豆灯，犹如鬼火，于是诗中这样写道：

是一只铁做的匣子，
没有边，只有盖，
还有两根细长的铁杠，
系住了“生”与“死”之间的亲爱。
他们——一群褴褛的动物，
肮脏的脸，衬着肮脏的手，
钻进了肮脏的匣子，
就是猪样地被装了进去，又装出来。

洞里是阴沉沉的，有点凄凉，
泥泞的水洼，在脚底下荡漾，
鬼火粒，闪烁，
手执锤子，叮当，
煤屑在他们的嘴边鼻里飞扬，
叮当，叮当，不停的叮当，
叮当，就是造物主给他们整个生命的赐赏。

1　穆君：《矿工》，《清华副刊》44卷5期，1936年5月9日。

沉重感与压抑感弥漫在诗中，既能感受到矿工的牛马般坚韧的劳作，也不得不对这可怕的工作环境毛骨悚然。诗歌运用了一些象征和比喻，“长蛇”般的矿井如同地狱，死神在虎视眈眈地窥视着矿工的生命，工人们的待遇猪狗一般，被肮脏的匣子无情地播弄着。这就是矿工的生活！

在苦难中探求出路，在黑暗中寻找光明，这也是一些叙事诗的主题。

家雁的《抢粮》[1]表现的是走投无路的农民起而反抗结果遭到镇压的事件，写得紧凑急促，如同小令一般：

饥饿，这荒年
一团烈火，一颗心；
大家齐嚷嚷，
饥饿的声音。

血汗出够了，
田苗儿都旱死！
地主催租急，
穷人们没的吃！
“抢呀，不问是谁的！”

一队军警来弹压，
红了眼，死拼去！

石羊的《离家的前后》[2]讲述的是一个青年家道中落被迫去当兵的故事。诗歌借用两个人物的口吻来叙述，一个是无所不知的土地之神，它见证着世道纷乱、民心不稳，也正在旁观着眼前这位青年人的悲惨境遇。青年人是另外一个叙述者，他徘徊在漆黑的夜晚，为自己的不幸而感愤不已。他害怕当兵，“我看见一把羊角刀就要发抖，/ 哪里敢冒那枪林弹雨？”但现在如同有一只饿虎在后面追赶，即使是万丈深渊也不得不跳下去。明天就

1　家雁：《抢粮》，《清华周刊》573 期。

2　石羊：《离家的前后》，《清华周刊》584 期。

要告别无知的儿女与啼哭的妻子，去换取一份送命的粮饷。作品如泣如诉，把一个为生活重压压得喘不过气来的男子的无奈与哀伤心理，缓缓地诉说给夜幕中的世界，不是为了得到安慰和同情，只是为了倾诉。

描写爱情故事的诗歌展现的是另一番景象。后来蜚声诗坛的穆旦在校园发表了《玫瑰的故事》[1]，呈现的是一段异域的爱情。一个老妇人的院子里开满了玫瑰，只要讲起玫瑰的故事，她的脸上就会发出奇异的光彩来：多年以前，在新婚的蜜月旅行中，他们的马车坏了，不得不在一个小镇上逗留了三天。在酒店里打发时光的时候，听到一位“头发斑白，精神像个青年”的老人讲述了一段动人而不幸的爱情经历——他年轻的时候，深深地爱着隔河的山庄里的女郎，可是女郎对他可“不怎么仁慈”，他无意中摘下了她花园中的玫瑰枝条；如今，那老人即将离开这个世界，因为当年的年轻太太都已经头发斑白，她已经不记得老人的名字，也遗失了那个镇子的地址，可是满园的玫瑰年年六月里苞蕾怒放，“好像那新芽里仍然燃烧着老人的热情，/ 浓密的叶子里也勃动着老人的青春。”这首诗如同一颗珠玉，晶莹剔透，丰盈圆润；那由一小枝繁衍旺盛的玫瑰，象征着爱情的天长地久与人性的美丽灿烂。男女之恋也许不能完满如意，但那一份诗情画意能够越过时空，穿过岁月，长留人间。

霍佩心的长诗《一只珍奇的酒杯》[2]是一曲爱情传奇：在七月十五的河西庙会上，青年渔夫爱上了外村的一个天仙般美丽的女郎；多情的女郎也看上这位戴着宽边草帽的渔夫，可是结果女郎成为县令的爱妻，男子正走在死亡的路上。但死去的是他的身体，“死不掉的是心中的印象！”十年以后，这怅恨的印象在他心中凝聚成一块璀璨的红玉，被人从墓中盗取，制成玲珑的酒杯。县令花大价钱购得酒杯送给夫人做生日礼物，当她看到酒杯中的画图，眼泪簌簌地落进了酒杯，“酒中的画影起了变动，/ 那渔夫手中的棹儿从此不摇，/ 小小的船儿从此不动！”在这首浪漫气息弥漫的诗歌里，作者运用了象征、比兴、情景映衬等手法渲染爱情的真挚与纯洁，又用痴迷缠绵的笔触，细腻地刻画主人公的渴望和追求，

1 穆旦：《玫瑰的故事》，《清华周刊》637 期。

2 霍佩心：《一只珍奇的酒杯》，《清华周刊》488 期。

显示爱情的神秘和生命原动力的不可抑制，以及它的纤细脆弱；男主人公的执着多情，女主人公的美丽敏感，都有体贴入微的描写，他们结局是悲剧的更是浪漫的，韵律舒徐，余音袅袅。

何一公的《从恋爱到死的结婚》[1]描述的是一个殉情故事，描写两位各自有家室的男女之间生死不渝的爱情；诗歌大都为对话的形式，两个即将情死的恋人一方面对自己的亲人——男主人公的母亲和三个孩子、女主人公的丈夫——难以割舍，另一方面对自己的感情决不违背，他们带着永远扯不断的情愫离开了世界。在披露人物的内心世界时，山川万物始终是见证人，大自然带上了浓重的感情色彩，与他们共同地承载着千钧深情。作者没有像通常描写爱情悲剧那样地将他们的母亲或丈夫处理成爱情的障碍物，而是合情合理地写出他们失去儿子和妻子的悲哀之情，这样的处理实质上提升了爱情的境界：爱，不是产生于反作用力，不是因为压抑而生的反抗，而是天然感情的自然流露，是比死更强烈的一种刻骨铭心的感受。

三、抒情诗

诗的本质是抒情的，更何况作者是一群激情满怀青春四溢的学子，抒情诗必然成为清华校园诗歌的主流。山水景物情，祖国家乡情，师生同学情，寂寞游子情，爱情，亲情，忧情，激情，或宣泄，或感喟，或倾诉，或低吟，诗以言志，歌以寓情。人的心灵是最广袤的领域，展露胸襟，打开的是一个解读无限的世界。

月，古今中外不知被吟唱了多少遍，在清华园也是承载感情的主角。致力于理论研究的王造时曾经作诗《月食》[2]，是白话诗刚刚流行时的作品，口语化的倾向还比较重，“的”“了”等助词较多的运用读起来有些平白；但诗歌的构思精巧，“我”与“月”相对应，共同地具有清高、孤傲、寂

1　何一公：《从恋爱到死的结婚》，《清华周刊》第 11 次文艺增刊，1925 年 5 月 29 日。

2　王造时：《月食》，《清华周刊》198 期。

寞的性格，不论外界的景况如何变幻，情形多么险峻，“我还是我，/ 你还是你”，无依无靠，独立不羁，宣扬的是一种自由意志和精神。句式上运用叠字，能够产生回环曲折的艺术效果。

孙毓棠的《迟月》[1]以一弯残月来象征内心的缺憾，诗歌只有两节：

像是一船悲苦
撑入了阴黑的夜，
旷野边头爬起
这二十三夜的月。

一样忧伤悲苦，
这月正是我的心：
从忧沉里撑过
黄昏再荡入忧沉。

将出没于黑夜里的月和自我内心都比况为载满忧愁苦难的船，这个意象贴切而凝重，船所承载的是“悲苦”，它是抽象的，也是沉滞的，装着它的船需要“撑”而不是“摇”所能够移动的；抒情主人公的“心”起于忧沉又归于忧沉，难以走出黑暗与阴郁，就像这被黑云包围着的月一样。这里，充满了主观感情而又含蓄蕴藉，客观物象也具有生命力和情感，主客观在诗里融为一体，物我合一。诗歌的风格新颖而成熟，显示诗人较深的艺术修养，构思严谨而又十分自然，深沉中不乏流畅，不加修饰的词语中透露着情致。

“夜”也是清华抒情诗的重要题材。请看孙作云的《夜歌》[2]：

夜要我怎样啊
在无边的黑暗之海寂寞地流着

森林的风要我怎样啊

1 孙毓棠：《迟月》，《清华周刊》543 期。

2 孙作云：《夜歌》，《暑期周刊》34 卷 6、7 期，1934 年 8 月。

为什么像蛇似的噬我的心

趯趯草虫要我怎样啊
在石阶下无休止地叫着

怀中的恋人哪你要我怎样啊
为什么流了满脸的泪

轻盈别致，小巧玲珑；夜、风、草虫都是铺垫，为的是末节抒写怀中的恋人。诗中运用复沓的句式，既突出了抒情者忧伤无奈又割舍不下的情思，又分清了诗歌的层次脉络，增添了旋律美，增强了节奏感，使之抑扬顿挫，低回往复。

20 世纪 40 年代享誉诗坛的“九叶派”女诗人、当年只有十五岁的陈敬容，在清华发表的几首诗歌已经显露出艺术的触角，她的《幻灭》[1]取材于夜：

在深夜里我默默独坐，对着幽暗的灯光
俯首思量，——我仿佛住在翡翠似的
竹林中，接受大自然伟大的恩赐：破晓时
我便从被中跃起，听鸟雀的清歌，看溪流的
清澄，并且拾取青草上的露泉当作食品。
当黄昏偷偷爬过了山冈，深蓝的天空
闪耀着明星几点，一轮明月播撒似水的幽光
在碧绿的田野；唧唧的虫声又在草丛间
应和着我石上轻轻的步履。这时我便想
这里决不有尘世的喧哗，在这里可以让我
不安定的灵魂，自由地在真理里的清泉中
沐浴。——但我正当这样陶醉，这样迷离，
隔壁却传来了母亲苦痛的呻吟，摘断了

1　陈敬容：《幻灭》，《清华周刊》543 期。

我不可思议的幻想。我只得对着孤灯，俯首沉思，
叹息我从未翻起过一朵浪花的平凡的生命。

一个渴望投身自然人生的女孩子的追求向往跃然纸上，现代主义诗歌的某些特征，诸如思想知觉化、情绪具象化等方法已经在这里有了运用，不直接描写自己的所思所想，而通过间接性的象征隐喻，朦胧地传达意识和期待。意象高密度地组合，连绵地出现了鸟的歌声、溪流、露泉、幽月、虫声等，象征着自然世界中的生命可以循着自由意志发生发展，无拘无束，也与自我为亲情所累、遭受羁绊的处境形成对立。

陈敬容还在清华发表了一首《夜蝇》[1]，情绪仍然比较低迷沉郁，艺术上则在温婉细腻之中透出了刚健苍劲之势，显示出后劲十足的诗人的素质；诗歌以夜蝇的视角来看世界。一位“九叶派”的理论家曾经说过，陈敬容的诗有着“男性的烦促的调子”和“男性的沉重的气息”，这当然是指她在上世纪40年代的创作，但在这首诗里已经有不少坚挺的意象：驮着沉重翅膀的蝇、朱漆重门、更锣、犬吠；情绪的律动也急促有力，明与暗、动与静、豪华与凌乱、逸乐与痛苦，造成抑扬顿挫的突进感。诗人的青春朝气与生命冲劲已经展露端倪。

方玮德在1932年秋深来清华园，发表了《爬山虎》[2]一诗在《清华周刊》上。就像他的生命永远停留在青年时代一样，他的诗即使有忧愁也是青春的忧愁，显示出年轻的美感：

爬山虎爬满了墙上
像忧愁爬在我的心里
每到夜晚听西风吹
我说：这好了明儿准看得到
那满墙上猩红的形体。

西风夜夜照样的吹

1 陈敬容：《夜蝇》，《清华周刊》610期。
2 方玮德：《爬山虎》，《清华周刊》543期。

地上铺满了爬山虎
我站在落叶里迟疑：
他们飞到哪里呢？为什么
忧愁老爬在我的心里。

他的诗歌风格与新月派的追求相近，没有晦涩的意象，也不以奇特炫人，有的只是平常的情绪与感受，但由于他的艺术组织，具有了一种亲切自然又略带陌生的美。诗中的自言自语是那么平易家常，但嵌在描写的句子中，使诗的情绪突然顿了一下，马上暖意荡漾开来，仿佛无意，实则颇具匠心，取得了戏剧性的奇异效果。

林庚有不少写夜的诗篇，其温婉含蓄的气质与夜的世界有某种感应、契合;《风雨之夕》[1] 营造的是一个凄迷朦胧而若有所失的意境，如同一幅无声的画卷：路灯、雨丝、漂去的小船……一切都是梦幻般的印象与意会，线条、动作、气息在流动中浑然一片，那看不见摸不着的感觉却在这流动中清晰了起来，这些普通的词汇在诗人的艺术世界中获得了关联与暗示，内在的丰富的暗示能够表现为外向的鲜明形象，才见真正的功力。

他的《满天星斗是深夜时》[2] 是首政治抒情诗，写于 1932 年，纪念渐渐为人们淡忘的“九一八”事件，这是林庚诗歌中少有的题材：

满天星斗的深夜时，
　可有人想起九月十八日？
空气是冷的，
　心中原不宜有事。
凉风把往事带过了未来去，
　人似乎一点也不觉得！
点起一根纸烟，
　荧荧的火，
化作几个蓝色的圈子散尽了；

1　林庚:《风雨之夕》,《清华周刊》556、557 期。
2　林庚:《满天星斗是深夜时》,《清华周刊》541 期。

地上有些灰烬，沉默。
与夜的安静。

清醒的灵魂常常会在夜深人静时咀嚼着痛苦和寂寞，林庚在这被人唱了无数遍的夜的主题里加入了现代生活的因素，他感觉的仍然是深深的寂寞，但也有愤怒在心中燃烧，对于不该沉默的沉默发出抑制不住的义愤。尽管诗的情绪仍然是他惯常的静谧，正因为如此，这静默中爆发出的愤懑更触目惊心。

擅长小说创作的吴组缃在清华发表的一首《游河》[1]为十四行诗，很有质感：

我看见我们的小艇是一口棺材
这棺材像从千年的古墓中掘来
里里外外已经腐朽得不成样子
在河里笨拙地摇摆像一个胖子

这条河从东到西简直望不到头
水就浓得如胶在挨挨挤挤地流
同伴告诉我说那不是水呵是血
看呵看岸上呵正是魔鬼的季节

但那岸上迷蒙着一片火似的雾
看不见草看不见花也没一棵树
忽然有只血污的脑袋摔下了河
傍着我们的小艇懒懒推一道波

然而我们的小艇是一口烂棺材
我们不知何处去也不知何处来

这显然是一首象征诗。波德莱尔说过：“美是这样一件东西：带有热

1　吴组缃：《游河》，《清华周刊》598、599期。

忧，也带有愁思，它有一点模糊不清，能引起人们的揣摩猜想。”这里出现的是些陌生恐怖的意象：棺材般腐朽的小艇、浓血似的河、血污的脑袋、魔鬼的季节，散发着一股颓废的气息，这正是象征派诗人所追求的美学：歌唱失落、死亡，以丑恶入诗，但并不是赞美丑恶，而是在否定丑恶事物的背后，表达对美好世界的追求，这是用荒诞的形式表现出的严肃感情。《游河》有多种的解读，可以说是对几千年腐朽的封建历史的批判，它像一条流淌着污血的河一样，戕害了无数生灵。可以理解为对黑暗现实的愤懑，抨击统治者草菅人命；也可以认为是作者心灵苦闷纷乱的象征——主题的多意性留下了再创造的空间。强烈刺激读者官能的描写和比喻，色彩浓烈，形象突兀，造成欣赏时的奇特印象，也就获得了一种簇新的审美感受。

刚刚开始了解生活的青年，他们首先懂得的是友谊而不是爱情。友情，是青年人用开放的胸怀面对世界所得到的最珍贵的礼物，也是他们喜爱歌咏的主题，清华园的各个角落都有友谊的歌声响起。

方玮德给清华园还留下一首纪念朋友的诗作《给 T》[1]，用抒情的歌喉唱着浪漫之曲，最有特色的是中间的诗句，每句中都不止一个意象，是两两出现的，两者之间又有关联，后者是前者的补充或深化，一句中有了这么一顿，也更添加了情调和韵味。诗人在后记中说：把 T 比作小溪，小溪在他的脸上，在他的眼光里，在他的不言语时的羞涩中；“你们可以从我这里想象这一个人，说不定你们总有一天遇着他，在大树林里，在百花丛中，在小河旁，在星光底下，小心着，不要喊他，他会轻轻地流走了。”无论是诗还是后记，都满溢着诗情画意。

曹葆华与罗念生这两位未来的文学大家在校园互有赠诗，他们的诗歌带有更多的智性成分，深挚的感情往往融化在带有哲理的思维之中。曹葆华的《诗人——呈给念生兄》[2] 呼喊自由颂扬诗人，把诗人提高到“真理的侍徒”“叛逆的首领”的地位：他们虽然头上没有圆光，身上没披异彩，却神情豪放，精神超然，胸中有赤血，两臂能撑天，最重要的是，他们

1　方玮德：《给 T》，《清华周刊》548 期。

2　曹葆华：《诗人——呈给念生兄》，《清华周刊》471 期。

为自由而生，也能够为自由而死；假如这世界上没有了诗人，“人类会失掉不灭的光辉，/ 千万年的历史巨帙，/ 也只是白茫茫几堆闲文。”这不禁使人想起英国大诗人雪莱说过的话：世界上没有谁可以称作创造者，唯有诗人和上帝。

罗念生的《给葆华》[1]借西方神话里诗人因为歌颂女英雄而遭受国王惩罚的故事，来告诫朋友不要重蹈覆辙，但其潜在的含义却是歌颂诗人的人格魅力，他们宁愿牺牲自己，也不会抛弃真理：

朋友，你曾在铁窗下梦想过自由，
也曾吐尽了多少心血，诅咒
　　世道的不平，诅咒人间的险毒；
朋友，你应该怨恨自己，换取
一个严肃的心情，免得又去
　　闯祸，在牢狱里面一生叫苦。

爱情，或甜蜜或忧伤，或激扬或低回，或温柔如水或刺骨寒心，是抒情诗中最具广泛性的话题，也最能够引起学生读者的共鸣。

曹葆华的《To Love》[2]在追究爱情这“神奇玄妙的东西”的真谛，诗人用比拟的手法，把爱情这一概念形容为有颜色有风姿，诡计多端，却又可望不可即，往往包藏在混沌之中，轻易不肯露半点姿色；“我”是一文不名的穷人，对悄悄来临的爱神总不敢相信，怀疑被捉弄，害怕“使我在旷野上追风，/ 你好笑得肚子疼”；他认定爱情需要声势、氛围：“天上吹起狂风，/ 霹雳作欢唱的锣鼓，/ 地面铺绮丽的长虹”，于是他劝爱情快快离去，让他的内心像海底般沉静。这里写出了爱情的不可捉摸、千载难逢，也对爱情的变幻莫测持疑虑的态度。诗人难道就此拒绝爱情？不，几乎同时，他又发表了一首爱情诗《给——》，用最痴情的语言来歌咏爱人，甚至不惜贬低自己来衬托她的仪容，说一见到她，“我活泼的灵魂，颠倒了在你脚前”，愿意从心底挖出献礼：

1　罗念生：《给葆华》，《清华周刊》552 期。

2　曹葆华：《To Love》，《清华周刊》461 期。

你那晶莹眼睛，闪发智慧的光点，
　显示我世道的狭隘，无知的可怜，
我在你花般笑中，胜读圣经百遍，
　像盲人重开明眸，获睹化日光天。

一下子，又把爱人提高到救世主的地位，堆砌了最光彩的辞藻；中国自《诗经》《楚辞》以来，一直有着美人香草寄托心迹的文学传统，这里的爱人可以理解为诗人所崇敬的诗神，对她的五体投地也就表达了献身诗歌的决心；也可以理解为理想的人生境界，为抵达她而不惜一切代价。

佩心的《贻H姑娘》[1]所用的比喻很风趣地道：

姑娘，自从那天我与你相识，
我的心便不由得倾向了你；
　啊，我是罗盘，你是地极！

我情愿永远对你低首下心，
在你的目前我便渺小莫名；
　啊，你是神明，我是凡人！

只须你的眼波略向我一转，
我便忘记了这生命的疲倦；
　啊，我是行旅，你是清泉！

告诉我你肯不肯把我眷顾？
这待罪的灵魂只凭你作主；
　啊，你是胜将，我是俘虏！

姑娘请说出你衷心的审判，

1　佩心：《贻H姑娘》，《文学月刊》1卷1期，1931年24月15日。

我的命运已操在你的手腕；
　啊，我是罪犯，你是法官！

诚恳的语气再配以活泼的形式和自如的韵脚，将一些人视为要死要活的爱情表达得既深刻又轻松，既意趣盎然又不乏美感，作者能够得心应手地运用朴素的语言传达深挚的情感，没有华丽的辞藻，也不刻意地修饰，其效果反倒格外醒目。

孙毓棠创作了多首爱情诗，其中的《橹歌》[1]是吟咏船夫与渔家女的爱情悲歌，诗人有这样的说明：芦花儿是海边一个渔家的女孩子，“艳而狂”，不怕风浪，常常独自划船到海上去；有三个船夫都深爱着芦花儿，他们总说“芦花儿又飞了”；一天黄昏，芦花儿又飘向了海，海上起大风，竟夜未止，芦花儿也没有归来，他们三人深夜出海寻找，共划一条舢板，可是没有斗得过海风，三人都溺水而亡。此后，每当黄昏起了风暴，夜里的风浪中总能够听见漆黑的海上有三个鬼划着船摇着橹在凄凄惨惨地各处寻找芦花儿。与知识青年们的爱情相比，船夫们的爱情格外粗壮豪放，他们勇于自我牺牲，生死不渝，即使做了鬼，他们的灵魂还在为爱人遮蔽风暴，这是比卿卿我我的爱更为惊心动魄，也更为健康有力的。作者提示道：这一歌曲需要三个男低音来唱，并且要伴以沉重的交响乐，每句的末尾应当带有“哟”的尾音；想来，它的效果应该是雄浑而忧伤的。

感慨于人生社会的种种，并将心灵的感受凝于笔端发而为诗，抒写胸臆，发泄苦闷，也是清华抒情诗的一个重要方面。

曹葆华的《希冀——路灯》[2]是首寻路的歌。希冀，是一种相对抽象的情绪，诗人却提炼出云彩、冠盖等意象作为它的对应物，显得具体可感；失落也仅仅是一种抽象情绪，而刺透脚心的荆棘、打破头顶的冰雹风雪又是触摸得到的，这种化抽象为具体，将主观感情客观化的方法是20世纪盛行的诗歌艺术。诗歌还应用了拟人化的手法，让灵魂从主体分离出来“瞧见”“我”受折磨，为“我”流泪哀伤，这就把这伤痛渲染得格外触目惊心，也反衬出“我”逆风而上的决心之坚毅。艺术上对称，和谐，

1　孙毓棠：《橹歌》，《清华周刊》552期。

2　曹葆华：《希冀——路灯》，《清华周刊》458期。

均衡，显示出整饬美。

曹葆华的《宣告——纪念五二六万县被拘》向死神宣告：“我不怕！”因为参与学生运动，遭到拘捕，诗人面对来自死亡的威胁，正义凛然，毫不畏惧；他声明：不是为了什么非分的利益，只是为了拯救社会苍生，为了自我能够爱与被爱，给心灵留下一方自由的地盘；为此，他可以赴汤蹈火。

李长之的《抒情小诗一章》[1]充满智性，可以有多种解读：

虽然是瓦片，砖头，
但我已经在上面作过美丽的幻想，
以为是蚌壳的了；
明知被证明了是瓦片，砖头，
也给了我失望的苦，
可是我能让它们失去了么？
我将苦留。

你可以认为这是谈论所喜爱的文学事业——已经将个人的情感与精力投注其中，在上面描画着心中的梦，自认为是艺术精品，而现实证实它的没有价值，然而仍然敝帚自珍，视它为神圣的事业；也可以理解为选择的学业——十年寒窗，青春年华，换来的也许是鸡肋，食之无味，弃之不舍，但它已经凝聚着生命中最好的时日；甚至可以从人生的诸多方面去解读它。当我们回过头来看看已经走过的路，也许常常会生出类似的情感，我们花费无数的心血获得的东西，原来不过尔尔，已经没有了出发时所感受到的那份期盼与激情，甚至有些失望和懊悔；然而，那毕竟是生命里程的一段，是属于自己人生的一部分，你仍然会珍藏在心底里，永葆那份希冀与幻想……一首意味深长的诗，能够给读者无限的再创造空间。

1　李长之：《抒情小诗一章》，《清华周刊》592、593 期。

第九章　清华散文寻踪

散文，占据着昔日清华文学的半壁江山。这一“形散神聚”、不拘一格的艺术样式，特别适合学生们自由挥洒。可以说，《清华周刊》的骨架就是由一篇篇或议论、或抒情，或叙述、或描写的散文支撑起来的。无论是感情充沛的抒情美文，还是慷慨激昂的议论杂文，亦或是细腻娟秀的叙事散文，都大有收获。相对于其他文学体裁，唯有散文是人人可以发挥与把握的。于是，清华学子们的才情在散文的创作上显露得格外充沛。

一、美文：抒情写景

亲情、友情

在远离家乡的求学生涯中，对亲人的思念，对友情的怀恋，成就了一篇篇动人的美文。有了一段距离，不但使他们的情感醇厚浓郁，也润泽了笔锋，美化了纸页，溢淌出涓涓温馨，潺潺暖流。

曹京平（端木蕻良）的《母亲》[1]用抒情诗的笔法描绘了母亲凄凉的一生。她是鹙鹭湖畔有名的美人，“一副睫毛纤长的美目，衬着常常颦着的眉峰，永远含着爱情，永远含着忧伤”，先前，她是个田野的女孩，不懂得烦恼和苦闷，懂得的只是蓝的天，碧的水，绿的树。可是，自从那个眉清目秀而又骄奢淫侈的地主少爷看上了她之后，命运就此改变了。一个成长在大自然里的女孩进入富贵之家，她感觉到的不是爱情，只是屈辱。“她该是如何的伤心啊，当她看见那发泄完了的男人在她的身边，她却在悄悄地啜泣”。“我”就是父亲欺凌母亲的纪念。后来父亲的野心

1　曹京平：《母亲》，《清华副刊》38 卷 12 期，1932 年 12 月 19 日。

受到创伤，转而开始体贴母亲，忏悔自己，可是，当母亲即将得到真正的幸福时，父亲却赎罪般地死去了："不幸的母亲便把这刚要变好的父亲，轻轻地失去了"。作者的情感是如此的缠绵感伤，文笔又是如此的清丽洗练，行云般流畅。从这里，已经透露出这位未来文学大家所独具的忧郁美的禀赋。

对母爱的颂扬，是很多学生散文的主题，其情之切之浓之烈，感人至深。一华的《清明怀母》[1]是一个四岁失去母亲的儿子对先母的眷恋、对世事的迷惘、对生命意义的追寻：

世界上可宝贵的东西，我以为只有五样吧：一是母亲的爱，一是自然的美，一是宇宙的真理，一是婴孩的天真，一是禽兽的愚蠢……看，母亲的爱，真是纯洁，真是坚硬，真是伟大：她们爱她们的儿女没有丝毫利害的观念，在什么情况下，她们的爱都不会破灭；纵使品性不好，学问不良，面貌不扬，身贫如洗，身有恶疾，她们的爱仍是一样地纯洁，一样地坚硬，一样地伟大。

也许是自幼失怙造成的心灵孤独，他只相信母爱的纯粹利他，而不相信爱情、友情的无私。他认为，男女结合，不说父母之命媒妁之言的夫妻，就是所谓文明结婚者，其追逐的不是金钱，就是势力；不是势力，就是学问；不是学问，就是名誉；不是名誉，就是面貌；不是面貌，就是性欲的驱使。名曰爱情的结合，实质上就是以上一样或数样的结合，爱情常常随着色衰、势去、人贫而消逝。同样的，朋友间的友情，且不论那种以酒肉、金钱、势力、美貌相交者，即使所谓高尚的友谊，也总不免有自私自利的色彩，不免有一层隔膜的存在。他说，他只相信一个宗教，那就是母爱。世界上的执政者、教育家、办实业者……都应该有母爱的精神，以慈母待子之怀去处置他们的事业，这个世界一定会无虚伪、无争执、无误会，成为锦绣世界。——对于母爱执着的追寻，贯穿文章的始终。在结尾，更是把一个没有母亲的孩子的心声宣泄得催人泪下：

你知道吗？母亲！富的人，我不嫉他慕他；学问好的人，我不嫉他

1　一华：《清明怀母》，《清华周刊》404 期。

慕他；大名鼎鼎的人，我不嫉他慕他；立足于操生死的人，我也不嫉他慕他；我所嫉他慕他的是有母亲的人。母亲！你总不会复活吧，今世我将永为无母亲的人，我将永远是嫉人者慕人者了！

真性情，是这类散文最显著的特点。署名“周”的《家》[1]具有很精到的艺术布局。一开头，是游子“带着颗二十二岁流浪者的心”深夜走在归途上。几年来，他像无根的浮萍，随着不知是什么方向的风，忽东忽西地漂泊，“在我陷在绝望的深渊时，给我以安慰的是我那年老的父亲，给我以怀念的是家啊”。于是，很自然描写于夜晚回家的情景，尤其是已经躺下的父亲，一定固执地起身，“一眨眼工夫，很敏捷地跳下床来”，抚摩着我的头问寒问暖，父亲待儿子如同丢失的宝贝重新获得似的，“总叫我坐在他面前好久好久”，他的话语像一条不尽的河流潺潺地流着。文章用很多的笔墨描述父亲对自己的慈爱，读起来感觉就是眼前的景况。谁知，作者笔锋一转：“今天，像往日一样的，我又从外边流浪回来了，旧宅固然已经给别人住去了，而父亲的遗像也悬挂在屋子的中央了，一声不响。昔日我回来的欢容，而今是哪儿去了呢？”先扬后抑，一喜一悲，在缓缓的叙述中蕴涵父子深情，令人动容。

罗念生1927年发表在《清华文艺》上的两篇散文《打猎》和《钓鱼》很活泼喜人。《打猎》描写幼时与外公同去打野兔，内心既新奇又充满恐惧，生动贴切地将一个孩子的心理刻画出来；《钓鱼》也是与外公在一起的经历，非常细致地描写了这一天的过程，洋溢着欢快的气氛。它们展现的是童年中快乐的几个片段，显得轻盈幽默，收放自如，能够看出作者驾驭文字的功力。

王孙的《十年流水》[2]夹叙夹议，一面怀念十年前常常举起自己玩耍的老仆人，一面叹息岁月的流逝无常。那四个在“我”印象中很高大的祖父的听差一个一个地离开这个世界，祖父一代已经凋落尽了，父亲一代正在壮年，青年人的日子则在明天。这里用了一个很生动的比喻：“时间上排满了密密的脚印子”，平静中的感慨格外引人注目：

1 周：《家》，《清华副刊》44卷2期，1936年4月19日。

2 王孙：《十年流水》，《清华副刊》44卷10期，1936年6月13日。

人们永远踏在未开拓的新的土地上。一切昨天的陈事只是那些微弱灰白的影子，人生永远交替着，后一代永远遗忘了前一代的，时间把一个人送到世界上来，时间给他生活，时间又带他走到一条死亡的路上。老人们都默然的离开我们了。这又有一群新人，他们是年青的，他们又同着另外一群人向前走去。我们忘掉了那一些老人，以后也有人来忘掉了我们一样，时间就是这样，当他们以后说起来，也会学着我们的口吻说："呵，前一代的人是死去了。"

还有温联忠的《回忆》，抒发的是祖孙之情，那个风中残烛似的祖父一定要把远行求学的孙儿送上船，上气不接下气地再三叮嘱："多看我几眼吧，以后再想看亦不能了！"羊女的《冬》怀念的是已故的表弟。IW的《回家》温馨袭人，考试一完马上回家，那里有等待自己的妻子，嫂子的调侃、妹妹的幼稚中都饱含浓厚的人情味。静希（林庚）的《三妹》、宗植的《梅雨》都是对家乡妹妹的思念。东明的《我经过的老师》用平实朴素的语言动情地描写他的小学中学老师。

对这些即将独立地踏上人生之途的学生们来说，父母、亲人、挚友，是他们坚固的心理母体，在成长的过程中给予他们精神的支撑，如今即将一个人去直面纷繁的世界，他们更加眷恋这份深情厚谊，舍不得与童年告别。曾见的《隔岸》[1]很典型地写出了这一心理。"成年"的深刻对于他更多地意味着惶惑与畏惧。比如说话，再也不能像小孩子那样无所顾忌，信口开河了，"既不可乱说，而且所说的话，还应加以修辞和粉饰"。还有"交际"这门功课非学会不可，因为在"人生"的大学里，灵活的手段，动人的口才，是比原子说、经济学论文有着更高的价值。中国人交际的繁文缛节使他不胜其苦："'令尊'则必以'家父'对之，'令兄'则必以'家兄'对之，如果他说'福气福气'，则必对'托福托福'——总之，这样的话说了半天，他才肯说出真正的使命来"。还有吃饭的规矩，还有送客的礼仪……往往弄得他窘态毕露。他羡慕弟妹们书包一抛爬上桌子狼吞虎咽的光景，"当我想到童年的幻梦已到觉醒，爬在母亲膝上哭泣的幸福已被年光带走的时候，我竭力忍住浮在眼角的泪珠"。作者发出这样的感慨：

1　曾见：《隔岸》，《清华周刊》569 期。

认识的事物愈多，就愈使人感着胆怯；对于社会洞悉愈纤细，自己的勇气也愈消沉。在这样的情景中，总使我追怀可爱的童年。但这，已被隔离在另一岸了。我只能在荷起一切人间的苦辛和眼泪时，偷偷地翘望着晚霞般美丽的童年，在天边隐没成淡淡的一线。

人类是含着眼泪与过去告别的。时间和距离，使过往的情感洗滤得更为纯净晶莹；而对于未来世界的疑惧，也使他们更珍惜这些能够把握得住的亲情与友情。在这些倾诉情感的散文中，有的深沉，有的浅直，有的婉转曲折，有的平易无华，但它们有着共同的特点，就是情纯意切，娓娓动人。

同学情

早年清华招收的学生，从中等科读起，到了高等科毕业，有的共同学习生活了七八年了。朝夕相处的同学，情同手足，相知之深、理解之透，发而为文，往往活灵活现而又不失夸张，令人忍俊不禁。

刻画同窗的形象是学生的拿手好戏。《罗孝胥与小数点》可视为代表，它从身世、仪表、绰号与性情、嗜好与处世范度和总评诸方面，来为一个平平常常的同学画像：“短短的头发，光亮照人，苍蝇看见，只为摇头，房间内电光虽暗，反光却甚大，因此替学校省了电费不少”。他的脾气很好也很坏，好的时候和蔼可亲，说话彬彬有礼唯恐不周；可是有时也爱发脾气，常常争得声嘶音哑，气喘如牛，每当怒气一消，马上想方设法、文声文气地找你说话，直到你不好意思再不理他为止：

罗君的诚恳老实，认识他的人谁都不会否认，黑是黑，白是白，一点不苟同，惟其这样，有时认定白是黑，就是黑，你用化学的方法来证明也没有用。……上课时喜发问，有时也喜欢与教授抬杠子，有时也喜欢卖弄一点本领，如教授一时某一英文字拼不出来，总是罗君接口拼出。

文章还罗列了这位同学的种种嗜好，加以夸张地描叙，比如“追星”——好莱坞的有名的男女明星“便和他自家兄弟姐妹般的熟悉”；对数字情有独钟：“做统计小数点到九位半”；凡事小心过分：“一出门便锁门，时常把他的同室锁在屋内”；还羡慕外国女人的健美等。总评言简意赅：“一个好人。”只有多年的朝夕相处，才能够如此形神逼肖，其语言的活泼幽默，又为之增添了不少生趣。

同学少年，风华正茂。这些散文往往以青春的朝气和活力取胜，也许还稚涩，也许还清浅，然而决不矫情，也决不油滑，扑面而来的是真与纯，这正是校园文学所独有的魅力。

学生自己写自己，也是清华散文中的一个重要方面，在这里所透露出的莘莘学子的欢乐与痛苦，收获与失落，希冀与悲怆，共同地交织成动人心弦的篇章。

在清华建校十二周年出版的《清华生活》专号上，谢文炳的长篇征文《我的九年清华生活》赤裸裸地袒露了一个学子的心声，这在当时的学生中很具典型性。他把自己的九年清华生活划分为四个时期：天真时期、堕落时期、奋斗时期、刻苦时期。一个十四岁的穷困家庭的孩子自从走进富丽的清华，一开始就感到了压力，他在发愤苦读书的同时，也在寻找着友谊。不幸的是，在苦闷单调的日子里，他陷入了手淫、同性恋的泥沼。（当年清一色男同学的清华，这是一个难以回避的问题，在《清华周刊》上曾经有过这方面的调查问卷。）他发出了痛苦的呻吟：

我常常不明白，为什么聪明大一点的人，大半感情底冲动总狠烈，为什么感情冲动狠烈的人，走于精神方面者少，走于肉欲方面者多！

处在“堕落”的境地里，他明白：“我知道我已经是垂死的人了。如果再不猛力奋斗，最好是自杀。”他挣扎，他奋斗，“然而人底堕性，可以说是兽性，毕竟不是一下子可以改掉的”。他反复地与自我抗争，一次又一次地经过慎重交友、投身灾区服务、从哲学专业改为文学、确定研究方向等一系列的努力，终于走出了生活的误区，找到了生活的目的——充实地向着善和美发展。这种曲折的清华生活，给他的心灵留下了再也抹不去的烙印，他呻吟，他反省，他无情地剖露自己，为未来的少年们提供参照：

成人们总是有所懊悔，有所惋惜似的。他们懊悔青春的时候没有好好地发展，没有好好地享受，他们惋惜那永远不能再现的孩时的生活，那随着孩时一同过去了的纯洁烂漫的欢乐，我常梦想：如果天公弄掉魔巧，将我更换到童年时代去，我定愿以全生命底力气将那时期牢牢地抓住，向着光明作无限量的发展，向着欢乐作无限量的享受。这都是懊悔哟！这都是惋惜哟！我希望后来的人们永远不会作这样的懊悔，永远不会作这样的惋惜。

这是和着青春的血和眼泪凝聚成的文字，没有伪饰，没有矫情，而是以镂骨铭心的惨痛悔意来裸露一腔赤子情怀。它使人忧虑于他的迷茫，感动于他的奋发，慑服于他的坦荡。如此的真挚与深情，成就了这篇率真至性的文章。

记叙自己的某个境遇，抒发自我的某段感想，是校园散文常见的主题。没有什么深文大意，也不见什么重要题旨，然而不乏真情实感，贮溢着浓浓的意韵，即使“小”也小得有滋有味。

CY 的《厄》[1]很有分寸地描述了“我”这个“无产阶级的贱儿”在“贵胄充溢的清华”经济上的“露怯”——

售品所的豆浆我顶恨了，除了人家请我，我再也不去的。就是我最喜欢的厨房也要间几天才吃一次，我敢誓言，决没有一天吃两次的。我穿得也很朴素：戴的帽子虽说时兴样子，也只花了四角钱……皮鞋也不是不穿，但是加古力色，美国式的鞋子我只看见同班的几位总长公子阔过……我虽说这样薄于自奉，而家信中总常常要受一点告诫；裁缝铺壁上的积欠未还的花榜总把我放在前几名；就是那向来温和的厨房掌柜也不肯放松，见我就说：“伍先生，实在贴不起，借给我们几个罢！”

这些都还罢了，最让他丢人的是当他盼到了父亲的挂号信或得了好成绩“超等”，在厨房请客时，掌柜常在这时候要账，让他下不了台，只得找话搪塞。真可谓雪上加霜，妹妹又来信告急，快不能开伙了。厄运如此，怎么办？他终于想到了典当金戒指。作者在此贴切地写自己怎样不想让车夫看出自己要去当铺，特意多给了两枚，结果反被车夫当成了

1 CY：《厄》，《清华周刊》248 期。

大主顾，而跟着到了当铺；在当铺中又是如何面壁而立，“在那里辨察泥匠涂的时候手艺均匀与否”；不想暴露身份或害怕遇见熟人，而一位讨厌的老者偏偏凑上来询问“你贵姓？”后来他终于豁出去，什么都不在乎，反而一切都不那么难了。观察当铺中的芸芸众生，他才发现，他们大多比自己更遭厄运，“我仍是最富裕的哩！”心理也愈趋于平衡。看起来这是一篇描写个人遭际和心绪的小散文，其中也透露出学生生活信息、社会普遍贫困等内涵，尽管所采用的表述方式是轻松和幽默的。

寻求什么样的职业，也是学生经常谈论的话题。家福的《择业》[1]一文，风趣中含有辛酸，毕业后想去中学教书的，“多吃铅粉，虽然有生肺病的可能。有时连上三四个钟头的时候，会弄得你头晕脑涨，精疲力竭”，但想到监考时的悠然自得，也不无补偿，而且你可以上指天，下画地，随心所欲，称意而谈。教大学就没有这等好事了，“你有薪俸，吾得文凭”，什么事都放在心坎上，不如中学生那样好糊弄。但他又一转念：

> 除了这种高尚的、吃不饱饿不死的教员生活外，总得有一二件在行的手艺，以备万一糊口之计吧？经了一番二番三番慎重考虑之后，就决定了剃头的行业。那倒并非看了清华的理发所，或西单六国饭店附设的北京理发所才动心的。不瞒你说，自小至今，二十年来，蓄志已久了。

接着，针对男人的理发、女子的绞面的知识，尤其对“颇有艺术情味的”的“绞”字大发议论，又从剃刀引申到刽子手的屠刀，继而讲述一个刽子手如何引诱自己那不愿杀人头的儿子接了自己的衣钵操此胜业，很起劲地卖弄了一番。行文自如流畅，让你在笑了之后也还要想一想：剃头还有油水可揩，教书好像不那么可靠了。读书有用么？

还有一类散文是追悼过早去世的同学的。当时由于生活和医疗等条件的限制，同学夭折的不少，上世纪20年代有一次统计，清华的病亡率竟达百分之一。当同窗好友突然离去的时候，留给生者的是无限的哀思与怀念。顾一樵的《故人——为悼亡友周君念诚作》[2]，怀念的是九年前的

1　家福:《择业》,《清华周刊》498期。

2　顾一樵:《故人》,《清华周刊》331期。

同学，叙写的都是相聚时的快乐的时光，越发衬托出如今生离死别的凄凉，“悬河般的口才，利刃般的思路，卓远的识见，真挚的热忱，一切都成了往事”。罗念生的《给彦生》[1]写得如泣如诉，同乡同学，相知如许，牵挂如许，却生生地隔在了两个世界，“彦生，我恨不能为你视殓，但八年前我离家赴清华时，带了一块家乡的黄土，我那时以为我会死在外边，前日离校时我把那捧黄土抛在清华义地，预先替你奠定了墓基”。笔端流淌出满腔的深情。

故乡情

故乡，也是常常萦绕在游子心怀的情结，不管京城多么繁华，不管清华如何惬意，总不能取代故乡的山水在他们心中的位置。家乡的一切已经深深扎根于他们的心田，成为他们气质和性格的组成部分。

罗念生的《芙蓉城》把故乡的自然之趣、山川之美描写得引人入胜，他还时不时地忘不了借家乡的景物来讥讽一下“新派”们，比如说到芙蓉城的田地方块，仿佛“我们顶新派的诗人的‘整齐主义’一样美”。他醉心于浑然天成的自然风光，对现代文明充满着警觉：“芙蓉，你的自然美妙，你的文艺精华，我还是没有指出万一。愿你永葆天真，永葆古趣，多发几片绿叶，多开几朵鲜花，别给楼高车快的城市文明把你污秽了，芙蓉！”

罗皑岚的《法雷寺的戏——家居乱画之一》中，将自己在家乡寺庙看的露天戏来与城市舞台上的旧戏相比，他发现虽然乡村的戏班子水平不高，“不但服装太破旧，唱作也不高明”，但是乡亲们很欢迎他们，很能够理解戏中人物，戏中人物也合乎他们的胃口，彼此是知己。在城市的室内舞台上很令人头昏脑涨的锣鼓喧天声，在乡村的露天却很有意味，鼓声给人物的一招一式增加了无限的力量和生命感。作者认为，旧戏要获得生命力，改在露天演出是一个有意义的尝试。这里充满着对贫瘠的家乡的深厚情感，为乡人们的天然趣味而赞叹。

1936 年的《清华周刊》624 期上刊登《我的故乡》的征文，多位同

1 罗念生：《给彦生》，《清华周刊》483 期。

学在此抒发了对家乡的热爱之感。在这国难当头的岁月，故乡还是记忆中的那般美好么？

李明同学的家乡在日本人铁蹄蹂躏下的“满洲”，从小感受着对日本人的强烈憎恨，“日本官三天两头地到我们学校来查看”。“我”喜爱文学，还做着爱迪生的梦，在整个沈阳都流传着日本预备武力攫取辽宁的恐怖中，“我”接到了大学通知。“十九天以后我在二千里以外的天津听到了家乡沦亡的消息”，悲愤之情蕴涵于沉郁的叙述之中。

“从青海的万山中间流出的黄河来到广沃的大黄土平原以后就安静了。亘古不息地睡在那里，但却给这大黄土平原带来了生命。一个个的城市在我们远古的祖先手里就修建起来。染着那样淳实质朴的气息的繁多的人民住在河两岸已经好多好多年了。”——这是王孙同学的故乡。为了寻找茫茫的旧痕迹，他又去了济南，然而，小清河的纯净和水上浮荡的小小的灯火、大明湖上的荷花和那个能告诉你燕子踪迹的撑船老人都无处可寻，流离失所的人群充斥在有泥有水有苍蝇的街道上，低矮的黄土房子里滚出赤裸的瘦瘠的孩子，褴褛的老妇人沿街叫卖，哪里还有童年时代的景象？他不禁感慨道：“济南，我想作是我的故乡的，已经完全和我所记的不同，这是不是和我的从幼稚园学生变成大学学生的情形一样的呢？”

提曼同学的故乡是出“西施”的地方，那是个温柔之乡，烟雨中的湖山，如同含泪的少女，“早晨的太阳团团地像鸡子黄，白云留恋着山谷。这时候，农人们已经开始耕作了。晚鸦催促着斜阳归去，暮烟笼罩了溪谷。这时候，农人们荷锄归来了……人们的一生如一只情歌似的：小孩子唱山歌，青年们谈恋爱，中年人造安乐窝，老年人儿孙满堂。”然而，“现在我的故乡是不比从前了。我的父老兄弟，都在过地狱似的生活，都在刀山血海里受苦”，天灾人祸，苛捐杂税，压得他们抬不起身子。他悲愤地责问：我的故乡会重享太平么？那可是出“西施”的地方啊！

你们听说过那长城外边的深雪与严寒，听说过那冬天的狂风和永远是铁青着脸的荒山，然而，你们可曾晓得那爽朗的，时时刮着劲健的凉风的塞外的夏天？远山隐约出没于青灰色的海一样的云彩之中，山头上白茫茫的旧雪，在傲然慈祥着六月天的红日。然而，你得细心点，别忘了远远迷蒙中起伏着的羊群的波浪。无边的油绿里响着调情的歌唱，寸草滩上，奏着铁马绊的交响……

——契嘉的塞外家乡是别一番的景象，它苍凉，健壮，犷放，如同中古的风景素描。但是即便是幽僻的边野，也躲不过时代伤寒的传染，当他再次回到故乡时，原始质朴的故乡被坟墓似的荒凉所替代，听不见异国情调的歌唱，看不到茁壮牛马的奔驰，却饱看了官吏的作威作福的"杰构"，他伤心地感叹着："世界上已再没有我底故乡了！"

从这组《我的故乡》散文中可以看出，身居校园的学子，并没有单纯地沉醉于世外桃源的书斋，他们怀念家乡，心系国土，痛祖国之所痛，恨民族之所恨，怀有一颗赤子之心。这类文章在艺术上也都意境开阔，清新素朴，有的纤细，有的雄壮，有的低回，有的高昂，自然景物与人的主观情思浑然一体，相辅相成。

景物情

"如果这世界上，尚有所谓的乐土，那么清华园便是天堂。如果人世间尚有'美'在，那么清华园便是美的模型"，这可以说是每个清华学子的发自内心的感受。挑剔的学生尽可以对食堂、斋务乃至先生们指指点点，而对于校园环境风物，却几乎是众口一词地除了赞赏就是怀恋与不舍。

署名九二、野马、人可的一组散文《清华风景线》[1]是这类散文的代表：

清华园，没有夏天和冬天。

天上飞去的云彩，林中点点的灯光，似是造化神手在刻意地描写他的杰作，无论是山隈、水涯、马路上、花丛中，都会逗引行人的魂灵。听微风飘来了美妙的歌声，又怎会不轻轻地堕入梦幻之乡？

这儿有山野林间的风味，有二十世纪炫目夺眼的文明，华丽壮美的建筑，散落在绿荫深处，岂不是东西文化的浑融？岂不是诗与真理的调和？

1　九二、野马、人可：《清华风景线》，《暑期周刊》35卷7、8期，1935年8月。

大礼堂，每每论及清华景物，没有不首先写到它的。它居中而立，巍然肃穆，俨然成了清华的一个标志，以其庄严公正的面目矗立在师生的心目中。《清华风景线》是这样描绘的：大礼堂端丽地摆在面前，圆圆的紫铜顶，衬着红色的墙，白色的柱子和台阶，黄金色的铜门，十足地表现了罗马式的风味。四周围是高欲参天的松柏和洋槐，两个直上云霄的旗杆，顶端有一个金色的球。堂前的草地碧绿如茵，两旁的土路永不扬尘。左边的科学馆，绿叶满墙，右边的办公楼，发号施令。黄昏时分，礼堂内传出缥缈的音乐，坐在旗杆下的石座上，不由得使人心旷神怡。遇到迎新送旧、志喜贺年等例行盛典，千盏万盏的灯挂在树梢树枝，如同天上的星星，闪耀在每个人的心怀。

水木清华，这个钟灵毓秀之所，更使师生们倾倒。你进校门（即现在的二校门）不远，由王国维先生纪念碑旁向右拐，便看见一排娇小玲珑的东方式建筑，那便是货真价实的老牌清华园了。朱门碧瓦，掩映辉煌，令人联想当年。门前是一片碧绿的树林，林中露出两座红色屋子的一角，那是校长和院长的住宅。里面回廊曲院，朱红的窗户栏杆，到处藤萝蔓延，终年花开花落。后面是清雅精致的工字厅，厅后的荷花池，便是著名的“水木清华”了。它的地势浑然天成：东、西、北三面被小丘包围，上面布满了郁郁葱葱大大小小的树，花朝月夕，不知逗留了多少诗人与情侣们，而且，四季的景象各有千秋。清华风物之锦绣不仅在于它的姿态绰约，也在于它给校园的人们活动、想象与寄托的空间，所谓情景相融，这也可以说是极致了。

图书馆，这是每个学生都要“朝圣”的庄严静穆的所在，“它是思想的策源地，智识的实矿”，也是学校的“太上老师”；它被浸染了太多的情愫而显得灵气四溢，一派生机。有这样一些描摹：

走过大礼堂后的小桥，那一字排开的碧瓦红砖洋式建筑，就是你所想象的“那个”了。金色的铜门，白色的台阶，云状的墙壁，是意大利大理石砌成的，软木铺成的地板。里面有人类有史以来活动的总成绩，有千百个开矿的工人。别的不告诉你了。这种威武堂皇的建筑，真把比邻的三院显得万分可怜。馆后杨柳摇曳，二十来所小红屋子，怪整齐地排开，真不辜负“怡春院”的雅号了。看书倦了，向窗外伸头，会多少得些新鲜的美感的。（《清华风景线》）

红墙从暮春到初冬，遍生着爬山虎，有时平绿如毡，有时红于枫叶，非常悦目。进了门，那大理石的墙柱和台阶，辉煌炫耀，夺目凝神。西北两端的中西文阅览室，四壁图书，各种杂志，更使人恨不具有十万脑筋，十万眼珠，一朝读尽名书……有时在图书馆看困倦，不妨放目四望，哈！那绝妙了。乱翻杂志的，搬凳取书的，仰首沉思的，隐几而卧的，张嘴哈欠的，伸纸疾书的，怒目皱眉的，用手指挖鼻孔的，并肩低语的，形形色色，一应俱全。有时你对面的人，也正张大了眼睛观察，那时“四目相对”，“前锋接触”，顿时不舒服起来，“还读我书”！（《清华生活一瞥》）

钟声惊醒了沉冷的空气，图书馆的门开着，许多高高低低挤在阶砌上的人影，潮水似的涌进去，他们抢着参考书，占着位子，低下头。有些在参考书架子面前看了一眼，失望地，慢慢的，踱进了书库，像一尾鱼似的悠悠地游，书库上下三层，全是玻璃砖，灯光照得像白昼一样的亮，铁架上全是书，他们踱进去，凭着铁架，或坐在玻璃砖上，抱着一本书，默默地低下头。

人虽则多，然而一个轻微的咳嗽，也会使许多的目光惊奇，他们像一些辛苦的矿工，在这儿寻找细碎的金屑，像贪杯的酒徒，抱着那酒杯在这儿尽量地痛饮。

在夏天，许多人从图书馆中带些书出来，坐在花丛与绿草的中央，追寻与咀嚼他所爱好的字句，他们会安闲地很细心地享受这不可言说的快乐。

（《清华学生生活的断片》）

荷塘，朱自清先生赋予了它的月色以永远的生命，从此，清华园里再也没有中断过对它的描绘。人可的《古月堂西》是这样一番景象：荷塘大得很，用土隔成十来个小荷塘，如同稻田的田陇一般。塘边短小的垂柳与莲叶忽吻忽离，依依含情，红莲争奇斗妍，如青春少女般丰腴多姿，白莲冰骨霜肌，如及笄的少女般洁白自傲，她们的美丽与风趣虽不相同，却共同放出沁人心脾的清香，使人恨不得修炼成我佛如来，盘腿永坐在莲瓣上。

气象台，当年给了清华的学子们多少登高远望的遐想。你看，“那台南隔溪对峙的生物馆，是何等的玲珑可爱！淡绿的头巾，浅红的下襦，不是象征一个风姿娟秀的少女吗？台北直立的化学馆，是何等的简单与硕大！它象征着一个三十开外的健男，因为工作的苦辛，早已秃了顶了……向西眺望，触目便是绵绵的西山。天气晴和时的西山是莹翠而明快，阴雨时的西山是灰蓝而淡郁，黄昏时的西山是黛紫而深沉，它真是一幅伟丽的动人心弦的彩画！烟霭弥漫这中，万寿山的琼宫玉宇隐约可见。可是那琼宫玉宇中的人呢？”（《气象台下》）

还有“红桥碧水”，还有“南苑风光”，还有“同方部”“藤影荷声之馆”……

确实，清华校园的景致各有其美，有的庄严恢弘，有的典雅俊秀，有的雄健古朴，有的妩媚绮丽。而且，清华园的风物之中融进了师生们浓浓的情意，寄托着他们的理想与胸襟。假如仅仅只是景物之美，在京城大地并非只有清华园为最，正是因为有与之应和的学人才子，才成就了清华园的无限风光。所谓人杰地灵，一点也不为过。

值得一提的是，在几乎人人赞美清华园的风物时，也还有一些并不恭敬的声音，比如罗皑岚在《我的日记》[1]里，以一个半疯不疯的学生之口说，他看不出什么水木是清而且华的，满园只闻到带物质的油味，大礼堂够丑的，与坟墓简直无二致：一对旗杆不就是墓前烧余的白蜡烛？笨重的铜门不就是行尸活鬼出没的墓门？那科学馆不就是停在它旁边的一副红棺材？……几个建筑物哪一个不是被血染得通红？这种环境哪有半点和平色彩？有的只是凄惨荒凉。——这也从另外一个方面说明，客观景致是与人的主观情思相依存的。

在清华散文中，还有一类很具艺术品位的创作，即以自然万物为描写的对象，大到海洋星空，小到昆虫花草，都用以抒发胸臆，寄托情怀。有的能在沙粒中窥见宇宙，有的能从磅礴中体会细微，或缘物传情，或

1 罗皑岚：《我的日记》，《清华周刊·第十次文艺增刊》，1925 年 5 月 1 日。

情景交融，往往情感与哲理相渗透，给人以启迪。

孙毓棠是当时有名的校园诗人，他的长篇散文《海》[1]既有诗的韵味，也有文的理趣。首先，他赞叹大海的美在于“动”与“变”。开头宕开一步，未着墨于“海”而写“山”：山的美在静，在坚实，在纯厚雄浑，“嵬崔的山峦，绵延的峻岭，奇峰古涧，峭壁危崖，每每像沉沉撼不动磨不灭的自然的铁律”。海则不然，它的美在动荡，在飘忽，在神气的变幻里的和谐。在大自然中，动态的美更为吸引人，山如果没有云的缭绕，光的映照，晴雨晦明，或瀑涧的飞流，松柏的涛浪，涣散的美也会为之减色。海比山单纯，这单纯里加入了永远的变幻，就使它更纯更深。他还描绘了三幅海的动态图画：晨曦中的海，染着一片新鲜的蔷薇色，海波透明而飘动，如少女的丝衣般轻柔细腻。夕阳里的海，五光十色，橙黄、淡粉、艳红、浓赤、深朱、绛紫、暗蓝、黝黑，迷离变幻，美不胜收。夜幕下的海，新月踏上云帘，一脉银白的月辉伴着澎湃的涛声，又是别一番景象。第二，作者认为，自我的灵性与大海融汇一体，才能够领略海的真谛，当你溶化在自然中时，你就主宰了自然，海天任你支配。第三，忘我不是无我，而是真我之所在；抛开现实的一切羁绊拘束，转向自然，随心所欲地去幻想，去感悟，就能够人神不分，物我同一。这里，明显的有泛神论的思想。孙毓棠的《海》是清华散文中不可多得的佳作。

诗人林庚也有一些缘物抒情的散文。他发表在清华中国文学会的刊物《文学月刊》上的不少作品很令人回味。比如《月与星》[2]，把人人常见的星星、月亮、太阳同人间的夫妻、情人间的爱情及真、善、美等进行类比，阐述他的独到见解。林庚的另外一篇《风》[3]也很厚实，对于大家都不怎么看好的北方的狂风别有一番见地，北方既没有明媚的江南岸，倒不妨狂吹一阵，吹得天昏地暗，岂不也另有一番景色？而且，在这凛冽的狂风面前，不容你不挺起胸膛来，傲然地面对这荒凉的世界。

1 孙毓棠：《海》，《清华周刊》540期。

2 林庚：《月与星》，《文学月刊》2卷2期，1932年1月15日。

3 林庚：《风》，《清华周刊》533期。

校园创作中还有部分咏物言志的散文，描写的对象很细微，抒发的情感虽不雄壮，但自有其趣味。比如TY的《病了的燕子》从眼前窗外的飞燕，联想到十几年前闯入家门的病了的燕子，不禁生发感叹："同样的深秋，同样的冷燕，只是我自己已变成了成人模样，而且脸上还画着几缕皱纹。我的青春已经同病燕一齐消失。啊，凄凉的清秋之夜！窗外的两只燕子，不知今夜宿在谁家檐下。"秋隼的《丁香》要表达的是：只要你沉得下心细细体味，你就能够感受到另一个世界的神韵和美感，唯有无言的东西，才会使人净化，沉静的氛围，才能使人看到纯粹之美。谢文炳的《灯蛾》充满对自然万物的爱，他认为灯蛾也是大自然赋予的生命，有的作家"自己也是个追求光明的人，在深夜里压死一个爱光明的生物，配得上创作么？"这些散文往往从小处着笔，发一段慨叹，述某种感触，轻巧、精致，却也能够拨动人心。

二、杂文：托物言志

杂文，是属于现代性的一种文体，它关注与思考着现代人思想、文化与生活的各个方面，用活泼自由的形式来淋漓尽致地表达人们的观点，给予人的想象以巨大的空间。清华的杂文也成就卓著，这不仅仅是指数量的众多，更是指质量的上乘——涉及面的广泛、思想的深刻犀利以及艺术上的多姿多彩，表达了师生的所见、所思、所感，寄托了他们的喜怒哀乐，好恶褒贬，充满着积极的感召力。

朱自清在他的《论现代中国的小品散文》中说过，"五四"时期的杂文"有种种的样式，种种的流派，表现着，批评着，解释着人生的各面。迁流曼延，日新月异：有中国名士风，有外国绅士风，有隐士，有叛徒，在思想上是如此。或描写，或讽刺，或委曲，或缜密，或劲健，或绮丽，或洗练，或流动，或含蓄，在表现上是如此。"用这段话来形容清华的散文也不为过。

清华的杂文中，还有不少托物言志，抒发人生感喟的作品。它们有的如凝练的格言，蕴涵着人生的感悟；有的似哲理小品文，糅合着生活的苦涩；有的借自然风物，寄托胸怀，动人心弦。生活中常见的事和物，经过作者的深思熟虑和笔墨点染，就赋予了辽远的意趣，透露出某种人生的况味。尽管味道和风格并不相同，或者平和冲淡，温柔敦厚，或者尖锐凌厉，咄咄逼人，但往往都熔知识性、趣味性于一炉，能够促人思索，耐人咀嚼。

现在不像从前，怎见得将来总像现在？（4）
节制比禁绝好，禁绝比节制容易。（6）
肚子不疼的人，不记得有个肚子；
国民爱国的国里，不常有爱国运动。（7）
要做哲学家，须念不是哲学的书。（9）
有钱未必有学，可是无钱更求不到学。
物质文明高，精神文明未必高；
可是物质文明很低，精神文明也高不到哪里去。（10）
为人须知生活之道，生活须知为人之道。（11）
真理未必成文；文章太好了大概是真理被欺侮了。（15）
凡是带凡字的，没有没有例外的。（18）

这是赵元任先生发表在《清华十五周年纪念增刊》上的18条《语条儿》中的部分。这些如同顺口溜似的对句，字面上一点不难理解，但再想一下，就会从中领会出不少弦外之音、言外之意。比如第7条，真正的爱国难道是大喊大叫体现的吗？口头远不如行动有效率，当某个事物需要全力去“振兴”之时，其实它已经出现了大的危机。再比如第10条，道出了物质文明与精神文明的依存关系，精神文明应该以物质文明为基础，发展物质的同时也应该提高精神素质。还有第15条，它告诉我们，真理不是那么华丽的，而是朴素而不加修饰的。这些睿智的话语至今仍然具有警示作用。

霍世休同学的《蒺藜——断片的感想》[1]由35条格言式的句子组成，如同一条条口语化的警句，在平淡中包含人生的启示：

1 霍世休：《蒺藜——断片的感想》，《清华周刊》429、430期。

假如鲁莽是过错时，我想犹豫至少也应得同样的责备。鲁莽所给我们的是一时的抱歉；而犹豫所贻我们的是永久的遗憾，不可填补的遗憾！（14）

——行动的结果也许不像预期的那么美满，但不行动就根本没有结果，举着长矛与风车作战的堂·吉诃德比在古堡里长吁短叹的哈姆雷特更让人觉得憨态可亲。

聪明人把担子推到傻子肩上，等到他被压倒了，便说我早知道他不会成功。（15）

神把算盘给了聪明人，却把一颗赤热的心留给傻子。（18）

——自以为聪明的人总是些夸夸其谈、损人利己者，真正可爱的却是所谓的傻子；聪明人也许一时能够得计，天长日久，人们更愿意与傻子为伍。

快乐好像人的影子，在进行中毫无声息地随着时光消逝；痛苦却像人的脚踪，永远留他的痕迹在生命的长途上。（27）

——镂骨铭心的往往是痛苦而不是欢乐，如果相反，人生是不是容易得多？

《感想》的每一条都告诉你一个道理，比如“恭驯的奴隶与专制的魔王，原来只是一个娘怀的双生子。”——在没有真正民主的时代，只能产生主子和奴才，而一旦奴才爬上了主子的位置，对曾经是同类的其他奴才压迫得更为凶狠。“倔强的松柏，也不得不在牵牛花的缠绕下低首。”——所谓以柔克刚，力士参孙不是被弱女子所出卖？“暴风雨打坏了的伞，天晴后便被人们忘记了。”——忘恩负义，是人们在顺境时常常的举动，这时，他们很少去体味“伞”的感受。

张申府先生在1932年发表了两篇哲理小品《感》《重感》[1]，前者分别以“人——晨感之一”、“蚕——陈感之二”、“命——尘感之三”、“数——沉感之四”为小标题来追究人生，逼视现实。《重感》则以“质、文、物、

1 张申府：《感》，《重感》，《清华周刊》533、538期。

理、疑、仁、算、美、行”为小标题，探讨世界的方方面面。以逻辑教授的笔法来写随感，既平实又深刻，质地很厚实，思想也较为激进：

历史充满的是相砍，遍地都是血腥；攻伐征讨，殊戮陵夷；侵迫搜括，剥削榨挤。纵一二人之昏欲，流亿万众之齿血。但是人哪，你可为什么总是这样地不知不觉地安然顺受呢？（《晨感》）

我始终地相信中国以至人类最需要的文艺应如下：

表白劳动者的重要，道出劳动者的痛苦，同时更要真切地与人以希望。

希望基于意义。

正在走路走得起劲的人，自也说不上什么前程茫茫，纵令他奔逐的也许不过是磷光。（《文》）

悲剧非文字之至。

悲剧者报复于空虚。

悲剧者推己之苦痛以使他人也苦痛。

悲剧者藉他人之苦痛以慰自己之苦痛。

慷慨悲歌者反是。

慷慨悲歌者由自己之苦痛鸣他人之苦痛。

慷慨悲歌者为解他人之苦痛不惜自甘于苦痛。

悲剧应乎投射。

而慷慨悲歌者自投自射。

是故，人应演悲剧，勿只撰悲剧看悲剧。（《行》）

这类格言式的杂文，往往通俗中含事理，机智中见文采，玲珑剔透，妙语连珠。

以叶公超先生的《门》[1]为代表的是另外一种类型的杂文，它们选题很平易，是人们司空见惯的事物，却借题发挥，旁征博引，或寓庄于谐，恣肆放达，将人生的种种滋味尽情地洒泼出来，有着振聋发聩的功效。在此，“门”是用来作为我们文化的、精神的载体的，“我们文字中，思想中，习惯中都无时没有一种门的存在。在旧礼教中不用说，因门的意

1 叶公超：《门》，《清华周刊》533 期。

义而产生的习俗和思想，处处都是”，婚姻的门当户对，家世的门荫祖德和门第家风，读书的孔门子弟。新的脑筋又何尝不如此？教育要专门、办事要有门径，官场、商场以至党部都要以门面来作本钱。人们多半只看见了物质的门，很少去想一想这实质的物体后面暗含的精神上的意义。他们更想不到“在我们每个人的单独生活中，从极单纯到极复杂的生活中，都有一道最后的门”，聪明些的人知道它的神秘与不可侵犯，路过时不敢伸头张望一下；缺乏想象力的人，一旦发现这重紧闭的门，却少不了一敲再敲，一闯再闯，结果再也出不来了——

人类的好奇心和追求心都是因门的阻碍而产生的，但是人类的经验并不鼓励我们去闯进所有遇着的门。多数自寻短见和态度悲观的人，都是曾经揭穿过，或看穿过种种门中门的罪人。

作者还认为，门是我们精神文化的一种设施，在人与人集居的地方，“门的功用不但能隔阂我们，同时也更能联络我们。在这一开一关之间，社会道德已有了稳固的基础”。朋友彼此间不要忘了门是可关可开的设备，是使人们不即不离的媒介，有门才有交情，所谓“君子之交淡如水”。美国诗人说：好篱笆促成好邻居（Good fence make good neighbors）；叶先生改为：好院门促成好朋友（Good doors make good friends）。

署名“查拉之徒”发表的《脸》[1]抨击的是“装脸相”的“艺术”。在这个世界上，人人有喜怒哀乐，悲欢离合，“谁不想赤裸裸地把情致流露在容貌上，要哭就哭，要笑就笑？”然而，一踏入社会，就容不得你这样了，“明明悲哀，不能爽爽快快地流一点泪。快活呢，不能轻易地笑。不高兴，更不宜表示生气的样子。想活下去就得先和众人结缘，要能在众人里边行动自如，便不能不抑制自己的真情绪，去跟人家笑，去跟人家哭，去跟人家愤懑”。这就是“装脸术”，是生活中一门重要的“艺术”。作者以讽刺的口吻说：艺术是需要模仿、体验和锻炼的，你要想在社会上站稳脚跟，就得长期观察，留意同伴们的脸色，跟着他们去哭去笑去不断实践。你不乐意么？那么，你等着碰钉子吧！

1　查拉之徒：《脸》，《清华周刊》521 期。

在广大繁杂的人群里，这儿用不到真挚的心，这儿的群众，是那各自的脸相来交往的。脸相真是形形色色，变化无穷，得意的，失意的，严正的，滑稽的，平板的……我也没有这本领去细述：仿佛进了博物院，看得太多，过后却说不出它的纲目。然而，另一方面，我们总有一个大概的印象，那就是大家脸上都有着笑容，不论是微笑，是狂笑，是傻笑，是苦笑，是冷笑，是神秘的笑……只有童年时的真诚的笑，在这里找不到。

——这些描写，不禁使人联想起英国19世纪的批判现实主义作家萨克雷的散文集《势利人脸谱》，它以45组特写，勾勒出英国社会各阶层的势利人肖像，展现的也是形形色色的“脸”，除了纯真与美好，其他什么脸相都不缺。

《脸》的作者用戏谑的笔调建议同学们：走出校门，马上收起你的心，“社会里不讲心。心太抽象……认识了种种的脸，就认识了社会中种种的人”，你要和这些脸周旋，温存，模仿，“因地制宜，装着种种的笑相哭相”。同时，你还得学习“忍”——“‘忍’是一种训练，忍不住的，也得去忍，忍受惯了，再千百倍艰难的事，你也会去干了”。你感到做作不自然么？没关系，装脸相是门人生艺术，“艺术的本身，即是一种矫揉造作。‘做作’到成为习惯，就很‘自然’，这儿就是艺术的造就”。慢慢地，你会对脸相艺术的涵养上产生兴趣，并夺到“胜利的旗子”，那时，人生的剧场就任由你施展了，什么个人意志，什么个人情绪，在你的心目中哪里还有影子？嬉笑怒骂之中，有着无情的鞭挞。看似油滑的腔调，其实饱含着辛酸。

方棱（李长之）的杂文《笑的诅咒》[1]从题目中就可以看出创作意图。常人大多赞美笑，起码认为笑比哭好，而他则比较极端地认为“笑并不是一件好事，还不如哭”。笑，该诅咒的不仅仅是有做作的成分，更在于它的“无恶不作”：对弱者的嘲笑，对失败者的讥笑，对缺陷者的残忍的笑，对权势者的谄媚的笑。即便李白的“仰天大笑出门去，我辈岂是蓬蒿人”也是失了诗人身份的，他居然也热衷于富贵名利了。《红楼梦》里的众人取笑刘姥姥，完全是拿穷人开心，还有笑人口吃、笑人出丑、笑人倒霉，

1 方棱：《笑的诅咒》，《清华周刊》556、557期。

都显出本能中的劣根性。在虚伪的人世间，笑却神通广大：争执成僵局的时候，笑可以轻巧地渡过下不了台的难关。乞怜必须笑，示威也必须笑。笑里的赞成是反对，笑里的许可是拒绝，笑可以使人原谅，笑可以避免触犯人的自大狂，笑可以缓和人的敌视，笑可以窥探人的隐秘。为了敷衍人的面子，明明无趣的述说也得装笑。为了博得别人的鉴赏，纵然乏味也必须自己先笑以代替哀求……不管这篇文章的立论怎样片面，行文却相当机智，旁征博引，收放自如，既有文采又有力度，显示作者较强的驾驭文字的能力。

吴景超的《人生蠡测》[1]试图寻找较为积极的人生观。他对现实人生是持肯定的态度的，但不满于入世人生中的这样一些观念：一是名誉观念，二是物质主义，三是有神论，他试图提出一种比较圆满的人生观，"尽一己的能力，改造环境，使自己和他人的生活和谐地在社会中满足"。文章事理明晰，行文简约，舒展有致，立论与阐释都较周密透彻，虽是教诲的文字，却没有说教的流弊，能够令人心服。

还有一类感悟性的杂文，写得玲珑剔透，它们题旨不大，然意趣颇浓，使人能够从细微处领悟某种人生的奥秘。它不以气势夺人，而是感染你，触动你，使你有种心领神会的满足感。

季羡林的《回忆》[2]就是一篇可以反复咀嚼的杂文，他用诗意而空灵的文字组成对"回忆"的描述："我们时时刻刻沿了人生的路向前走着，时时刻刻有东西映入我们的眼里……但是一转眼，眼前的这一切，早跳入我的意象里，成轻烟，成细雾，成淡淡的影子，再看起来，想起来，说起来的话，就算是我的回忆了。"人自从踏上这世界，要走过很多很多的路：

> 我走过都市的路，看尘烟缭绕在栉比的高屋的顶上。我走过乡村的路，看似水的流云笼罩着远村，看金海似的麦浪。我走过其他许许多多的路，看红的梅，白的雪，潋滟的流水，十里稷稷的松壑，死人的蜡黄的面色，小孩充满了生命力的踊跃。我在一条路上接触到种种的面影，熟悉的，

1　吴景超：《人生蠡测》，《清华周刊》268 期。

2　季羡林：《回忆》，《清华周刊》578、579 期。

不熟悉的。这一切的一切都在我走着的时候，蓦地幽成轻烟，成细雾，成淡淡的影子，储在我的回忆里。有的也就被埋在回忆的暗阴里，忘了。当我转向另一条路的时候，随时又有新的东西，另有一群面影凑集在我的面前……就这样，挤出，挤进，一直到现在。我的回忆里残留着各样的影子，色彩。分不清先先后后，萦混成一团。

"回忆"是看不见摸不着的，但它又是无处不在的。它的影子往往叠印在你眼前的事物上，"我常把我的母亲的面影叠在茶杯上。把忘记在什么时候看到的一条长长的伸到水里的小路叠在Holderlin（荷尔德林，德国诗人）的全集上。把一树灿烂的海棠花叠在盛着花的土盆上。把大明湖里的塔影叠在桌上铺着的清玻璃上。把晚秋的一天暮鸦叠在墙角的蜘蛛网上。把夏天里烈日下火红的花团叠在窗外草地上平铺着的白雪上。"但只要你再一凝神，它就水纹似地幻化开了，成轻烟，成细雾，成淡淡的影子。人生就是这样，我们带着回忆从茫茫的过去走来，向前走去。"过去"成了回忆，萦绕在我们的心头，"现在"又将储存到记忆之中，混合成新的回忆，随我们一起走向"未来"。

在大学时代，季羡林就显示出不平凡的写作才能。他的这篇《回忆》萧疏中含哲理，淡远中有神韵，前后起伏而又呼应，如波涛般一层包含着一层，一浪推涌着一浪，"回忆"所具有的神奇与魅力不断地得到诠释与强化，使这一抽象的概念获得了栩栩如生的形象，让人再也难以忘怀。

秋隼的《寂寞》[1]构思很纤小，却珠玉般结实饱满。古今比况寂寞者，无不将之与空、无、不足、无可名状等感觉相联系，而这里却认为，寂寞是"实""有""满塞"的痛楚感：

人常喜欢把"寂寞"比作白云，比作清烟，比作死水，或更比作无底的洞；我则记得寂寞是和热闹，凉秋，骚动，或者还在"智辨"的家相同住。

空无吗？

我的耳朵，可以听见"寂寞"的语音，这语音：小之寄存在蚊子的喉咙，

1　秋隼：《寂寞》，《清华周刊》573期。

或寒蛰哀蝉的翅上；大到人世的吵闹之集合，或是急电霹雷的矗拔的咆哮中。

空无吗?

我的眼睛，可以见到寂寞的行色。这形色：或是晚妆即罢的衣纹，或是“尔坐我坐，尔立我立，像悲亦悲，像喜亦喜”的镜头。推至乌云样而渐在演变的头发，老人的长吁，诗人的舌上，怨妇眉头，青娘眼角，和文人的笔墨之内！真像洪水，波浪汹涌，翻翻滚滚，狂奔的怒马样，要尽这莽莽苍苍的世界！

怎能说“不足”呢?

在“动”与“实”之中，寂寞之感更加深广，它把你从现实中拉出来，又把你向现实中摔进去，在喧嚣的街头，在嘈杂的剧院，在交头接耳的广众之中，寂寞会像一阵轻风，飘过人头，吹在你的面上，落在你的心头，那将怎样地刺痛你啊！

通常只可意会的“寂寞”，被作者用可感知可触摸的意象渲染得活灵活现，有声有色；这种主观情感客观化的艺术手法，与 20 世纪现代主义所追求的“通感”理论遥相呼应。

下　部

昔日校园文化名人

好了！新生命胎动了！
寂寥的园内生了瑞芝，
紫的灵芝，白的灵芝，
妆点了神秘的芜园。
灵芝生了，新生命来了！
好了，活泼泼的少年，
摩肩接踵地挤进园来了。
饿着脑筋，烧着心血，
紧张着肌肉的少年，
从长城东头，穿过山海关，
裹着件大氅，跑进来了，
从长城西尾，穿过潼关，
坐在驴车里拉进园来了。

闻　一　多

第十章　闻一多：校园文化的精神领袖

1912 年，14 岁的闻一多（1899—1946）考入了清华园，在这个“一切只是新鲜，一切只是明媚，一切只是希望，一切只是努力”的地方，他度过了十年。走进来的是一个“饿着脑筋，烧着心血，紧张着肌肉的少年”，走出去的已经是一位备受瞩目的诗人了。水木清华给了他养分和施展才华的阵地，他给“园内”留下的是文化社团、振聋发聩的话语和撼人心田的诗作。直到今天，清华校园还在分享着他的才华和精神。

一、文化社团的组织者

从 1913 年到 1921 年间，闻一多参加的学生社团达十个之多。在这些文化社团中，闻一多往往是积极的倡导者和组织者。

游艺社——新剧社

游艺社成立于 1916 年 9 月，闻一多为副社长；该社起初分为两个部分，即“演剧”与“音乐”。在闻一多他们的倡议下，取消了以往分年级为单位的比赛，使戏剧活动成为全校共同的事业。为了给参加在日本举行的远东运动会的运动员筹款，游艺社于 1917 在北京青年会成功演出了《都在我》，募捐得 4 千元。同年的除夕和接着的新年演出了《可以风》等剧目，闻一多还登台扮演过角色。1918 年除夕演出了两个剧目，一是《鸳鸯仇》，剧情悲恻，演者体贴入微；一是《黑狗洞》，诙谐百出，令人捧腹。“五四”新文化运动即将来临的 1919 年 2 月，游艺社正式改组为“新剧社”，专门从事戏剧的创作和演出，一些反映时代精神的新式话剧由此产生。它分编演和庶务两部，闻一多任编演部经理；新剧社实行“编辑会”

制度，闻一多经常和大家在一起讨论创作、修改剧本，推动了清华剧坛的繁荣。在校庆八周年之际，演出了《巾帼剑》(即《可以风》)、《是可忍》(改编于《鸳鸯仇》)、《各得其所》和趣剧《我先死》等，这一阶段是清华戏剧活动最为活跃的时期，这与闻一多所做的努力是分不开的。

美术社

1919 年秋，闻一多组织杨廷宝、吴泽霖等高等科三年级的同学 20 多人成立了美术社，分为“实习”“研究”和“宣传”三个方面。其目的为了在清华园研究艺术、传播美术。在每月的例会，社员各择一题考其源流、变迁、现状，进行报告；题目多为中外织物图案、瓷器图案、雕塑、绘画、美术史、名家传略等方面，每月还有幻灯、演讲，并配有一个画室；这个组织一度发展到 50 多个成员。它的成就显示在实践方面，作品有静物、花草、人物、户外写生、插画及图案等。有名家看见他们的作品评价说，不独国内各普通学校望尘莫及，便是美术专门学校也难与之比肩。

丄社

丄社是 1920 年春成立的小社团，由闻一多、潘光旦发起，成员只有 6 人。其名称由闻一多选定，有两层含义：一方面取其“向上”“高尚”之意，另一方面“丄”在古文字中与“六”同义，用此纪念这个小团体成立时仅六位成员。虽然人员不多，但活动频繁，他们经常召开读书报告会，探讨文学、美术、社会、经济等各种问题。他们提出“改良社会”的口号，热情地投入社会调查，闻一多就曾经到山东农村进行过调查。对于校园电影是不是艺术，该不该取消的问题，校园出版物的艺术倾向问题，学生生活方式和学习态度问题都有一针见血的论说。在成立之初的三个月内，就召开了 16 次会议。可以说，这是一个追求生活艺术化的团体。

美司社

1920 年 12 月，闻一多、浦薛凤、梁思成发起组织一个新团体“美司斯”，以希腊神话中掌管文学艺术的女神名字来命名，目的要研究艺术及其与人生的关系。《“美司斯”宣言》这样写道：“我们深信人类的进化是由物质至于精神，即由量进于质的。生命的量至多不过百年，他的质却可以无限度地往高深醇美底境域发展。生命的艺术化就是生命达到高深醇美的鹄的底唯一方法。”他们认为，社会的生命僵枯、精神困倦不是科学不发达，而是艺术不发达，而艺术的研究包括高超的精神修养、精深的学理考究和苦励的技能的练习——前两项为艺术的灵魂，后一项是其形体。为此必须探搜“此中三味”,“用我们自己的生命做试验品”。社团分文学、美学、音乐、绘画等部分，计划每两周举行一次会议，就其中一门进行研究讨论。在成立大会上，梁启超先生演讲了中国古代真善美的理论；过了一个月，钱稻孙先生演讲了美学问题。

文学社

清华文学社是梁实秋、顾毓琇他们在听取了闻一多的意见之后，决定改小说研究社（1920 年成立）为文学社，宗旨为研究文学，采用读书报告和请人演讲等形式；分为诗歌、小说、戏剧三组，闻一多担任诗歌组组长。这是清华有史以来的第一个综合性的文学研究团体，不论是组织方面还是实践方面都有章有法。他们频繁地召开讨论会，总的议题有“艺术为艺术呢还是为人生？”“文学与人生”问题、“文学可以职业化吗？”等。分小组进行的讨论都围绕着相关的体裁进行，一般是有专人报告，大家讨论，常常是“辩难数小时，虽无结果，颇痛快淋漓”。他们还不定期地请名人演讲。文学社还利用《清华周刊》这个阵地,开辟了“文艺增刊”（共出 11 期）、“书报介绍副镌”（共 15 期）和“海外文坛消息”栏目，发表文学作品、介绍国内国外的文坛状况和最新的文学作品，以开阔视野；1922 年 9 月还创办了“清华文学社丛书部”，出版的第一种是闻一多、梁实秋合著的《〈冬夜〉〈草儿〉评论》，第二种是《文艺丛刊》，第三种是闻一多的《红烛》诗集。闻一多参与的这两本丛书至今影响着中国文坛。

二、文艺理论的倡导者

闻一多除了积极组织参与文艺社团外，还在学校的文艺阵地上发表自己的艺术主张，展开文艺论争。他把艺术提高到救国益民的高度，将个人的热情与创造性才能都融入艺术创作之中。从此，对于文学艺术及艺术化生活的追求，贯穿了闻一多的一生。

论艺术

从学生时代起，闻一多就孜孜以求着纯粹的艺术，生活中的一切都必须放到“艺术”这一天平上加以衡量，他多方面地为艺术正名、呐喊。

1919 年，在《清华学报》第 5 卷第 1 期上，发表了闻一多的文章《建设的美术》，这是他的第一篇白话文章，论述的是美术与世界的关系、美术在社会中的作用等问题。他说，世界是一间天然的美术馆，人的一切活动都在模仿美术，人类所有的东西都是美感的结晶，世界的文明进程是与美术同步的。抽象的美术影响着思想的文明，具体的美术影响着物质的文明。闻一多还认为，中国从前比较讲究抽象的艺术，却对具体的艺术加以摧残，使得我们的工艺腐败之极。处于 20 世纪这个科学进步、美术发达的时代，中国从前那种轻视美术的思想应该破除殆尽。他认为，我们的美术缺乏学理的统率，往往“自出的心裁”，依靠的是“悟性”；假如我们的天赋的美术技能，能够加上学理的研究，将来的工艺定能前途无量。他还反对一味地学洋人，那样既学不像，又失却了国粹。文章具体阐明了如何振兴工艺的美术，指出：“中国的美术要藉工艺保存，中国的工艺要藉美术发达。”

1920 年，在《清华周刊》187 期上，闻一多发表了《出版物底封面》一文，其美学见解集中于对杂志封面的设计上。我们看到，他所崇尚的美的封面既要有和谐的艺术性，也要具有与内容相协调的意义，他有所批评，更有所建树。文章开宗明义地指出：“我要批评的不只《周刊》，凡我所见的目前社会上底出版物（专指杂志之类）都在内。”作为“批评底背景”，闻一多首先拉了一个大纲，罗列了三个问题：一、“出版物底封面图案底价值”——主体的价值在于可以吸引买书者、使藏书者爱惜、使读者“心怡气平”容易消化吸收；客体的价值在于辅助美育、传播美术等等。二、中国出版物封面图案的艺术不发达的原因在于艺术不精、印刷不良、社会生活程度低以及没有使用和欣赏美术封面的习惯。三、“从艺术上着手”提出补救的办法。在第二个部分，闻一多对中国现代的出版物的封面进行批评，说基本上可以概括为“太差”二字，有的都够不上批评的资格。“美”是闻一多的唯一标准，他认为“够批评底资格的”往往是“有美术意味”，“娇小玲珑”，“眉清目秀、色彩调和”；他论及有的理工杂志封面的字之丑，“我就想到世界上如果全是这样的科学家，这个世界一定要变成一个干枯憔悴，阴凄僵冷的地狱，充满了癫狂麻木的‘行尸走肉’的人类，如果真坏到这一日，我真情愿‘蹈东海而死’。”他对《清华周刊》封面的批评毫不留情：它违反了图案组织的要素——没有条理、不配称、不调和、不平静；违反了图案的实利基础，也就是既不美观，又不实用；与内容没有象征联系、题字与色彩也都没有艺术价值等等。闻一多以艺术家的情怀和诗人的语言，倾注了对美的强烈追求，在他的激越的言辞之下，跳动的是一颗为艺术赴汤蹈火的鲜活的心。

同年，在《清华周刊》第192期上又发表了闻一多的文章《征求艺术专门的同业者底呼声》，为艺术在中国的振兴而大声疾呼，体现着他的“艺术救国”的思想。其论述的问题有两个：一、艺术是不是改造社会的急务；二、以艺术为职业能否解决生计问题。闻一多对此均持肯定的态度。首先，他认为中国与第一次世界大战后的欧洲面临着同样的艺术需求的问题。人类从前依赖物质的文明，演进的结果是一场空前的触目惊心的血战，人们认识到不能单靠科学，而要艺术的庇护；中国虽没有遭战事的惨劫，但我们生活的枯涩和精神的堕落比起欧洲有过之无不及，我们更加需要艺术。在此，他阐述了艺术的价值和功用，并强调：他所追求的艺术不是指西方现有的艺术，更不是“中国的偏枯腐朽的艺术底僵尸”，“乃是溶合两派底精华底结晶体”。当今中国，科学已有萌蘖，艺术却毫无消息，如此下去，社会将完全变成一副机器，势必重蹈欧洲的覆辙。他主张要将科学界里的三分之一的人才引入艺术界，社会的改造才能成功；同时还要量质并重：一方面要造诣精深的大艺术家来发扬光大中国的艺术、丰富人类的精神生活；另一方面要普及艺术，以“艺术化”我们的社会。在论及艺术与个人生计问题时，闻一多说：“我们决不能因为艺术家多半是穷汉，就断定艺术是一门穷事业”，其实当今中国的实业与艺术同样不发达；惟其艺术不发达，才需求艺术的人才去发达它，否则，艺术的血胤岂不断嗣？从社会的发展方面我们有责任选择艺术道路；同时，以艺术为“职业”包蕴着一个重要的意义，那就是个性的发展，“叫一个性近艺术的，为了‘饭碗’而摧残他的个性，流离颠沛于科学界，也要算天下最悲惨的一桩事了”。在此，闻一多掷地有声地宣布：“在我个人，宁能牺牲生命，不肯违逆个性。”更何况，“我们治艺术，肉体上虽受点苦痛，精神上却得了自由的快乐的赔偿呢？”假如说，为了社会的需要而选择艺术为职业是尽义务的话，那么，讲到发展个性，这就成了不可转让的权利。闻一多寄希望于那些有着天赋才能的艺术同行，为了社会进步，也为了自我净化，去创造新的艺术。这些主张体现了闻一多的“艺术救国”的理念。

论电影

1920 年 10 月，闻一多所在的上社对电影问题有过一次专门的研讨，分为 13 个题目，诸如“中国底电影”“欧美底电影”“艺术中之电影”“教育中之电影”“科学中之电影”等，范围较广，很快地，他们把眼光集中到了清华的电影改革上面。闻一多“终于忍不住地出头管了一下”，在《清华周刊》上陆续发表了《黄纸条告》(198 期)和《电影是不是艺术》(203 期)，表述自己对电影的见解。

《黄纸条告》是篇讽刺小品文，借用不同的学生的口吻，来对不健康的电影的恶劣影响进行针砭。所谓“黄纸条告”是张贴的电影广告；当时清华每周一次放映电影，内容“非奸即盗，充满着极不健康的刺激与诱惑”。文章这样形容：“我们的手拒绝罪恶，我们的眼却欢迎他，眼把罪恶的图形进贡到脑宫里去，又使天心大悦，立刻喉、舌、唇收到圣旨。奏了这阕颂歌：‘好极了！好片子呀！……’”这些使青少年学生兴高采烈的《黑衣盗》《毒手盗》等“飞弹走肉，杀人如打鸟”，对他们的影响可想而知。闻一多讥讽道：“我们整星期囚在这‘水木清华’的但是平淡的世界里，多亏你常常饷以‘五光十色，光怪陆离’的地狱风光，我们的眼福不小。”如同一把匕首，一针见血地直指这种既没有教育意义还充斥“淫暴”的电影。闻一多“振纸一呼”，有关清华园电影问题的文章“多得不胜枚举”，直至校长出面与上社商谈、表态，达成了“一减少、二替代、三改良”的共识。清华的电影环境终于纯净了起来。

对于清华园放映的电影“娱乐品”造成的污染，闻一多接着又写了文章《电影是不是艺术》。他首先声明“我不反对求快乐，其实我深信生活底唯一目的只是快乐"，但是，获取快乐的途径不同，赋予人的感受也就不一样；艺术的快乐是心灵的快乐，也是最高的快乐，人类独有的、永久的快乐。进而他认为电影不是艺术，因为它提供不了永久的精神的快乐，它"永久脱离不了机械的管辖"、以营利为目的，而"艺术与机械是像冰炭一样"地不相容，"艺术假若是可以做买卖的，艺术也太没有价值了"。为了证明电影是"假冒的戏剧"，文章从三个方面论述了电影的"非艺术之点"：结构方面——过度的写实性、过度的客观性、过分的长度、过分的速度、缺少灵魂、缺少语言的原质；演习方面——处处受器材的限制牵累，不能像在戏剧里那样有声有色引人入胜；舞台方面——电影追求的是真实，戏剧追求的是象征，电影缺乏艺术的含蓄；同时，文章还辨别了电影与绘画艺术的界限。尽管如此，"我们看电影时往往能得一种半真半假的艺术的趣味"。文章认为，电影虽然不是艺术，但有其存在发展的价值，它是"以教育的资格存在"的，将在教育的范围内得以发展。闻一多最后说："因为世界上一切的东西都应该'艺术化'"，电影"有'艺术化'的权利"，这也为他后来对电影的看法有所改变打下伏笔。去美国之后，看到一些艺术性相当高的电影后，闻一多曾感慨道："何以机械与艺术两个绝不相容的东西能够同时发达到这种地步呢？我们东方人这几千年来机械没有弄好，艺术也没有弄好，我们的精力到底花到哪里去了呢？啊！这就是东西文明的分别了。"

论新诗

"五四"新文化运动对诗歌的革命非常彻底，诗体的解放蔚然成风，然而在清华，古典文学的氛围依然浓厚，国文部在1920年还增添了一门"美术文"课程，专讲古典诗词这些"陈猫古老鼠"。这使闻一多极为不满，他在《清华周刊》第221期上发表文章《敬告落伍的诗家》，对这一不合潮流的举动慷慨陈词。他尤其对清华园的"不知有汉，遑论魏晋"的落伍风气愤懑，他认为"若要真做诗，只有新诗这条路走"，还开列了胡适等的有关如何做新诗的文章；"若是定要执迷不悟，你们就刊起《国故》来也可，立起'南社'来也可，就是做起试帖来也无不可"，"只是千万不要大张旗鼓，让人耻笑我们的腐败"。同年，闻一多在文学社的常会上为"诗的节奏问题"作了报告，他"对于一般无韵之新诗及美国新兴之自由诗加以严重抨击”，“报告后略有辩难”。从这一报告的英文手稿上看出，它是闻一多最早的一篇关于新诗创作理论的提纲。从这些激愤的言辞和详细的提纲中我们可以窥见：未来，闻一多必将成为新诗发展的立法者。

1921 年 6 月，闻一多在《清华周刊》第七次增刊上发表了《评本学年周刊里的新诗》一文，对除他自己发表的七首以外的其余十首新诗“逐一论之”。他首先声明了自己评判诗歌的准则：“诗的真价值，在内的原素，不在外的原素。‘言之无物’、‘无病而呻’的诗固应不作，便是寻常琐屑的物，感冒风寒的病也没有入诗的价值。下面的批评首重幻象、情感，次及声与色的原素。”从他对每首诗的评价上，可以归纳为这样几点见解：一、诗歌要富于神秘性，“真诗人都是神秘家”，他特别推崇《一回奇异的感觉》，就是因为它的神秘的原素，具有“遗世高举”“御风而行”的幻象；二、诗歌的载体（形式）也必须完美，“诗的灵魂若不附丽于美的形体，便失去他的美了”，他认为《圆黄的月》这首译诗“句法整饬而不现拘板，辞指圏达而不乖原义，确是译中佳品”；三、音节和谐，他赞赏《忆旧游》的最末一节，就是因为它的音节的优美，体现在双声叠韵和“引起听官的明了感觉的字法”两个方面，而《给玳姨娜》“音节稍欠圆润”，《游圆明园》则如大鼓词，“诗的音节决不可借”，“不若藉内部词句的组织而发生的音节为妙”。除此之外，文章还论及了诗歌情感的酝酿与爆发：“诗人胸中底感触，虽到发酵底时候，也不可以轻易放出，必使他热度膨胀，自己爆裂了，流火喷石，兴云致雨，如同火山一样，才有惊心动魄的作品。诗人总要抱着这句话作金科玉律：‘可以不作就不作’。”这些见解是他诗论思想的雏形。后来，闻一多提出了奠定新格律诗派的“三美”理论，即“音乐美、绘画美、建筑美”，克服并纠正了“五四”运动以来白话新诗过于松散、随意等不足，对中国现代新诗的健康发展起到了巨大的作用。

三、现代诗坛的开拓者

闻一多的第一首新诗《西岸》刊登在 1920 年 7 月的《清华周刊》上，这是他迈入新诗坛的第一步。从此，“灵芝不断在园内茁放，少年们不断地在园内努力”（《园内》），他陆续在清华的刊物上发表了 26 首新诗，包括从国外寄回的12首。从这些早年的诗歌中，我们已经能够看到闻一多矗立于未来诗坛的基本素质，感受到他的诗之神韵。

炽烈的情感中饱含着深沉的忧患意识，是他校园创作的一个显著特征。学生时代，躁动的青春、明朗的大自然、友谊爱情往往是歌咏的对象，在闻一多笔下不乏这些主题，“他有一个充满欲望的春天，在此刻，明晰得好像把所有能吸收的美都吸收进来了”。正像他的《西岸》之前所引用的济慈的诗句一样，他向往美与青春，但在这种如饥似渴的追求之中蕴孕着他对社会现实浓重的忧伤，对大自然的讴歌中寄托着痛切的感受。《春之首章》和《春之末章》把大自然的美勾画得如此动人：

丁香枝上豆大的蓓蕾，
包满了包不住的生意，
呆呆望着天宇，
盘算着他明日的荣华——
　　　　仿佛一个出神的诗人，
　　　　在空中编织未成诗句。
……

紫萝兰羞于伊自己的美，
总不敢抬起头来见人！

但是，闻一多深深感到，“现实的生活时时把我从诗境拉到尘境来”，他觉得这些“专求秀丽”的“纯粹描写景物”的诗句没有“生活的流溢”，缺乏寄托。尽管只是一个学生，却不能忘怀世间生民，尤其当他远渡重洋翘望祖国的时候，更见其赤子情怀：

太阳啊，我家乡来的太阳！
北京城里的宫柳裹上一层秋了罢？
唉！我也憔悴得同深秋一样！

太阳啊，奔腾不息的太阳！
你也好像无家可归似的呢；

啊！你我的身世一样地不堪设想！
(《太阳吟》)

在闻一多早期的诗歌中，“夜”“死亡”等阴冷的意象时有出现。“狰狞的黑夜，咆哮的静寂，/便扰得我辗转空床，通夜无睡”(《夜来之客》)；深夜是“沉默的寒潭，澈虚的古镜”(《深夜的泪》)；“恶雾瞪着死水”(《西岸》)，唱不出歌的火柴是“两片枯骨”(《火柴》)，《死》也是诗题；还有《初夏一夜底印象》中的一系列的意象：

夕阳将诗人交给烦闷的夜了，
叮咛道：“把你的秘密都吐给他吧！”

紫穹窿下洒着些碎了的珠子，
诗人想：该穿成一串，挂在死的胸前。

阴风的冷爪子刚扒过饿柳的枯发，
又将池里的灯影扭成金蛇。

贴在山腰下佝偻的可怕的老柏，
拿着黑瘦的拳头硬要和太空挑衅。

凝重而幽深的意象几乎在闻一多创作的起始就附着在他的诗情之中，这与其说是他的气质，毋宁说是对国对民对己而生的忧患情怀。正值抒情的年岁，闻一多就比一般的学子有着更清醒的审美意识，他正视这并不完满的人世间，用雄浑沉劲甚至令人窒息的形象来传达他的悲凉，寄托他的忧思。“作诗永远是一个创造庄严底动作”，他的灵魂和生命都与之相连。闻一多的这些诗歌特质，预示了他与现代主义思潮的呼应。

“绘画美”是闻一多学生时代诗歌的又一显著特色，尽管这时候还没有明确地提出他那著名的理论。闻一多的美术功底使他的诗歌如水彩似的油画，绚丽的色彩、强烈的对比、光与线的交织，构成了一个斑斓的世界。《春之首章》如同一幅素描：不怕冷的金鱼勇敢地浮出水面；执拗的蒲根生发的无力的芽儿，还被一池春水偷着吞没了；按捺不住生意的丁香枝上冒出了豆大的蓓蕾，向往着明日的繁华——这里没有浓彩重抹，不见繁复拥挤，只是几笔勾勒，轻描淡写，就传神地显出一幅悠然的初春图，而且不乏意境。

《初夏一夜底印象》勾画的是一幅军阀混战的凄惨图景：阴风怒吼的夏夜，战争喧嚣，蛙鸣狗吠，“嚼火漱雾的毒龙在铁梯上爬着，驮着灰色号衣的战争，吼得要哭了。”诗人画出那“阴风的冷爪子”、“扭成金蛇”的池中灯影儿、老柏的“黑瘦的拳头”，如同一幅凝固的木刻，阴鸷、冷峻。

《笑》好像是斑斓的水彩风景画：朝阳里的秋“笑出金子来了”——槐树上的黄金、橡树上的赤金、白皮树上的白金，“硕健的杨树，裹着件拼金的绿衫”，还有白杨，孤独地站在石青色的天空里，还有“成年了的橡叶”红着脸儿“笑嘻嘻地脱离了故枝”——色彩与色彩互为对比，光线与色彩辉映成趣，浓秋在阳光下流溢，金子在树叶间闪动，妩媚而蓬勃，令人赏心悦目。

《忆菊》仿佛色彩浓丽的油画，雍容华贵，仪态万千：

镶着金边的绛色的金爪菊，
粉色的碎瓣的绣球菊，
嫩慵的江月腊哟！
倒挂着一饼蜂巢似的黄心，
仿佛是朵紫的向日葵呢。

还有长瓣抱心密瓣平顶的菊花，“如同美人的蜷着的手爪，拳心里攫着一撮小黄米”的白菊，秋萝卜似的小红菊，古铜色的黄菊，“金底黄，玉底白，春酿底绿，秋山底紫”，簇拥着，堆砌着，华丽的辞藻使得画面没有空隙、没有虚白，斑斓得让你感觉到喘不过气来，强烈的色感使你真正理解了什么是“目不暇接”。

闻一多常常将形象赋予理念，用一些可感知的甚至可触摸的事物来形容比况，画面感极强。比如《玄思》里“我的思想不肯只爬在地上，却老在天空里兜圈子，——圆的扁的种种的圈子”，像蝙蝠一样地飞出古怪的念头；《志愿》中一个不羁的青年的意志好比“马路上歌啸的人群，泛滥横流着”；《深夜的泪》是“沉默的寒潭，澈虚的古镜！”《秋之末日》是“自然的浪子”，“洒了金子，扯了锦绣，还呼呼地吼个不休”。用客观对应物的象征手法将对象呈示出来，把流动的思绪凝固为图画，凸显诗人丰实的内心世界，显示出触目惊心的撼人力量。

1922 年闻一多从清华毕业赴美留学，先后在芝加哥大学、纽约大学等学校学习美术。1925 年回国，先后在中央大学、武汉大学、青岛大学等大学任教。1932 年闻一多回到母校清华任教。1937 年抗战爆发后，闻一多参加学生“湘黔滇旅行团”，一路跋山涉水步行 3500 华里，采集民谣、民歌，创作描绘祖国壮丽山河的风景画，同时继续在联大任教。1946 年 7 月 11 日，民盟中央委员李公朴惨遭暗杀，闻一多的处境十分危险，但他置生死于度外。7 月 15 日，他义无反顾地参加李公朴先生的追悼会，面对国民党特务，他拍案而起，慷慨激昂地发表了著名的《最后一次的讲演》，悲愤地表示“要像李先生一样，前足跨出大门，后脚就不准备再跨进大门”的坚定决心。追悼会后，他又出席了民盟为李公朴被暗杀事件举行的记者招待会。当天下午在回家途中闻一多遭到国民党特务杀害，时年不满 48 周岁。

闻一多一踏入诗坛，就有着鲜明而独特的个性。在清华园，他以强烈的情绪在宣泄着自我，又以中西兼具的艺术功底不懈地追求着，“凭着希望造出了希望”(《园内》)；当他走出校园，走向世界的时候，为新诗开辟新的纪元成为了必然。闻一多在留美时期写下的《太阳吟》《洗衣歌》《孤雁》等名篇，表现了他对帝国主义“文明”的鄙视和对祖国的思念。他的《红烛》《祈祷》《爱国心》《一句话》《我是中国人》《七子之歌》《死水》等，无不情感炽烈、思想深沉，既有强烈的民族自豪感，又有对民不聊生的社会现实的困惑不安。闻一多终其一生都在践行着他的名言：“诗人主要的天赋是爱，爱他的祖国，爱他的人民。”他的诗篇充满着鲜明的时代感和强烈的社会批判意识；他所倡导的新格律诗理论和独树一帜的诗歌创作在现代诗坛产生了巨大影响，并形成了以他为代表的新格律诗派。

创作目录：

《二月庐漫记》,《清华周刊》73–91 期。

《论振兴国学》,《清华周刊》77 期。

《美国学校毕业典礼》,《清华周刊·临时增刊》2 期，1916 年 6 月 17 日。

《拟李陵与苏武诗三首》,《读项羽本纪》,《清华周刊》89 期。

《新君子广义》,《清华周刊》92 期。

《招亡友赋》,《清华周刊》95 期。

《致友人书》,《清华周刊》96 期。

《辩质》,《清华周刊》101 期。

《建设的美术》,《清华学报》5 卷 1 期，1919 年 11 月。

《旅客式的学生》,《清华周刊》185 期。

《出版物的封面》,《清华周刊》187 期。

《征求艺术专门的同业者的呼声》,《清华周刊》192 期。

《清华出版物与言论家》，同上。

《时间的教训》,《清华周刊》193 期。

《对于双十祝典的感想》,《清华周刊》195 期。

《黄纸条告》,《清华周刊》198 期。

《电影是不是艺术》,《清华周刊》203 期。

《爱与美》,《清华周刊》211 期。

《敬告落伍的诗家》，同上。

《中文课堂秩序一斑》,《清华周刊》214 期。

《恢复伦理演讲》,《清华周刊》218 期。

《公共机关的威信》，同上。

《痛心的话》,《清华周刊》219 期。

《爱的风波》,《清华周刊》220 期。

《评本学年周刊里的新诗》,《清华周刊·第七次增刊》，1921 年 5 月 27 日。

《夜来之客》,《清华周刊》223 期。

《〈清华周刊〉的地位——一个疑问》，同上。

《风叶》,《清华周刊》224 期。

《志愿》，同上。

《恢复和平》,《清华周刊》226 期。

《进贡者》,《清华周刊双四节特刊》，1922 年 4 月 4 日。

《死》，同上。

《深夜底泪》，同上。

《春之首章》,《清华周刊》147 期。

《春之末章》，同上。

《美国化的清华》，同上。

《初夏一夜的印象》,《清华周刊》149 期。

《红荷之魂》,《清华周刊》250 期。

《太阳吟》,《清华周刊 · 第一次文艺增刊》，1922 年 11 月 25 日。

《寄怀秋实》，同上。

《玄思》,《清华周刊 · 第二次文艺增刊》，1922 年 12 月 22 日。

《忆菊》,《清华周刊 · 第三次文艺增刊》，1923 年 1 月 13 日。

《火柴》，同上。

《晴朝》，同上。

《新年夜偶成》，同上。

《我是一个流囚》,《清华周刊 · 第四次文艺增刊》，1923 年 2 月 16 日。

《笑》，同上。

《秋之末日》，同上。

《太平洋舟中见一明星感赋》,《清华周刊 · 第五次文艺增刊》，1923 年 3 月 6 日。

《园内》，校庆十二周年纪念专号《清华生活》，1923 年 4 月。

《你看》,《清华周刊 · 第九次文艺增刊》，1925 年 5 月 1 日。

《薤露词》，同上。

王造时

第十一章　王造时：校园文化的“清道夫”

王造时（1903—1971），这位未来的近代中国民主运动的先驱者、著名的“七君子”之一员，在清华学校期间就已经显露出社会活动家的天赋和胸襟。他不但主编《清华周刊》、担任清华学生会评议会主席，而且对社会和学校的各个方面的问题有着敏锐的洞察力，常常发表一针见血的论述，对于纯净清华校园文化可谓不遗余力。清华刊物中留下了他很多的笔墨，归纳起来有两方面：一是时政杂文，一是诗歌创作。

一、积极提倡教育救国

1917年，刚刚进入学校的王造时就在为国家的兴旺和民族的振兴出谋划策，他的《救国之第一步方法》提出，救国的第一个步骤要普及平民教育，其理由是我们的民众缺乏民主的精神和自由的意识。虽然“五四”运动把这些先进的思想传播到了各地，在短促的时间里唤醒了无数同胞，但“还是暂时的，非永久性的，是盲从的，非觉悟的，换一句说，就是五分钟的，非坚持到底的”。如果没有教育去制裁他、监督他、引导他，他一定会渐渐冷却下来。只有教育，才能“使人人都知道民主的精神，潮流的趋向，世界的大势，亡国的地位，救国的方法”，使之懂得什么是自由，什么是平等。我们以前的教育是贵族的教育、阶级的教育、官僚的教育、专制的教育、奴隶的教育，总之是不自然的教育，这里要提倡的是“平民的教育、应付环境的教育、人格的教育、德谟克拉西的教育”，而且不是男人独占的教育，而是男女共同接受的教育。文章还提出了施行平民教育的方法：一是多设置公共图书馆，二是由学生创办平民学校、露天学校、星期日学校，举办通俗演讲，办白话报——学生应当在国难当头时负起应有的责任来。救国的第二个步骤要关注同胞的生活，从衣食住三方面着手，科学种地，合理分散人口，发展民族工业。

《提倡社会教育》是王造时的又一篇教育救国的文章。他认为，以前的中国把教育当作升官发财的利器、吟风弄月的消遣品、贵族的私有财产、专制的护身符。后来虽然有了学校，但教育的精神依然如故。其根本原因在于学校教育不与社会联络，也就是没有提倡社会教育，酿成学非所用、用非所学。随着新思潮的涌入，开始提倡平民教育、女子教育、职业教育、人格教育，这些都是教育人们如何应付环境，即为社会教育。教育的目的在于把人的内在的本能和外面的环境互相适应、互相融合起来，引导训练个人的本能，达到与社会结合。他用了一个很好的比喻来形容教育：

> 人的本能，和社会的环境，中间好像有一条河，必要造桥设法渡去贯通他。个人本能的趋向，个人自然的意志，是未经训练过的，是无一定方针的，所以不能适应社会生活的种种环境。因为有这种需要要求我们，所以我们才要教育。

那么，如何实施社会教育？“我国从前的教育把知识当作现成的传授品，先生传给学生，学生传给学生，所以旧式的教育只顾把许多文学、历史、地理、算学、物理、化学……尽力灌到儿童的脑袋里去，只要装得进去，就算完事”，把知识当作能够倒出来灌进去的东西，死记硬背，学问成了装饰品，养成一批学非所用的贵族。现在要彻底改革，把学校当作缩小了的社会，启发个人原始的本能——有喜欢动手动脚去实验的，有勇气勃发不怕生死去冒险的——加以引导，鼓励个人自治，培养独立精神和判断力，这样才能成为社会需要的人才。

他还发表了《近代西方社会问题中的历史元素》的长文，介绍西方文明的起源，追溯西方民主主义、个性主义观念的源头，来引起中国研究界的关注。

追求理想的人性，培养理想的人格是王造时所极力呼吁的。《理想与实验》一文中，他对那种光有理想而不去实践的现象予以否定，并且分析其症结所在，呼吁“理想要实验，实验要理想”。显然，作者深受杜威的“实证主义”的影响，把唯理论与经验论联系了起来。

王造时非常重视青年人思想道德的醇化，还提倡独立思考，即使对于来自导师名人的教诲也不要一味盲目接受，能够用自己认为正确的观点加以过滤。当时的社会先驱梁启超常常来清华演讲，王造时发表过一篇文章《梁任公先生的讲学的态度与听讲的态度》，对这位思想界大腕的讲话剖析得很不留情面。文章说，如果国学大师梁启超先生来清华演讲国学，那么是清华学生的荣幸，可是他在政治上是一个无主义者，是政治活动上的一个落伍者。要知道，不推翻现存的腐败政府，中国就没有希望，而梁先生不赞成辛亥革命，不赞成推翻黑暗势力，这显然令人失望。文章还对梁启超《中国近三百年学术史》的演讲中夹带的政治偏见予以辩驳，进而指出：梁先生讲学的态度应该是，第一，宜不谈政治，第二，宜除去偏见。对于听演讲的同学，也提出忠告：第一，切不可因为梁先生发表政治偏见而不去听他的学术演讲；第二，切不可因为梁先生发表政治偏见而完全信他的见解——偏见不是一时可以去除的。文章最后表示了作者的态度：“我极崇拜讲学问的梁任公先生；我极怀疑谈政治的梁任公先生。”

二、热忱参与校园文化运动

对于清华学校的文化运动，王造时极为投入。在 1917 年清华学生演剧很火热的时期，他发表了《学生演剧平议》一文，针对人们关于学生演戏的两种不同意见发表见解。当时，有的人大加赞成学生演剧，认为“大可增长经历，舒展性情”，有人极力反对，谓之“适足费时失业，得不偿失”。王造时认为两者均有偏见，他说：学生如果过于沉溺演戏，荒废学业，当然是有害无益的，但如果上演的戏剧果真“风雅动人，有关世道，其习练纯熟精密，布景周到完美，多大纯而少小疵，则不特演者得增进阅历，引起刻苦勤劳之精神，悟分工合作之要，即观者亦受无穷之感化矣”。演剧能够弥补学生社会经验的缺乏，集中学生的注意力，克服傲慢自大和散漫无聊的习气。只要不影响课程学习，而且又能够得到教师的督率，演戏不失为积极的活动。当然，也要防止学生沉湎于剧情而不能自拔，尤其是一些情节缠绵的戏剧，要能进能出，懂得生活与艺术的区别，这就不致妨碍人格的发展。

在清华这所洋气十足的学校里，王造时积极呼吁提高学生的国文程度，为民族文化的发扬光大而呐喊。1920 年初发表的《教授国文的我见》一文，对于清华国文教授的方法提出质疑。他认为，当前社会处于过渡时代，一方面不能完全抛弃旧文学，一方面对于新文学更不能不加以研究，因而教授的方法也要面面俱到，不可偏废。他从“讲文方面”和“作文方面”分门别类地一一提出自己的见解，诸如国语分为三种，文言文分为两种。戏剧教学应选取精彩部分让学生担任剧中人物，彼此发音高念；文言文教学要择题辩论，作文的题目要用字含蓄，不宜先下断语，使学生没有反对活动的余地；中等科要注重叙事描写，高等科要以论说为主，等等。可见他对于国文的教学有过十分全面精细的研究，难以想象这样的文章出自一个中等科学生之手。

两年以后，他又发表了《劈头一个问题——提高清华国文程度》的文章，对清华注重英文而轻视中文的偏颇很不满，并且提出急需解决的问题：一是人的问题，国文教员的素质有待提高；二是课程问题，设置秩序颠倒，彼此矛盾，事半功倍；三是空气问题，缺乏国文气息，“我们清华上至教职员，下至听差们，莫不惟英文是尊”，中文教与学根本没有市场。解决这些问题的方法，一是中西平均，“凡是学生成绩及格与否，当以中西平均计算”，不能完全以西部科目为标准：

> 我们既非洋人，此校又非洋校，那么宾主地位，总要分个清楚明白才好。虽说清华含有预备留美的性质，但是抛弃祖国文字，而费全力于西文里面，我们若是不回国做事还可说，我们若是不用中国的钱还可；既是要回国做事，又要用中国的钱，那么老老实实，对于中文总须并重。

纠正的方法之二是优待中文教员，清华的学生对中文教员很不恭敬，究其原因在于校方对中文教师招待之恶“更是说来伤心，道来痛哭”。这使得学生由于轻视教员而轻视国文功课，由轻视国文而不读国文书籍，由不读国文书籍而至不通祖国文字，进而与祖国断绝关系，甚至变为外国人；教员也灰心教学，贻害青年。只有优待教员才能转变这一状况。

方法之三是设置特别奖励，即给予中文优秀者以物质和精神上的相当奖励；如此，尊重中文教员、崇尚国文的风气必将形成，清华园的学子对于国文学习定能“趋之若鹜”。

三、提倡改良校纪校风

《清华校风的蜕化和批评》是王造时在清华生活了三年后对校风进行的评述。他将清华这三年的历史划分为五个阶段，得出的结论是：“专制时代的校风是服从的校风，陵夷时代的校风是怀疑的校风，革命时代的校风是破坏的校风，过渡时代的校风是试行自治的校风，混乱时代的校风是无治的校风。”

1923 年发表的《改良清华计划大纲》是涉及清华各个方面的一个庞大的改革方案，从董事会到校长，从课程到校风，从基金到出版物，面面俱到，不但提出了新的计划，而且指出为什么要改革的原因。比如关于校长，涉及几个方面：第一，理想中所要的校长：1. 须教育经验宏富；2. 须有组织统率的才能；3. 须有高尚的品行人格；4. 须中英文兼长。第二，事实上应拥戴的校长：曹云祥先生。原因有几点：理想中的校长现在不能求到，他任校长一年不能说都满人意，但也可算得无愧于人等等。此大纲之洋洋洒洒，详细周到，足见作者下的功夫绝非一日两日。

在清华成立十三周年的纪念专号上，王造时发表了《清华的根本问题的实行解决》一文，对改组董事会、改办大学、联络同学等问题进行了逐一论述，以满腔热忱为学校出谋划策，显示出他一贯的积极姿态。

从王造时一系列的杂文中可以看出，他孜孜以求的是人性的充分发展，人格的不断向善，他期望于教育的是与社会环境紧密结合，他期待于同学的是爱国自强自立。作为一个年轻学子，胸怀着忧患意识和自强不息的精神，发之于笔端，流淌出的是胆识与真情。

王造时在校期间还发表了两首诗歌，一首是《莺声》，讽刺爱睡懒觉的学生，朗朗的莺歌唤不醒赖在被窝里的人，很是风趣。还有一首《月食》：

五碧色的天空鉴着你，
　　点点的星光拱着你，
簇簇的天河卫着你，
　　我欣欣的望着你。
…………
皓皓如霜的天地，
　　婆娑遮地的杨柳，
淡淡明灭的灯光，
　　萧萧秋凉的空气，
好像人间只有我，
　　天上只有你。

忽然你东邻的黑云蚕食你，
　　点点的星光耻笑你，
蔟蔟的天河不顾你，
　　我欲救不能的望着你。
…………
蒙蒙沉沉的世界，
　　团团密密的黑影，
隐隐续续的鼾声，
　　寂寂寞寞的光景，
好像人间没有我，
　　天上没有你。

但是不到三点钟的功夫，
　　我还是我，
你还是你。

这首创作于“五四”时期的诗歌还带有明显的口语化倾向，但诗歌的构思精巧，以“月”作为自我独立意志的载体。“月”与“我”既相互激励，又互为象征。不管环境多么险恶，“我还是我，你还是你”，无依无靠，不屈不挠，始终保持精神上的独立和自由。

王造时清华时期的诗与文有一个共同之处，那就是具有独立不羁的精神和意志，这也是他坚守一辈子的性格特征。清华毕业后赴美留学，他只用了四年就获得了博士学位，回国后成为年轻的大学教授、文学院长；在国难当头的上世纪30年代，王造时自办刊物《主张与批评》《自由言论》等抨击政府，而立之年就被推举为爱国领袖。他是1936年遭国民党逮捕的“七君子”中最年轻的一位。新中国成立后王造时任教于复旦大学，1957年被错划为“右派”，1971年屈死狱中。

创作目录：

《新编辑部宣言》,《清华周刊》105期。

《学生演剧平议》,《清华周刊》107期。

《一次被捕始末》,《清华周刊》175、177、178期。

《救国的第一步方法》,《清华周刊》180期。

《提倡社会教育》,《清华周刊》181期。

《莺声》,《清华周刊》185期。

《学生自治的原始和解说》，同上。

《教授国文的我见》,《清华周刊》186期。

《男女同学的答辩》,《清华周刊》187期。

《近代西方社会问题中的历史元素》,《清华周刊》191期。

《月食》,《清华周刊》198期。

《理想与实验》，同上。

《清华校风的蜕化和批评》,《清华周刊》209期。

《劈头一个问题——提高清华国文程度》,《清华周刊》250期。

《改良清华计划大纲》,《清华周刊·第九次增刊》。

《梁任公先生讲学的态度与听讲的态度》,《清华周刊》292期。

《清华的根本问题的实行解决》,《清华十三周年纪念专号》。

吴 景 超

第十二章　吴景超：清华园的“太史公”

未来的社会学家吴景超（1901—1968）于1915年考入清华，是当年清华校园文化运动的领军人物。毕业时，同学这样给他画像：“‘太史公’不仅抱着一厚本一厚本的书狼吞虎咽了，还不时地在周刊上练习打字的功夫，网球场上返老还童，在体育馆低头构思，握拳努目，奔向木马，谋一跃而过之。生活干燥哉，也许在叹息中，引起人疑虑了；但在茶余饭后，结队散步的时候，带几个‘徒弟’，应接不暇，乐在其中也。”他主编《清华周刊》，与梁实秋、顾一樵三人一室，非常投入地写稿编稿；一方面为清华校园文化的繁荣出谋划策，自己的创作也成果丰硕，小说、诗歌、散文、文艺批评等方面均有建树。在20世纪20年代初的清华，他是与闻一多齐名的文艺干将。

对于生活了七年的清华，吴景超的爱是浓烈的，这既可以从他给学弟们的临别赠言中显示出来，也可以从他对清华教育的剖析里感受到。一方面，他把这几年的经验和见解“本农夫献曝的诚心呈给我的朋友”，谆谆告诫同学们注重中文、广泛阅读、参与社会公益活动、锻炼身体，可谓面面俱到，用心良苦。另一方面，在《清华教育的两层缺点》中，他毫不隐讳地批评学校只重视知识的传授，忽视学生道德和品格的训练，使得多数学生过着平庸的生活，胸无大志，同时对国学教育重视不够，致使“我们在清华七八年，不要说国学一点没有学到，就是把国文学通的也没有几个”，他恳求学校能够聘任国学大师如胡适、梁启超等来主持清华的国学教育。《清华周刊》是吴景超做编辑和总编辑达六年之久的刊物，多年以后，回忆起来仍“觉得津津有味”。他说自己和几个志同道合的同学将《周刊》当作一种有兴味的事业来做，往往通宵达旦地工作，尤其在出版前夕，更是“奋笔疾书，不起稿子，不计文章的工拙，只求清楚明白，辞能达意”；他感谢这种文字训练对自己一生的影响，字里行间流露着对母校的深情。

一、小说

吴景超是清华园发表小说最早的作家之一。从现存的资料上看，在他之前只有洪深等三人发表过文言文小说五篇。1917 年发表的短篇写实小说《郑老五》是他文学创作的开始，讲述的是一个侠客的故事。过了 16 年，已经是清华教授的吴先生回忆说：当时懂点文墨的青年都有发表作品的欲望，他也不例外，这部小说也是他第一次发表文章，用的是文言文，模仿《史记》而作的。此后，他又陆续发表了多篇小说。

《妙手》是一篇描写上海扒手的小说，妙趣横生。神偷李二原来是一个卖烧饼的少年，累死累活不足以糊口，于是心里对贫富之差别很是忿忿然。一天他遭遇扒手，将自己奔波竟日的几个铜板偷去了，不禁号啕大哭。他的邻居人称“小时迁”的是个偷窃高手，平时穿金戴银，西装革履，在李二的再三央求之下，答应收他为徒弟。他给李二上课，将小偷门道一一道来：做扒手的第一条资格是眼明、手灵、耳聪、足善奔；第二条要胆大如斗、心细如发，这样才是“可造之才”。渐渐地，青出于蓝胜于蓝，少年李二技能非凡。一次，师傅去某银楼空手而归，十分沮丧，李二第二天就将此事摆平，当天的报纸让师徒二人看得拍手大笑：

> 昨天下午，南京路某银楼内忽来一少年，衣服丽都，仆从数四，银楼伙计知系阔客至，奉承唯欢。少年购物少许，旋即外出。乃事后调查，玻璃柜中，计失去金链四五根，金戒指数只。众皆意此少年所为，顾出追已不及，方拟报警，忽得一匿名信云：“李二为师雪耻，致贵楼稍受损失。苟报警者，请于柜中多备金银，看乃翁设法取去。”闻某银楼得此信后，恐李二再行惠顾，已认亏不报捕矣。

小说简洁扼要，人物却神韵逼肖，显示作者有着较好的驾驭篇章、驱遣文字的能力。

《堕落》是一篇劝诫小说，讲述一个富家子弟从小不知求学，误交损友，以致败尽家业，气死父母妻子，自己无以为生，连教小学生算术的事情都不会干，只能拉黄包车糊口。如今“鹑衣百结，膝盖尽露”，在风雪交加的夜晚也不得不出来拉活。小说运用了第一人称，让主人公现身说法，目的在于让青年人引以为戒，努力向善。

《玄厂随笔》是一组颇具传奇色彩的故事。其一《李生》描写主人公从神仙那里学得武艺，行侠仗义，除暴扶贫。孤儿李生是个牧羊童，耿直豪爽，路见不平，必拔刀相助，无奈常常心有余而力不足。一次在深山牧羊，遇见一个仙人，李生跪求受教：

> 今天下无道，刑赏不明，蒙不白遭冤屈者比比皆是。生不肖，窃愿牺牲一身，以救世之受冤无告者。惟自顾无钱财可以济贫救困，又不娴武术，不能扶弱拯危，有志莫逮。

他苦练五年，出山行侠，十三年中得到他救助的人无数，而且他不受任何报答。其二《失踪案》也颇为神秘，描写一大学教授吴先生在一旅馆结识一个人，交往几个月很投缘，那人说有朋友在保定某大学任校长，可以介绍吴先生前去任英文教授。吴兴冲冲地给妻子去信告之，谁知，这竟成了他留下的最后信息，保定根本没有这所大学，吴先生再也不见踪影。其三《老人》讲述的是一个心地坦荡言行一致的老人的故事。他家贫，一辈子做帮工，但除了吃饱肚子从不多取报酬；答应别人的事一定做到，比如一次下大雨，他还坚持外出锄草，因为已经承诺了，怎么劝他都不听，并说：余衣虽湿，余心释矣。他一直活到九十岁。作者的结论是：淳厚之民当于农民中求之。其四《记陈元事》讲的是宽恕方能求安的道理。陈元见一邻居在自家田里偷窃，一定要捆他游街，邻居再三求饶而不得，终于用石块砸伤了陈元。多年后，这个邻居成了杀人大盗，居然诬告陈元为其同党，使他有口难辩，也被斩首。作者曰：陈元之遭杀身之祸在于不能广行方便。以上几篇小说都创作于白话文运动以前，明显地带有旧小说的印记，题材奇异怪诞，词语半文不白，但是读起来不乏趣味。

《二学生》是白话小说，取材于身边的事情，语言完全口语化。作者用讽刺的笔墨描写两个学生言与行的矛盾，揭示某些学生的并不光明正大的心理。小说的上篇描写刘二和马百两个同学在阅览室议论报刊上的事件，先是对那班“只会坐汽车、吃大菜、娶姨太太、逛窑子”的议员们不关心国事、议事时不见踪影的行径很为义愤，接着又指责某某二公为竞选副总统在托人运动、以钱买官，两个学生不约而同地痛斥这般人的人格之卑鄙，显得正义凛然。小说的下篇开始描写他俩的行径了：上课的铃声响了，刘二却慢慢抬起头来说：“不要急，慢点去不碍事。”于是马百也坐下来继续看报。走出阅览室他们又商量着去租小说来看：“我们的教员好说话，迟到一两刻钟不要紧的。”要选班长了，他们开始活动拉选票，做起生意来了。如此等等，作者让我们看到，这两个学生抨击起不正之风来义愤填膺，头头是道，可是也仅仅是发发议论而已，对于正确的做法不能身体力行，甚至在行动上与那些官僚政客们如出一辙。尽管选举总统与竞选班长不能画等号，但性质其实一样，都是以不正当的行为谋取自身的利益。作者没有发表任何议论，通过两个学生的语言和行动已经很深刻地表明了自己的观点。

二、诗歌

吴景超在校期间的诗歌创作只有短短的两年时间，发表的也只有四五首，但每一首诗都经得起推敲。他虽然不是一个诗人，但对诗歌一直有着独到的见解，认为真正的新诗不应该一味追求浅近通俗，还需要情感、想象、音节等多种因素。他的创作体现了他对这种新诗的追求。

《忆旧游》把对朋友的深深思念寄托于眼前的人群景物之中，含蓄而有韵味：

那树儿依旧凑着，
河儿依旧漾着；
都依旧——警察背枪踱着，
工人散了，手挽手地走着。

那树上啸的，不是昨天的知了吗？——

啾啾求偶。
那在河边吵的，不是昨天的蛤蟆吗？——
阁阁话旧。
可是哪里是我昨天的那些朋友？

笑语清歌依旧回到心头，
重温旧时游，只低头踟躇；
低头踟躇，究竟难于久留；
且留－且留，让心头被－酸－冷－浸透。

句式参差，旋律也每节有变化，不变的是对朋友的深挚情感，读起来格外忧郁惆怅。作者是一个非常重视友情的人，他还有一首诗歌《朋友》直接描写自己的几个知己，为他们每个人画像，记事与抒情相结合，使人仿佛能够看到他朋友的音容笑貌，感情的深厚是其特色。

《好像》一诗采用比兴手法，略带讽刺地刻画清华学生对留学的急切心理：就像北京人盼望下雨而太阳总还高挂着一般，清华的学生在盼望着出洋，“秋阳几度了，/ 总还留在校里。/ 闷煞也——/ 听不完的讲演，/ 念不尽的课程！”但是，不要绝望，北京人早晚总能够听到淅沥的雨声，清华的学生不久也会横渡太平洋的。幽默戏谑，风趣而不失机智。

《旅途》共有六个诗段，每一小段一幅画像：两个赤足追赶火车的小孩，桃花夹在杨柳丛中，黑色的电线杆子突兀地竖在绿油油的菜畦里，山林里的屋子飞也似的过去，对面的客人或而凝思，或而浅笑，可是想起了爱人？“枯寂的旅途中，/ 追忆着他临别的一声，/ 我的安慰已经有了。”只有画面，没有议论，但一股暖洋洋的感觉渗透其中，使乏味的旅途有声有色，不失兴味，一切都鲜活起来了。

这不能说吴景超就是诗人了，但他绝对很有诗的感觉。

三、散文

人生问题，尤其是青年人选择什么样的人生道路，是吴景超一直在探寻的问题，他在一系列的散文中阐述着自己的认识，从中也可以窥见其行文的功力：观点明晰、说理透彻，在平易清楚的论述中包含着令人信服的道理，不以气势夺人，而是娓娓道来，不急不躁，很有大家风度。

《人生蠡测》探讨的是人生意义，作者在为自己和同龄人寻找和建立积极的人生价值观。他首先摒弃了否定人生的消极观念，宣布自己是一个肯定人生者。但他以为，即使是肯定人生的学说，也有许多不彻底性，诸如名誉观念、物质主义、有神论等人生观，是不值得追求的；进而提出了一种“比较圆满的人生观”，这种人生观要以承认这些事实为前提：一是人类的若干本能是与生俱来的，本能的冲动是人生一切活动的根源，“我们懂得了什么是人的本能，本能又如何活动，便可懂得什么是人了”，才能谈论什么是人生观。二是承认人是社会的一分子，有机体中的细胞如果一部分受到损害，其他部分也必然受到伤害——美国作家海明威在《丧钟为谁而鸣》也说过类似的话，人类的全体构成了一个大陆，失去了某一部分对全体都是损失，当丧钟响起的时候，不要问丧钟为谁而鸣，“丧钟为你而鸣”。第三，要重视人类战胜环境的能力。有了这三方面的认识才能建立积极的人生观：知道人生的乐趣就是本能的满足，就可以充实人的生活。而人类是社会的一分子，社会如果腐败，个人的快乐就会丧失，所以要求得个人的快乐，就得注重社会事业，顾及他人的幸福，在和谐的社会才有真正的快乐；欲求个人与他人的幸福，势不得不努力改造环境。这就是人生的意义所在。作者寄希望于清华学子们：

> 人生观与人格的关系，非常密切。有一种什么人生观，就会表现一种什么人格。圣贤与盗贼不同之点，无非是一个人生观。所以我希望我敬爱的同学，现在还没有人生观的，要确立他们的人生观。……定人生观是一件大事。希望同学们对于这件大事，不要轻轻放过。

从这篇文章中可以看出，吴景超对于哲学、社会学、性心理学等领域都有涉猎，而且能够把其中的精髓自如地溶解在论述中，成为自己思想的一部分。在《从〈清华生活〉中所见的同性恋爱》一文中，对于即使是现在也很敏感的同性恋问题进行了心平气和的论述，阐明他的观点。在清华成立十二周年刊出的《清华生活》专号上，居然有四处涉及同性恋的问题，尤其两篇小说赤裸裸地袒露人物的同性恋的生活与心理，引起全校哗然。吴景超从科学的角度，首先解释了什么是同性恋，并举出其主要特征，而且追究其产生的根源：学校制度的不自然（男女不同学）、有同性恋经验者的引诱、异性恋爱的失败；他还分析了同性恋爱与友谊之爱的区别，并特别强调友谊对于青年人的重要：

友谊之爱是人间极高贵极纯洁的感情。许多人以为爱与性的色彩是分离不开的，其实是一种误解。……我们朋友之间如有友谊之爱，不必在言语上表示，不必在暗事中表示。我们应当尽我们的一点薄力，在朋友的人格发展上，加以所能施给的雨露。我们应当尊重朋友的人格，我们应当尊重朋友的个性，我们应当时时以朋友的福利为前提作我们待朋友的标准，我们应当时时约束自己使自己值得做人家的好朋友。

这里，吴景超虽然强调自己不是从道德的角度谴责同性恋，但他却阐明友谊的忠心、诚实、牺牲、热诚与同性恋的完全相悖，以及同性恋的违反自然法则、阻碍个性发展、有损身心等等。从文学的角度来看，他佩服小说作者的勇气与忏悔精神，但他呼吁同学们：“人生多歧路，我们千万要留心啊！”文章发自肺腑，语重心长，仿佛长者般循循善诱，能够窥见吴景超的赤诚与友爱之心。

文学评论也是吴景超在校期间创作的一个方面。在“五四”时期，清华园有过一场关于文风的争论，他主张的文风应该是“胜为口说”的文风。第一，清华学生应该人人勉力使写出来的中文是通的。第二，清华学生应该养成一种鉴赏文学的能力。他说艺术鉴赏可以使大家多得一快乐的源头，“快乐之道，自然不止一端；但向文学中寻快乐，却是最简单的方法，而且绝不会失望的”。同时要弄清楚，鉴赏文学与做文学家完全是两回事：

我决不请我的同学个个都努力去做文学家，那是不可能的事——文学家需有文学天才的人才能做到。但鉴赏文学，却是人人都能够的，只要他不要望文生厌。而且鉴赏文学，决不妨害其为科学家。研究科学的人，在他实验之暇，从书架上取下一本诗来，或小说戏剧来朗读一下，只能增加他的快感，使他有更大的精力去做科学的探讨。科学与文学，又有何冲突之可言？

《读〈冬夜〉〈草儿〉评论》是吴景超读了闻一多和梁实秋的评论文章而写的，闻一多、梁实秋的文章是针对俞平伯的《冬夜》和康白情的《草儿》而发表的批评。吴景超没有过多地涉及他们所评论的作品，而是借以提出他对于新诗的一些观点。他说：自从新诗解放以后，涌出了许多粗俗浅近的作品，"我并不反对人家作粗俗浅近的诗，——幼稚的作家，自难有高雅的作品——但我反对人家拿这种粗俗浅近的诗来发表，并且自以为这就是新诗，新诗的代表便是如此"。他强调，诗的体格虽然变换了，但诗的元素却未变换，情感、想象、音节是诗歌不可少的元素。我们反对旧体诗就是因为它们缺少想象，念起来虽然铿锵入耳，细细玩味却毫无意义，新诗要取代旧诗或开辟新领域，不能不考虑诗的基本元素。他举例说明，有的诗歌根本不具备诗的属性。他推崇《〈冬夜〉〈草儿〉评论》，就在于这部评论指示给读者什么是诗什么不是诗，对新诗坛的流弊作了不留情的批判，他甚至说："这本书多得一个读者，诗坛中的光明便越近一步。"

吴景超从清华毕业后于1923年赴美留学，获社会学博士学位，1928年回国，先后任教于金陵大学、清华大学、中央财经学院、中国人民大学。主要著作有：《都市社会学》《社会组织》《社会的生物基础》《第四种国家的出路》等。1957年吴景超被错划为"右派"分子，历经磨难后于1968年去世，1980年平反。他是中国20世纪上半叶研究都市社会学最主要的代表人物。

创作目录：

《郑老五》，《清华周刊》92期。

《妙手》，《清华周刊》128期。

《笔记二则》，《清华周刊》136期。

《论言人之过》，《清华周刊》139期。

《玄厂随笔》，《清华周刊》141期。

《英国文学家轶事》，同上。

《学生与出版物》，《清华周刊·增刊》1918 年 5 月 30 日。

《孔子作春秋论》，《清华周刊》153 期。

《是谁之过矣》，《清华周刊》162 期。

《小主人》，《清华周刊·第五次增刊》，1919 年 6 月。

《二学生》，《清华周刊》188 期。

《我对于清华出版物的意见》，《清华周刊》193 期。

《忆旧游》，同上。

《再论我对于清华出版物的意见》，《清华周刊》194 期。

《清华学校的校风》，《清华周刊》225 期。

《朋友》，《清华周刊》238 期。

《好像》，《清华周刊》239 期。

《旅游》，《清华周刊》246 期。

《清华学生安身立命之说》，《清华周刊》250 期。

《关于沟通中西文化问题》，《清华周刊》262 期。

《读〈冬夜〉〈草儿〉评论》，《清华周刊·第二次文艺增刊》，1922 年 12 月 22 日。

《清华周刊之新生命》，《清华周刊》268 期。

《人生蠡测》，同上。

《择业的预备》，《清华周刊》269 期。

《黎冯子弟与自费生》，《清华周刊》270 期。

《友谊》，《清华周刊》271 期。

《冯氏子弟与自费生》，《清华周刊》274 期。

《“五四”与“五七”》，《清华周刊》281 期。

《清华教育的两层缺点》，《清华周刊》282 期。

《从〈清华生活〉中所见的同性恋爱》，《清华周刊》284 期。

《留别赠言》，《清华周刊》285 期。

《中国式的文人——曹子建》，《清华周刊》317 期。

《一个周刊编辑的回忆》，《清华二十周年纪念专号》，1931 年 4 月。

《回忆清华的学生生活》，《清华大学三十六周年纪念专号》，1947 年 4 月。

梁 实 秋

第十三章　梁实秋：坚守“清华八年”

“清华八年”给梁实秋（1902—1987）留下了终生难忘的印象，无论是难以通过的游泳测试，还是最令他头疼的数学，多年后从他的笔端流淌出的都是绵绵的情味。他说，在清华广泛地阅读了新文化运动领袖人物们的著作和外国文学名著，对几乎所有的最新思潮都有涉猎，对一切主义都感兴趣。当然，五花八门的文学观念使他难以厘清头绪，他有时是王尔德唯美主义的鼓吹者：“清华将要诞生的骄子，将要贡献的牢飧，就是文学的唯美主义，艺术的纯艺术主义”；有时又推崇阿诺德的理论：“文学是表现人生的，或批评人生的”；有时又对自然主义情有独钟，号召清华的小说家应该“宣示清华的实况”，描写“奇形怪状一应俱全的清华”。不管怎样，丰富的学识拓宽了梁实秋的思路，使得他的作品旁征博引，融会贯通，能够得风气之先。后来的梁实秋以散文创作和文学评论、翻译站立在文坛，但在昔日的清华园，他最早是以诗人的身份出现的。

一、诗歌

梁实秋的诗歌艺术与闻一多等诗人提倡的“理性节制情感”的美学思想相一致。他对“五四”初期的白话诗进行了有意识的超越，认为诗应该有诗的属性，再不是感情的“自然流露”（郭沫若语），不是直抒胸臆，而是将感情消解于自然意象之中，情景交融，物我和一，追求“哀而不伤，乐而不淫”的境界。

一个蝉踞在东风里的杨柳丝上，
迸出几声悠远残余
一唱一心酸，勾起往日的悲哀无限！

蝉啊！秋要到了！你何苦也在这里留恋！
你去罢！……
我现在，不劳你来做伴！
（《蝉》）

将主观情愫客观对象化，入秋的寒蝉何尝不是孤寂心情的象征，但它更具体可触，更能够激起人们的联想。梁实秋曾经翻译过波德莱尔的散文诗《陶醉》，这位给诗坛带来了“新的战栗”的象征主义先驱者的艺术观念，也被用在了他自己的创作之中，《早寒》就是例证：

遭了秋神贬谪的红叶，
漫天地飞舞起来，空剩
那瘦骨嶙峋的干树枝
收敛着再世荣华的梦。

宇宙像座斑驳的废堡，
处处显露已往的遗痕，
诱使满载悲哀的诗心，
痛哭命尽途穷的黄昏！

其意象具有象征性、暗示性、多义性的特点，也使诗歌具有模糊与朦胧的审美弹性；奇特怪诞的比喻中断了读者习惯的思维逻辑，造成陌生化的艺术效果，人们不是直接与诗人一起感受诗歌的情绪，而是要经过一定的智性思维，去探寻诗歌的幽深曲折。这里，“瘦骨嶙峋”的树枝，“斑驳的废堡”等带有颓败意味的意象，作用于读者的感觉器官，获得的是触目惊心的新奇感受，让人不得不掩卷长思。另外一首《疑虑》用的是类似的表达方式：

吾爱被绞死！……
怎么弯弯的笑嘴
在林梢挂着呢？

吾爱被风灭！……
怎么点点的磷火，

在夜幕点缀着呢？

不过，梁实秋本质上还是属于浪漫主义的诗人，只是不像早期白话诗人那般直白呐喊，更加蕴藉含蓄而已；他也宣泄内心的情感，但往往用新奇贴切的比喻和悠扬的韵律加以控制，在不急不躁中极有分寸地传达出自己的声音，给人以美感与沉思：

幸而我是一只孤雁啊！——
误投进弋者的网窖，
做了情人们婚前的赞礼。

幸而我是一片枯叶啊！——
黏在樵夫的草鞋底，
带我走进山里去。

幸而我是一个恶魔啊！——
乘我熟睡了的时候，
缢死我自己的活尸。

没有火山爆发式的情感，同样有深度与热度，由于运用了他独有的意象，在平静中反而增添了张力。他的长诗《荷花池畔》由十四个诗段组成，运用的都是较长的句式，对宇宙人生、自然万物、文学艺术进行了多方面的思索，抒发主人公在荷花池边的亭子里“运思游意”，大自然的自由独立与自我的抑郁焦躁形成鲜明的对比。他羡慕无拘无束的自由意志，悔恨“我误信了理智的劝”，使自由的心灵“覆上了些锯末”，欲爆发的心火被抑制得只“腾着浓馥的烟，在空袅袅”，“流落在悲哀的雾里”。他渴望着，也彷徨着：

我的心情底翅，生满了丰美的羽毛，
看着明媚的湖光啊，我心怎能不动摇？
我要是振翅飞进昊天底穹窿去呢，
怎知道：天上可有树，树上可有我的巢？

寂寞的紫丁香、倦了的太阳成为诗人的象征，他那被春潮冲开的心扉上荡漾着幻想的小舟，再也关不上了，尽管前路茫茫，天赋的情感毕竟回到了他的身上：

我底心情就这样疯狂的驰骤，
立志的缰失去了他的统驽的力；
我不知道是要驰进云幔霞宫，
还是要坠到尘埃万丈里去。

梁实秋还有几首表达与闻一多友谊的诗歌，如《送一多赴美》《答一多》《寄怀一多》等，寄托的仍然是对真与美的追寻，他心目中的诗人应该有这样的禀赋：

“拿去——这是你的灵魂！”
只这一句话能完成诗人。
我的朋友！
看渊潭久了，渊潭也要看你！
嗅香花久了，香花也要嗅你！
天上人间的诗人啊！且记取：
“拿去——这是你的灵魂！”
只这一句话能完成诗人。

奉献，是艺术的生命，也是诗人的生命。

二、文学评论

梁实秋在清华时期创作的散文主要有两方面，一是关于文学艺术的评论，一是时事论述。他的文学评论往往从他对艺术的感悟出发，在直觉中把握作品的精神。比如他在1923年对冰心的评论《〈繁星〉与〈春水〉》就一针见血地指出：冰心小说充满诗意，而她的诗歌却缺乏情感，过于冷静，“大概因为她——（一）表现力强而想象力弱，（二）散文优而韵文技术拙，（三）立志富而情感分子薄”。他还不客气地指出过郑振铎翻译作品选择的不够精到，而且将泰戈尔诗歌《飞鸟集》几个地方翻译错了。这种艺术的执着与正直是梁实秋身上的可贵之处。

《清华的学生生活与文学》对清华存在的偏向物质忽视精神的现状进行批判，为使文学的氛围进入清华而呐喊。“文学与科学是绝不相妨的，虽然他们的性质与职务是完全不在一条路上”；他把没有文学的生活比喻成沙漠的生活，“我们若是放任我们自己在沙漠里辗转挣扎，结果就是不干枯而死，也要受影响终身的一场大病”。他按照这样的思维来阐释文学对青年学生的重要：青年人的心情是开花的季节——快乐是人生最后的目的——枯燥的教科书、实验室更需要快乐调剂——文学是最容易抵达的快乐途径。接着，文章阐述了文学鉴赏的重要与实行的步骤：

> 走到文学路上的初步，便是文学鉴赏。当我们读书到了头痛，运动到了疲倦的时候，试读几首美丽的诗歌，动人的小说，精妙的戏剧，便觉得神清志怡，另有天地，情感得相当的发泄，这时候便是快乐了。立在鉴赏者的地位看，文学的技艺在艺术里是最浅显的了。随便谁，诗小说戏剧总能看得懂。只要我们肯向文学里求快乐，总是不会失望的。

他呼吁清华学生“返归自然”，有了鉴赏文学的群众，才能培养出文学的天才，他以为恶浊的空气不知埋没了多少文学天才！“我们堕入清华大沙漠的同学啊！为什么不赶快随时到文艺的泉源里掬一勺水饮呢？”

梁实秋的同学谢文炳曾经发表文章《一点推测》，认为清华园弥漫着物质主义和贵族主义的气味，最多只能产生几个潦倒贵族式的诗人，断难产生伟大的作家。对此，梁实秋提出了异议，他在《评文炳的〈一点推测〉》中认为，一个文人绝不是一个环境的奴隶，他追求的是精神生活，物质生活和贵族氛围也许更能够激发诗人的反抗，更易于产生浪漫主义的作品，因为真正的文人宁可反抗而不屑服从。他进一步强调了以前说过的话：“清华生活是最不适宜于文学的，唯以其不适宜，所以文学越成为清华生活所必须。”“据我臆测，清华将要诞生的骄子，将要供奉的牢飨，将要树植的大纛，就是文学的唯美主义，艺术的纯艺术主义。”对于清华的文学艺术，梁实秋倾注了全身心去呼吁扶助，并身体力行。事实证实了他的推断，他与他的不少同学都成为从清华园走出来的文学巨子。

《论一多的诗六首》评论的是闻一多的《太阳吟》《寄怀秋实》《忆菊》等诗歌，都是闻一多去国以后的作品。梁实秋认为，闻一多诗歌最重要的特点在于镂心刻骨地眷恋着祖国，在西方文化的氛围中保持着“静的美的东方文化”，也就是坚持着东方诗人的特点，甚至在艺术上带上了旧诗的味道，将古雅典丽的辞句散缀于新诗里面。梁实秋自己也是诗人，因而对于诗歌的悟性甚高，无论是诗的形式还是意境、题旨，都能够评判得很到位。

《清华男女同校运动之回顾与前瞻》有理有据地论述了清华开展的男女同校运动的可行性，追究以往为什么没有能够实行，以及它的前景。在这样的文章中，既可以体会梁实秋对学校时事的积极关注，也能够看出他思维的严谨、论证的严密和表述的紧凑。

梁实秋在清华还发表了唯一的一篇小说《谜语》,描写的是留学生“我”的一个同屋紫石原来很安静内向，可是从一天开始，他性情大变，“忽然从摇椅上跳起来,他的头发蓬蓬,目光四射。厉声向我说：‘无聊！无聊！’他在屋里乱转，似乎是热锅上的蚂蚁一般”。作品描写了他行为乖张逐渐失去理智直至完全疯了的过程，将一个精神失常者的心理和行动贴切地刻画了出来。作者所要表现的是，一个远离祖国的青年，假如内心封闭，再加上恋爱失败等不如意的事情的困扰和打击，那么他的心理就会越来越变态，甚至会完全疯狂。虽然梁实秋很少写小说，但在刻画人物性格方面却很是不俗，如小说中顺带描写的“我”的战战兢兢、房东的如临大敌都很到位。紫石在疯人院里对“我”说的话像一个谜语，久久地萦绕在人们的耳边：“生活只是一个欺骗。”

梁实秋 1923 年从清华毕业后出国留学，1926 年回国，先后任教于东南大学、暨南大学、复旦大学、青岛大学、北京师范大学，并主编著名的《新月》杂志。1949 年去台湾，在台湾师范大学英文系任教。在现代文坛，梁实秋以《论鲁迅先生的“硬译”》《文学有阶级性吗？》等文章与鲁迅论争而闻名,鲁迅那篇著名杂文《“丧家的”“资本家的乏走狗”》就是在论战最高潮的时候发表的。鲁迅和梁实秋长达 9 年的论战，堪称近现代史上第一论战。鲁迅去世后，梁实秋再也没有说过鲁迅一句是非。当年台湾当局要把鲁迅的书籍列为禁书，梁实秋直言：“我个人并不赞成把他的作品列为禁书。我生平最服膺伏尔泰的一句话：‘我不赞成你说的话，但我拼死命拥护你说你的话的自由。’我对鲁迅亦复如是。”真正称得上是文坛君子。梁实秋退休后花了 37 年时间潜心翻译《莎士比亚全集》，他主编的《远东英汉大辞典》至今仍然是最大型的英汉辞典。他的主要作品有《骂人的艺术》《文学的纪律》《雅舍小品》等。

创作目录：

《一个乞丐》,《清华周刊》212 期。

《蝉》,《清华周刊》238 期。

《疑虑》,《清华周刊》239 期。

《春天的图画》,《清华周刊》244 期。

《野花之歌》,《清华周刊》245 期。

《送一多赴美》,《清华周刊·第八次增刊》，1922 年 5 月 26 日。

《旧居》,《清华周刊》250 期。

《秋月》,《清华周刊》251 期。

《清华学生生活与文学》,《清华周刊》258 期。

《荷花池畔》,《清华周刊·第一次文艺增刊》，1922 年 11 月 25 日。

《答一多》，同上。

《〈冬夜〉〈草儿〉评论》，与闻一多合著,《清华文学丛书》第一种，1922 年。

《幸而》,《清华周刊·第二次文艺增刊》，1922 年 12 月 22 日。

《早寒》，同上。

《诗的音韵》，同上。

《余论》，同上。

《寄怀一多》,《清华周刊·第三次文艺增刊》，1923 年 1 月 13 日。

《小河》，同上。

《与胡适之先生谈话记》,《清华周刊》268 期。

《一九二二年除夕夜》,《清华周刊·第四次文艺增刊》，1923 年 2 月 16 日。

《评一多的诗六首》，同上。

《评文炳的〈一点推测〉》，同上。

《清华男女同校之回顾与前瞻》,《清华周刊》270 期。

《再论清华的国文问题》,《清华周刊》282 期。

《清华的环境》，清华十二周年纪念专号《清华生活》，1923 年 4 月。

《秋声》,《清华周刊·第八次文艺增刊》，1924 年 12 月 19 日。

《题壁尔德莱斯的图画》,《清华周刊·第九次文艺增刊》。

《谜语》,《清华周刊·第十次文艺增刊》，1925 年 5 月 1 日。

顾毓琇

第十四章　顾毓琇：《清华周刊》的舵手

顾毓琇（1902—2002）又名顾一樵，13 岁时考入清华。他与闻一多、梁实秋等同时活跃在清华文坛，曾经担任过戏剧社社长、评议部主席，积极投身《清华周刊》的编辑出版工作。有同学这样描述他："起居不定，来去无踪；逢到星期天上午十一点五十五分，你到周刊编辑部去，总看见他正在写封面，寄新闻稿子到杨梅竹斜街。"他在清华的创作主要是散文、小说和戏剧，同一时期创作的一些在中国现代文坛产生较大影响的小说、戏剧，如《孤鸿》《芝兰与茉莉》等都发表在当时著名的《小说月报》等刊物上，有的被列为"文学研究会丛书"。这里论述的只涉及他发表在清华校园的作品。

一、小说

顾毓琇的小说基本上围绕的是这几方面的主题：亲情、友情以及对损害这些情感的习俗制度的批判。这是一个敏锐细腻的作家，他的笔端流淌出的往往是忧郁的情思，所选的题材不是孤寂就是离别，人物也都是容易受到伤害的敏感的孩子或学生，读他的小说，给人的感受是凄美与感伤。

《洋囡囡》描写封建习俗对一个小女孩的戕害，是一曲由爱导演的悲剧：一个还在玩洋娃娃的小姑娘已经被家长许配给人家了。作者的笔致很温柔，氛围也是暖洋洋的，就在这看起来温馨关爱的气氛中，一个孩子的悲剧命运就此定下。小说一开始极力渲染这高门大院里的闹忙景象，通过一个老太婆的口告诉读者：今天给四小姐送帖子，"他们小姐福分真大，……小人家嫁一个女儿也没有这样热闹呢！"孩子的父母在喜气洋洋地接受着梅红帖子，并且"不假思索地照样把一个帖子从书房里取了出来……浓浓的几个黑点就轻轻地把一个无知无识的幼女许给了一个无知无识的孩子。从那时起他们的四小姐就算是亲家的人了！”父母们不是不爱他们的儿女，他们甚至会觉得在为儿女谋取幸福！这样的描写比直接的揭露更有力量，它告诉人们，封建思想已经浸入人们的灵魂，成为他们不自觉的世界观，他们在不知不觉中充当着葬送孩子未来幸福的刽子手。

小说最令人怦然心惊的是对女孩子的行动和心理的刻画：一个十一二岁的小女孩与她的洋娃娃躲在一所偏僻的小房间里，在为娃娃缝一件小衣裳，“她一壁地低头缝着，一壁却静心听着”，以前她害怕一个人待着，今天却不愿意有人来，战战兢兢，仿佛怕大难临头似的；几个同她一般大的女孩子来恭喜她的时候，她吓得满面羞容，“紧抱着那换了一套新衣的洋囡囡，她再也想不到她的洋囡囡已经许了人家了”。一个可怜的小生命任人宰割着，永远不能掌握自己的命运。等待她的未来将是什么？不禁让人为她揪心。

友谊和爱是作者最珍视的东西，《离别》描写送别毕业同学的惆怅。据作者1925年后回忆，那是叙述与闻一多的惜别之情：“我比一多晚两年入学，同学相处，有七年之久，但彼此真正缔交，却在一多离校之后。一多在校时，我们参加组织清华文学社。一多是新诗人，有诗集《红烛》。我那时新旧诗一概不做，所以很少有机会多谈。民国十一年五月二十五日，文学社举行了欢送大会以后，我写了一篇‘短篇’，题为《离别》，在《清华周刊文艺增刊》发表。一多将出洋前，回到湖北，看见这篇短文，便写了一封长信，托实秋转给我。从此我们便订了交，做了二十多年的好朋友。”（《文艺复兴》第3卷第5期）小说刻画一个从欢送会场出来的少年在幽暗的树荫下走着，遇见即将离校的朋友，俩人同走了一段路，没有交谈什么，最后不得不忍受“残酷的拆散朋友的刑罚”而握手告别。依依惜别之情渗透在淡淡的忧伤之中。

《最希望的一天》《他们》描写的是恋爱中的感受。前者写女方对男方过于长时间的考验，使得男方总不能到达“最希望的一天”，于是内心失落不已。后者是男主人公一心等待“伊”，可是父母反对，使他深受打击，展现的是其心理活动。《飞灰》对人物心理的挖掘很深刻，妹妹即将出嫁，当哥哥的却若有所失，小说渲染了他的痛苦与失落，使人感觉兄妹之情的深厚，刻画得合情合理。

也许与作者的出身经历有关，家的温馨和爱意被作者赋予了某种神圣的光环。《爱的余香》描写一外国夫妇请他们吃饭、留宿的经历，从中体会出这对老夫妇之间的相濡以沫、对儿女的关爱和对友人的和蔼，“一夜甜香的梦，送给我们无限的快慰”，这正是作者最欣羡的景象。小说结尾写道：

微雨方霁，嫩绿的树叶上，粉红的花瓣里，都藏着无限的清香。和风送到唇边，自然之美同自然之爱融合在一起了。我们精神上感受着大自然爱美的余香，但觉得这阵余香比什么香气都容易令人醉心。香醉了，犹听见不绝的“亲爱”声声。

《寒梅》描写母子三人围火而坐，絮絮交谈，弥漫着温暖的气息。《孤寂》描写一青年病中的感受，思念母亲，怀想朋友，心中交织着梦幻与现实、希望与痛苦，既写出了青年人敏感而脆弱的心理，也写他受月亮与阳光的启示，内心的感悟。

顾毓琇的小说着墨的重点在人物的心理和情感上，事件只是负荷人物思想的载体，正因为如此，他的作品洋溢着浓浓的主观抒情的味道，有着散文般的柔美清丽。读他的小说需要用心去细细体会与感悟。

二、散文

顾毓琇的散文也可以用一个“情”字来概括。《故人》是一篇怀念早逝的好友周念诚同学的，淡淡的回忆中蕴涵着无限的悼念深情。当大家都在横渡太平洋留学出国的日子时，正是朋友生病口吐鲜血的时候。作者痛切地哀叹：“伤心啊！这一口鲜血便是送我们渡太平洋的礼物了！九年前只是一群孩子，无端萍水相逢，江上归来，便逼着他离开了我们，这时候纷纷来渡，又单单遗弃了——遗弃了他，横遭病魔欺负受尽了委屈的他！”作品细腻地描写了当年暑假几个同学一起来到自己的家乡，月夜散步，湖中荡舟，游无锡名胜，吃红菱烧肉，依依惜别时，念诚诚挚地相约明年再见，谁知竟成“永远的一握”，他那“悬河般的口才，利刃似的思路，远卓的识见，真挚的热忱，一切都成往事”。文章极其体贴自然，比如描写那天清早念诚独自来到，“这时候我才注意到他夏布大褂上有金黄色的纽扣——不知怎样，我现在想起念诚总还忆起那件夏布大褂”，一个不经意的细节却寄托着对朋友的无限怀念。作者的感情是浓烈的，然而笔致是澹然的，如潺潺溪流，缓缓不绝。

《夜半》告别的是朝夕相处九年的校园，又是一番情致：

刚圆过的明月，依然皎洁，才透露的稀星，格外可爱——这时候要比微光发白，红日东升时更加有趣些。又况明日的晨光还有机会领略得到，今晚的夜色不知要隔了多少个明日才得再享受了！

夜色中的母校被赋予了鲜活的生命：常常与之亲热的大礼堂的阶石、爬山虎环绕的图书馆、送出甜乳般清水的喷泉，当然也有无情地夺走青年人最后呼吸的医院……在即将离去的抒情主人公的眼里，那平时何等可爱的荷花池上的独木桥，现在却变成“凶险的一根浮木架在狰狞可怕的深谷上面”，荷花池里纵然点缀着娇嫩的绿叶，毕竟为黑夜所遮蔽。月亮受乌云的压迫，只能隐约地露出被包围的光圈。可怜的稀星既不能拯救落难的朋友，更不能普照被囚禁的山和水。兀自出神的少年心境与这深夜一样幽暗与沉寂。这里，作者采用了拟人化的手法，将外在的景物染上了浓重的主观色彩，与其说是怨怼夜色，不如说是伤感离别，对校园的依恋不舍隐约在若有所失的寻觅当中。

假如说在抒情散文中显露顾毓琇的细腻与婉约，那么叙事议论性的散文中，则表现出他的恢弘与机智。在清华成立十二周年纪念增刊上，他发表的《清华生活之面面观》之一的《假期生活》将学生的课外生活栩栩如生地描画出来。夏访西山胜景，秋登庄严的八大处绝顶，重阳去圆明园寻访古迹，新年在校园聚餐演戏，辞岁迎新。四时八节，寒假暑假，一边是同学们遍布的足迹，一边是清华周围的美妙景致，描写与叙说夹杂一起，既写出游山赏水的同学欣然色喜，更画出北京风光的美不胜收，景由人激活，人与景相融：

转眼中秋在望，皎洁的明月唤起多少天下的家思，但是同学们自有他们异乡之乐，他们这次所以游玉泉山了。在学校里就望得见玉泉塔影，但是名泉水甘，非要趁此时光亲尝不可。同学们游了玉泉山，竟带了泉水回来。煮了清新的香茗，买些栗子月饼，到土山顶上荷花池畔去赏月，这是何等的清雅。一位善吹箫的同学，吹出幽雅而和谐的音乐来，这好像不是人间的节奏，怕是月宫里传下来的呢。独木桥头还有呆呆站着出神的人们，他们不在举头望明月，却在看水底的沉璧。万籁俱寂里，池水也镇静得没有丝毫皱纹。

作者的幽默也不时为文章增添趣味，比如滑冰场上“拼命地学跌交”，放假时摔得更踊跃些；打雪仗的同学的武器是“银制的子弹”，来来往往，颇为好看。《清华生活之面面观》之《医院生活》更为有趣，比如上过闷药（麻醉药吧？）的人“药性刚过的时候，病人可以说出各种平常自己不说的话，这时候听得见极宝贵的秘密，同住的人都可以听见了。也有醒来唱歌的，也有背演说辞的”。恐怖的医院被描画得生气勃勃：总算有了起色的病人开始盼望同学的来信了，即使传染病科的同学也在明亮的玻璃窗上发送“电报”，请看这样一些信的片段：

Y兄（病人）：

尊恙何如？想来真寂寞，烦闷，孤独的悲哀，都做了你的朋友了罢？异乡卧病，最最难堪，然而藉此多做几回思乡梦，多写几篇回肠文，笔头生意大可发达，感情泉源因此畅溢，也就是不幸中之慰藉矣。一笑。……H

朋友们：

你尝过监狱的生活么？我很高兴，因为我已经尝试过了。我的热度今晨就完全退清，一天试验的结果可以证明，我已经有精力越狱，可是法律上的裁判，道德上的钳制，不能够饶我做非法行为。归结我自甘屈服于监狱生活了！好好的男儿竟被小小的病痛关起来，冤枉冤枉！……病夫Y

所以作者说，清华的医院也不是任何医院的生活可比，“这里我们至少找不到无病呻吟的人，我们却常常从病房的窗口听得些欢乐相庆的声音”。相知加上热爱，使得清华的生活在顾毓琇笔下神情逼肖，意趣盎然，作者的雍容机智也体现在了作品之中。

三、戏剧

顾一樵在现代文学史上以戏剧得名，他在清华校园刊物上只发表过

《张约翰》一个剧本，但已经鲜明地显示他的戏剧才能。1923年夏天，《张约翰》第一次公演于清华大礼堂，立即引起戏剧界的反响。它描写的是留学生的爱情婚姻问题，对于当时毕业后大部分要出国留学的清华学生具有极大的警示作用。这部戏剧也成为现代文学中的名篇。

留学法国的张江通不但改名张约翰，还在法国休了在国内为他服侍父母哺养儿子的原配妻子华淑珍，重新娶了留法学生欧雪瑞，如今要衣锦还乡了。他的父亲坚决反对他进门："他那种行为，只配在外国暗无天日的地方胡混去，在我们中华文明之邦，要他回来糟蹋这片净土做什么！"假如张约翰出于对封建婚姻的反抗，违背父母之命、媒妁之言，去追求自由恋爱，这在"五四"运动后的中国社会，虽然还不为一般的传统家庭所接受，但也是为社会先进的舆论所赞誉的，本不是什么见不得人的事情。可问题在于，他并不是一个先进思想的代表，而是骨子里的三妻四妾旧道德的变相追逐者。首先，他对新婚妻子隐瞒了自己的婚姻史，谎称仍然为他敬老爱幼的前妻是孀居的妹妹，对父母宣称："婚姻是绝对自由的，高兴这个就这个，不高兴另找一个就算了。""我到国外学了这几年就学会了这个。"完全把新式婚姻当作满足自己私欲的良机，根本不考虑对方的感受，置前妻于自杀的境地而不顾。后来谎话被戳穿，在新夫人的责问下，他的封建嘴脸更加暴露无遗："你已从我，还有何面目再见人吗？"他对欲自杀的欧雪瑞说："你不愿意活就不活，与我何干。我又何尝迫你受骗。谁让你自己愿意要同我结婚；要跟我回国？本来世界上人骗人，你只可怨自己，别向我叫半个冤字，这活得不耐烦了就不活。我还怕找不到女子么？你死活我都不相干。你要老实活着，我姑念你相貌出众，不妨留着。你倘若要撒娇骇人，我张约翰可是不怕！"一副丑陋面目。正由于他的自私加无赖，导致了两个女子的死亡。

作者没有加入到当时轰轰烈烈的为婚姻爱情自由振臂欢呼的行列，而是以冷静的眼光看待新与旧的问题；当新生的事物符合历史发展的趋势时，它的存在与发展就成为必然，而某些人借助新的外衣行使旧的甚至是腐朽的一套，为自己的为所欲为罩上遮羞布，它们的存在就应该受到抨击。《张约翰》一剧的深刻也就表现在这里。剧中人物塑造很有特色，张约翰的肆无忌惮，华淑珍的忍辱负重，张父的义愤填膺以及张母的左右为难等性格刻画，都极有分寸感。当然，在剧情的安排上，作者将前后两个夫人处理成表姐妹的关系，后来双方恍然大悟，这一安排有些太像戏了，对于主题思想的表达并没有加深力量，反而有些牵强附会。

顾毓琇从清华毕业后赴美国深造，回国后任教于多所大学。他文理兼通，学贯中西，是清华大学工学院的创始人，历任中央大学、国立政法大学校长，还是国立音乐学院的首任院长，20 世纪 40 年代还以非党身份出任教育部次长、上海市教育局局长。后来在美国长期执教。清华园给了顾毓琇充足的艺术养分，使他在以后长期的理工研究的生涯中，始终葆有敏锐的文学灵感，他的创作一直延续到晚年。其文学作品主要有：小说《芝兰与茉莉》，戏剧《孤鸿》《张约翰》《古城烽火》《岳飞及其他》《白娘娘》，诗词集《樵舍吟草》《行云流水》等。

创作目录：

《回家》，《清华周刊》238 期。

《最希望的一天》，《清华周刊》241 期。

《他们》，《清华周刊》245 期。

《离别》，《清华周刊》249 期。

《夜半》，《清华周刊》250 期。

《飞灰》，《清华周刊》252 期。

《爱的余香》，《清华周刊·第一次文艺增刊》，1922 年 11 月 25 日。

《洋囡囡》，《清华周刊·第三次文艺增刊》，1923 年 1 月 13 日。

《学生会管见》，《清华周刊》268 期。

《寒梅》，《清华周刊·第四次文艺增刊》，1923 年 2 月 16 日。

《孤寂》，《清华周刊·第五次文艺增刊》，1923 年 3 月 16 日。

《清华生活面面观·假期生活、医院生活》，校庆十二周年纪念专号《清华生活》，1923 年 4 月。

《故人》，《清华周刊·第八次文艺增刊》，1924 年 12 月 19 日。

《岁暮》，《清华周刊·第九次文艺增刊》，1925 年 3 月 27 日。

《今年中国学术界之新发展》，《清华周刊·书报介绍副刊》342 期，1925 年 4 月 3 日。

《张约翰》，《清华周刊》543 期。

朱　湘

第十五章　朱湘：清华园的寻梦人

朱湘（1904—1933）是一个性格独特、对艺术充满执着的诗人。他1919年入清华，但在清华的六年学生生活并不顺利，曾因记满三次大过而在1924年受到勒令退学的处分，1926年复学后又读了一年才毕业。但这并不意味着朱湘的学习成绩不好，他“中英文永远是超等上等，一切客观的道德藩篱如嫖赌烟酒向来没有犯越过，只因喜读文学书籍时常逃课以至只差半年即可游美的时候被学校开除掉了”。（见朱湘《白朗宁的〈异域乡思〉与英诗》）他在给清华文学社的顾一樵的信中说，他离校的原因是“向失望宣战，这种失望是多方面的”。但他又对清华园无限留恋：“清华又有许多令我不舍之处。这种两面为难的心情是最难堪的了。反不如清华一点令人留恋的地方也无倒好些。”他之不满意清华在于：“人生是奋斗的，而清华只有钻分数；人生是变换的，而清华只有单调；人生是热辣辣的，而清华只是隔靴搔痒。”（致罗念生信）严格均衡的校园生活，对一个浪漫主义的诗人来说，不免感到拘囿，但清华的自然人文环境，又给予他文化与艺术的熏染和陶冶，使他后来的诗歌创作道路走得更为扎实。

一、诗的主题：宣泄苦闷　追求自然　渴望自由

有风时白杨萧萧着，
无风时白杨萧萧着，
萧萧外更听不到什么。

野花悄悄的发了，
野花悄悄的谢了，

悄悄外园里更没有什么。
(《废园》)

看起来这是一首完全写景的诗歌，然而景物中蕴涵着“情语”：没有生气的“废园”里除了萧萧的白杨，无所闻、无所见，在悄没声中岁月流逝，青春不再，这其实就是诗人心目中缺乏生气的校园的象征。含蓄的形式下透露出不满和苦闷，当然这不满还是比较朦胧的，不像这首《冬夜歌》，直截了当地写明副标题“敬勉《周刊》产物质而革课程也”：

弇暮空紫色西山，
山顶戴着白雪之冠；
山阴飘清华校旗，
但清华旗色何其黯然！

夕阳是清华的灵魂，
漫天的黑云将他攫吞；
遗下物质的躯壳，
有大会堂作伊的坟墓。

玄冰仿佛功课，
压住本性活泼的小河；
月光只映他滞重的面色，
再不见风中的笑窝。

明月也已西沉，
夜风中大树悲吟；
万物都惊醒了，
但石化了的双狮依旧无声。

诗人用象征比喻的手法，描写弥漫着物质气息的校园，吞噬灵气如坟墓，缺乏自主意识像石像，刻板教条，无声无臭。其实它并不缺少灵秀的环境，就像它不缺少活泼的少年一样，然而黑云压住了美景，功课窒息了学生的天性。诗人忍不住要呐喊：赶走冬夜，让春色重临校园。

当朱湘被学校开除后，“清华四子”中的其他三位曾经劝他不要离开学校，并积极为他活动，希望学校取消处分。后来学校果真答应收回成命，同意让他复学并出洋。朱湘为了回答朋友们的劝勉，写了《南归——答赠恩沱了一三友》（这首诗没有在清华发表），把自我心中的悲愤转化为诗句，“我是一只孤独的雁雏，朔方冷雪中我冻得垂死”。他要远离这冷酷的朔方，渴望飞往温暖的南方故乡去，虽然那里的早春也“还有吼空的刀风”，但“那痛快之死不比这郁结之生远强？”他希望能够到西方去研究他所喜爱的浪漫主义诗歌，为了获得自由，他可以抛弃一切。

朱湘对水情有独钟，连他最后寻找的归宿也是在江河上，雪莱形容济慈的话也可以用来比况朱湘：“他的名字写在水上。”他在清华时期写了《小河》《流啊，小河》《泛海》《洋》等诗歌。这里的河水海洋，被诗人赋予了母爱、温暖、自由等意蕴，这正是他在现实中难以寻找到的：

白云是我家乡，
松盖是我的房檐，
父母，在地下，我与兄妹
并流入辽远的平原。

我流过宽白的沙滩，
过竹桥有肩锄的农人；
我流过俯岩的面下，
他听我弹幽涧的师琴。

有时我流得很慢，
那时我明镜不殊；
轻舟是桃色的游云，
舟子是披蓑的小鱼。

有时我流得很快，
那时我高兴地低歌；
人听到我走珠的吟声，
人看见我起伏的胸波。
…………
我流过了四季，累了，
我的朋友们又都已凋残，
慈爱的地母怜我，
伊怀里我拥着絮安眠。

不急不躁，有张有弛，循着自然的节奏和缓流淌，这里的小河既是诗人所追求的自然人生的象征，也是让诗人疲倦灵魂休憩的地方。在另外一首《流啊，小河》中，朱湘也表达了类似的情感：

海是我的母亲，
我向伊的怀里流去。
一日，伊将抱着我的倦了的身子，
摇着，
哼着催睡的歌儿；
我的灵魂将化为轻云，
飘飘的腾上天空，
——而又变形的落到地上，
给伊的爱力吸落到地上了。

一颗渴望得到关爱与安慰的心灵，只有在大自然中才得以恢复生机。这些都体现了诗人追求精神发展，对自然和自由的向往。他的这种思想也同样表现在这一时期的论文中，在《课程上前车之鉴》一文中，朱湘提出要提倡自由发展，减少课时，改为自修，以交心得代替传统的考试模式。在《精神教育》一文中，更提出“出世的教育”，即精神教育，提高青年人的审美情趣，而不能总沉浸于世俗之中。这些观点类似于现在的素质教育，但并不完全适合当时清华的少年、青年学子；也不是所有的学生都具有诗人的潜质。

二、诗的艺术：和谐　静穆　整饬

从学生时代起，朱湘的个性就较乖僻、焦躁，可是他的诗歌却是少有的平静和谐，他仿佛在创作之前洗净了身内身外的烦恼，给诗歌留下一方神圣和谐的园地。在创作之初，他就十分注重锤炼诗歌的情感和形式，他的内心是喧嚣躁动的，而诗的情绪却是宁静而柔美：

春天的花香真正醉人，
一阵阵温风拂上人身，
你瞧日光它移的多慢，
你听蜜蜂在窗子外哼：
　　睡呀，宝宝，
　蜜蜂飞的真轻。

天上瞧不见一颗星星，
地上瞧不见一盏红灯，
什么声音也都听不到；
只有蚯蚓在天井里吟：
　　睡呀，宝宝，
　蚯蚓都停了声。

一片片白云天空上行，
像是些小船飘过湖心，
一刻儿起，一刻儿又沉，
摇着船舱里安卧的人：
　　睡呀，宝宝，
　你去跟那些云。
(《摇篮曲》)

舒缓的旋律，悠扬的节奏，错落有致的诗行，加上活泼清新的形象，在不经意中营造出一派柔美和谐世界，给人以阅读与聆听的双重享受。朱湘孜孜不倦地进行着新格律的探索，他特别追求“理智节制情感”的具有东方神韵的美学原则，从诗的情感到诗的章法、字句，他一直不懈地实践着，形式上讲究整齐、对称，诗韵上讲究与内容情绪合一。这些努力使朱湘在新诗创作史上留下了深深的印记。比如为了找到诗行的规律，他自一个字到十一个字都尝试过，得出每句不宜超过十一个字的结论，这样才能“避免不连贯，不简洁，不紧凑”的毛病。在朱湘诗歌中，运用最多的形式是诗行长短不齐，排列有高有低，但各节的行数，排列的样式，以及用韵的部位，有时甚至连标点符号都完全一致，比如这首《泛海》：

我要乘船舶高航
  在这海洋——
  看浪花丛簇
  似白鸥升没。
看波澜似龙吞低昂。
还有鲸雏
戏洪涛跳掷颠狂。

我要操一叶扁舟
海底穷搜——
水黄如金屋
  就中藏玳瑁。
水蔚蓝蕴碧玉青秋
  沫溅珍珠。
耀珊瑚日落西流。

这类诗歌，单从各节内部结构看，没有什么特别的章法，音韵节奏都较随意，但统观全篇，就显示出格律严谨，变化中显整齐的艺术特点。能够在自由中求格律，是朱湘具有深厚的艺术功底的标志。

清华还只是朱湘诗歌创作的起点。自此以后，他为了心中的诗神可谓呕心沥血，终生不渝。他是著名的“新月诗派”的代表诗人。他 1927

年毕业后留学美国，1929 年回国任教于安徽大学。但朱湘的处境和心境一直不佳；内外的矛盾与冲突终于耗尽了诗人的心性和精力，1933 年他手捧德国诗人海涅的诗集投江自杀。在朱湘短暂的人生中，给中国文坛留下了《夏天》《草莽集》《石门集》《永言集》《方中集》等诗集。

20 世纪 20 年代的清华园有著名的"清华四子"，就是指四个学生朱湘（字子沅）、饶孟侃（字子理）、孙大雨（字子潜）和杨世恩（字子惠），他们后来都成为中国现代诗坛上的重要诗人。在校期间，他们的艺术天分已经展露出来，清华给了他们最初的艺术灵感与体验。

饶孟侃在清华发表的诗歌只有两首：《悬想》和《儿童生活的一幕》，还没有显示其艺术大家的风范，倒是他的长篇论文《评闻一多的〈园内〉》能够体现他的艺术感悟能力。他说闻一多的这首诗"不是暴发的蒲柳，倏忽便青翠浓葱，尽情吐放，倏忽便枯槁憔悴，风鸣悲秋；它们是空谷的幽兰，未及时犹如野花闲卉，一放则幽香满谷。"并指出闻一多是唯美主义的。这些观点至今都不显得落伍。

孙大雨在校园的创作也不多，但已经显露出才情卓著。《秋夜》用短促的诗句来抒写夜的阴森恐怖，用的是回环格式，参差中见整齐：

秋阴
幽华冥
月影低回
夜莺鸣。
孤灵？

孤灵。
树荫稀，
墓草凄菲。
有孤灵，
来去。

来去，
魂旗飞。

静夜丧钟
惊起漾
不已。

他的《荷花池畔》写得很大气，其中有这样的诗句：

池水氤氲出夏的幽深诡秘，
诡秘里悲哀冒着青青的烟缕。
哦！生命好比那叶上留珠；
黑夜振着星芒大氅，圆叶凝汞，
晨风的气息又把他送返无穷。

孙大雨的评论《郭沫若——〈女神〉与〈星空〉》是一篇对现代诗歌进行全面评价的著名论文，很坦率地指出新诗最初六七年存在的问题：

诗神从理想与美底宫殿中拽出，屈当赛会祈天的偶像。喧响的锣鼓声中，一群盲目的青年抬了他乱走乱闯：提倡主义用他，解决问题用他，宣传讽刺也用他。慈善主义、恋爱自由、劳动神圣，以及清汤、白水、空气，一切冤魂孽鬼，都在新诗这道万应的灵符里显形。但一件东西要是到了无所不能的时候，便是它的末运临头。诗神不能供如许烦琐的差遣。"努力炸弹干干干"的喊声早把它吓得杳无踪迹了。

他还指出新诗贫乏的病因首先在于作家生活的单调，生活不丰富的结果是情感与想象的枯窘狭促；其次是智慧的简陋，"诗虽是情感的宁馨儿，但也不是完全没有理智底血液在脉搏中流动的"，"文字是根株干叶，加上情绪底阳光，想象底雨露肥料与内在的活力，蕴而成诗歌底花朵"，必须要有与情感水乳的慧能。还有就是忽略技巧训练，"不知天才普遍以后即成庸才，真天才须更进一步"。他从诗人的角度很不客气地批评一些新诗"除了喊几声努力，抛几个炸弹，再也没有别的技能了"，他认为大家对于郭沫若的评价如此之高，也不过是佳作稀少和"群众井底观天所致"。文章花了很多的篇幅论述郭沫若诗歌的得失，品位确实非同一般，也许说法有些偏激，但艺术的感受能力绝对是一流的，而且评论的尺寸把握得也很到位。

杨世恩是一个早逝的诗人，他在清华时期积极参加文学社等团体活动，但发表在校园的作品不多。他去世后，清华的同学在《周刊》发表了专栏文章追悼纪念他。

创作目录：

朱湘：

《死》,《清华周刊》224 期。

《废园》,《清华周刊》243 期。

《黑夜纳凉》,《清华周刊 · 第一次文艺增刊》，1922 年 11 月 25 日。

《小河》，同上。

《流啊，小河》,《清华周刊 · 第二次文艺增刊》，1922 年 12 月 22 日。

《白云深处》,《清华周刊 · 第三次文艺增刊》，1923 年 1 月 13 日。

《课程上前车之鉴》,《清华周刊》296 期。

《精神教育》,《清华周刊》298 期。

《冬夜歌》,《清华周刊》303 期。

《泛海》,《清华文艺》第 3 期，1927 年 11 月 4 日。

《摇篮曲》,《清华文艺》第 4 期。

《洋》,《清华文艺》第 5 期，1927 年 12 月 23 日。

《明妃三曲》,《清华会刊》第 2 期，1927 年。

《朱湘遗书》,《清华周刊》578、579 期，1934 年 4 月 16 日。

饶孟侃：

《自尽的前夕》,《清华周刊》253 期。

《悬想》,《清华周刊 · 第一次文艺增刊》，1933 年 11 月 25 日。

《儿童生活的一幕》，同上。

《评闻一多的〈园内〉》,《清华周刊》284 期。

孙大雨：

《郭沫若——〈女神〉与〈星空〉》,《清华周刊》322、327、331 期。

《秋夜》,《清华周刊》322 期。

《十四行诗及连锁韵》,《清华周刊》327 期。

《荷花池畔》，同上。

《舞蹈会上》，同上。

《旅居奈不尔邻邑特耶克曛时》,《清华周刊 · 第八次文艺增刊》，1924 年 12 月 19 日。

罗皑岚

第十六章　罗皑岚：清华文学社的中坚

罗皑岚（1906—1983）1922年进入清华，1929年毕业。他是20世纪20年代清华文学社的中坚人物。他和罗念生、柳无忌等几位同学对朱湘及其遗孤的关怀照顾，在现代文学史上留下了佳话。罗皑岚在校园的创作很活跃，小说、诗歌、散文都有佳作，尤其是小说，题材涉及面很广，几乎每一篇都比较成熟，鲁迅当年曾经评判他的小说道："我很佩服那辛辣之处"。他很早就显示出较强的艺术表达能力。

一、小说

罗皑岚有两篇描写学生生活的小说。他笔下的学生的性格和心理都有些变态，甚至近乎疯狂，从一个独特的视角反映出昔日清华生活的某些本质方面。

《我的日记》以一个因发疯而被学校开除的某君的日记，来展示一个将疯未疯的人物眼中的学校，有的部分完全是胡言乱语，但有的地方却很耐人寻味。主人公在一个夜晚踉踉跄跄地跑到荷花池，觉得夜影中的世界像一群妖鬼在向他狞笑，他愤怒地向湖中投掷石块，为的是打破荷花池里的映射的灯，因为"只有天上那块碧静无瑕光明澄澈的晶盘，才配在这里面荡漾"；这是一个追求自然天成反对人工雕琢的"疯子"，在他过激的言辞下，不时有真性情流露：

实在说起来，荷花池也没什么好。一个呆痴痴的亭子，老是站在那里，一点生气也没有。……那不知道像什么东西的工字厅——可怜它还住过诗人，看来更令人生厌。勇敢而且又活泼的童子军小兄弟们，专门干煞风景的事，只图自己呼吸新鲜空气，左一个帐篷右一个帐篷，把山岭蹂躏得不成样子。若不是几株夭矫不群的松柏在那里，我情愿守厕所，誓死也不会跑到那儿去。

主人公对郁达夫的小说《沉沦》很感兴趣，可为了祖父，又不得不进自己厌恶的课堂。教室里“一群驯羊”总是俯伏在课桌上，二毛子不住地“念咒语”，大家跟着念了半天却莫名其妙。发下誓词的“桃符”来，我是不及格。“听说几个二毛子三毛子商量好了，一齐给我个不及格，下年好叫我滚蛋，哼！我怕哪个？”同学来信赞美水木清华，他很不以为然：

唉！我不懂人们为什么老赞美清华，我看不出什么水木的清而且华的，满园中只充满着物质的油味。……杀人的气息充满了全园，叫我从什么地方见到和平色彩。

生活中的一切都让他烦躁不安，恋爱也不过是为女士花光了钱，他终于彻底地疯了。作者塑造的这个疯子形象，从某种意义上来说，又是现实的揭露者，他以犀利的目光注视着生活中别人习以为常的事物，看到它们背后的丑陋性质，并且一针见血地予以抨击，诸如课堂教育的一味灌输，忽视学生的主观能动作用，片面追求分数等等。当然，他的所有言行又是歇斯底里的，他身上明显地带有精神病人的一些症状。作者显然是受到了鲁迅的小说《狂人日记》的影响，不但人物的设置与狂人相似，都具有双重人格，其心理活动的轨迹也有《狂人日记》的影子。比如第二页中进入课堂的描写，“二毛子凶凶的望了我一眼，我知道有些不妙”，与狂人见到的赵贵翁的眼色，“晓得他们布置，都已妥当了”几乎是一脉相承。

另外一部《过去的印象》描写的是带有同性恋倾向的学生的内心苦闷和彷徨。小说分为四个部分，每部分都用诗句打头。第一部分引用的是苏武与李陵诗“骨肉缘枝叶，结交亦有因”，讲述“我”与S君两个同学友谊的开始，刻画S招人喜爱的外貌：十三四岁的少年，一双慧眼，红润的面颊，雪白的皮肤，红得可爱的小嘴，得体的穿着，回答问题时面带笑容。两人相见就如同多年的朋友似的。第二部分引用的是吴芳吉的《北望行》："与我遥遥路八千，何缘与君如圆月？"两个朋友形影不离，"中间好像有甚么系住着，谁不见了谁，便觉得失了甚么似的"。划小舟，放风筝，他们在大自然中找到无穷的乐趣，而且两个人之间确实萌发了超过同窗意义的感情，终于遭到非议。第三部分引用屈原《离骚》的诗句，象征遭受嫉妒猜忌，"人们的讥讽残酷的眼光，都集中于我们。我们好比一个待死的囚徒"。满城风雨，导致校长逼"我"转学，两个好朋友终于凄然分手。最后部分的诗句是"不思量，自难望，千里孤坟，无处话凄凉"。三年后"我"旧地重游，再也找不到 S 的影子，他已经永远离开了这个残忍的世界。作者用忧伤婉约的笔调，如泣如诉地讲述了两个少年的遭遇，对他们之间的同性恋倾向基本上取认同的态度。"我"的形象心理刻画得比较细腻，尤其在遭受别人嫉妒时，"很愿同学们的目光谈锋集中于我一身，我情愿为 S 受这些比死还难受的讥讽排挤"，显示出他对亲密伙伴的真挚情感和发自内心的体贴；得知 S 病逝，他心如刀绞，发出了心酸的感慨：

平生算得真爱我的，除父母外，只有 S。而今父母老了，S 又与我永诀了，以后我哭时谁来安慰我？我受冻时谁会给我加衣服？茫茫宇宙中，竟无一个真实朋友了，唉！不堪回首！

少年同学间的情感写得凄美动人。同性间的恋爱在那个时代肯定是个禁忌领域，但在罗皑岚的笔下赋予了人间难得的真性情，读起来既让人黯然神伤又不得不为之动容。

描写学生生活以外的题材罗皑岚也驾驭得得心应手。《白露帖子》是一部讽刺乡间趋炎附势、人云亦云的民风陋习的小说，对各式各样的势利人刻画得入木三分。石潭镇的西头照壁上贴出了白露帖子，一群菜贩子挤在那里围观，人头攒动，中间有不认字的装着眼神不好的王二爹，有张大爷的管家小陈，还有教书的吴先生，划船的程四麻子，争先恐后地对帖子上的表彰周知事的内容发表评论。原来这里刚刚遭受水灾，一县之主的周某人捞足了油水，还要老百姓给他树碑立传。大家七嘴八舌，将知事的老底揭了个底朝天。只有常常出入知事府的吴先生要想在这些粗人面前逞能，不料被程四麻子驳斥得哑口无言，倒不见得程四麻子掌握了什么真理，而是吴先生与其老婆有染，不敢造次。真是一物降一物，王二爹敬畏吴先生的学问，吴先生害怕程四麻子的拳头，棺材铺的老板萧八胡子又掌握着吴与程之间的秘密，对程四麻子很不以为然。在大家的议论中，当官的丑陋行径暴露无遗，几个小人物的行为与心理也在看似粗略的描写中活灵活现地展示出来。最具讽刺意味的是小说的结尾：当大家传开来周知事如何不顾水灾大吃大喝，甚至连亲弟弟的性命也不顾惜等等，一阵锣鼓声由远而近，原来是镇上的商界学界名流排队去给知事送匾，上面赫然写着"救灾恤民"！人们又熙熙攘攘地围了上去。显然，作者对乡土民情有较为深刻的理解，能够抓住要害予以一一揭示，遣词造句很是老辣。

《钱老先生》是一部中篇小说，塑造了一个遭受作弄的可怜的生命，有点类似俄罗斯文学中出现过的九等文官式的"小人物"形象（普希金的《驿站长》为典范）：他们对生活没有过高的企求，却遭受着来自上司或同类的无尽欺压和嘲弄，其微小的祈求与巨大的失落构成了他们的人生境遇。

小说一开始就有悬念：钱老先生拿定主意要自杀，可"事情的实现总似乎不太容易"，唯一困难的是，他常会想到自己自杀后，一定有许多从来没有听过的同情与怜悯的话语，"万一真个死了，岂不都不能听见了吗？！"其实，钱老先生年纪根本不大，也够不上"先生"，只是因为他额头上天生有三道皱纹，从小学起就遭人取笑。到了现在，财政局的同事们还不时拿他的皱纹开心："想媳妇想的吧？"这个可怜又可笑的人物还真的很想媳妇，只是局里女职员太多，他"不知道从何着手"，"叫他觉得美的有十几位，但究竟哪个肯接受他的爱呢？他在这十几个人面前都献过殷勤，但所得到的回答都是莫名其妙的微笑"，使他永远弄不明白。最漂亮的黄女士与他打了一次招呼，他马上想入非非，买了雨伞想下雨天献上，星期天想约她去公园，八字还没有见到一撇，就想着订婚的宴席了，结果不但没有丝毫收获，还上了一个无赖的当，祖传的手镯被无赖骗去充当自己的信物。他丢尽颜面，一心想自杀。同事们发现了苗头，给予他前所未有的关心，使他感到了少有的温暖，他终于打消自杀的念头，可是不久，人们又开始拿他打趣了：

“钱老先生，你头上的三道皱纹是干什么的？”

“你们又来闹！”

“想媳妇不是，怎么这几天又变深了？”

他脸红了，引起大家一阵的笑。

这部小说将中国人骨子里的劣根性，诸如喜欢鉴赏别人的痛苦、无聊地拿弱者开涮、缺少真正同情心与怜悯心等，作了生动的展示。钱老先生的形象塑造得也很鲜明，他的谨小慎微，自我感觉良好，不能正确地审时度势，常常沉醉于幻想的优势状态之中，而一旦幻想破灭，马上六神无主，等等。可是，即使他想自杀，也没有真正的勇气，瞻前顾后，甚至为死后不能听到别人的同情之辞而不舍。作者将一个胆小善良而又百无一用的小人物刻画得很到位，既惋惜于他的软弱不争，也反感于周围环境对他的挤压，从而表达出尊重每个个体的人道主义的情怀。

罗皑岚的《东镇故事》是一组系列小说,写得很生动有趣。其中的《赌博场中》用传神的笔墨描写一个莽汉将孩子买爆竹的钱用来赌博，刚开始时运气不错，后来打了起来，他总觉得不尽兴，动手的人不满意，观看的人也不满意。小说收放自如，显示作者很有驾驭场面的能力。

从罗皑岚几篇不同主题的小说中可以看出，其既有热情喷发的主观情愫，也能够以冷静深沉的目光谛视和探究人的灵魂，而且后者的力度更强。他的小说具有批判与讽喻的功能，对中国人精神上的弱点予以不留情的剖析，颇有些类似鲁迅小说中“改造国民性”的创作意图。其构思运笔都比较细腻深刻，从容不迫，显示出上佳的艺术气度。

二、诗歌与散文

我爱清晨微雨里的西山，
是含羞的处女蒙着轻纨，
她面对东方在悄悄地沐浴，
生怕水声惊醒了人间，
清华，呵，我那舍不得的情人！

…………

我爱月色朦胧下的荷池，
独木桥上曾印着我和伊的足痕，
秋虫唧唧地织出离思，
舞倦了的老柳筛下一地黄鳞，
清华，呵，我那舍不得的情人！

这是罗皑岚的《清华，呵，我那舍不得的情人！》的片段。他的诗歌基本上属于浪漫主义抒情诗，但在抒发主观情感的过程中运用一些很有味道的比喻，加深了情感的浓度和张力，而且音韵谐和，节奏明快，能够朗朗上口，比如这首《心田》只有四句，小令般玲珑剔透：

我有一块荒芜的心田，
　伊为我殷勤灌溉；
而今幸有一两株花枝，
　种花的人儿不在。

他也有一些嶙峋尖锐的诗歌，揭露黑暗与罪孽，比如《老鸦》，叙述一个孩童苦难的人生：他在孤独的茅屋中没有哭声地降生，一岁的脸上没有半点孩子该有的天真神情，七岁时就独自走向大雪的山中，跌倒了自己爬起，消瘦的身影淹没在那不可解的山里。最后，作者用了一个令人惊悚的比喻，来预示孩子的命运：

无边的白雪愈下愈大，
　掩盖了那足迹再无人来踏。
那眼泪冻成一颗米珠——污丑，
　被一只寒冷的老鸦衔走。

罗皑岚的散文中最突出的是一组《家居乱画》，是一些情趣盎然的小文章。比如《法雷寺的戏》写自己在家乡看露天戏的感受，虽然戏班子很不上档次，服装等也比较差劲，唱与作都不甚高明，但是“乡间很欢迎他们，他们与戏中人化合为一，他们很懂得戏中人，戏中人也很合他们的口味，所以他们彼此是知己”，而且在户内很讨厌的锣鼓，在露天便有意味了，“鼓声增加了他一招一抬的无限的力量和生命”；作者得出的结论是：旧戏要成功，该在露天演出是条途径。他还有几篇文学评论，《胡适最近的诗》指出新诗初期的问题：“不管阿猫阿狗，只要把平民千字课念完，便东一首西一首做起诗来。”《杨振声的〈玉君〉》则说，读鲁迅的《呐喊》如同吃橄榄，进口虽涩，但越嚼越有味道；读杨振声的《玉君》则如同吃甘蔗，初时甜胃，再嚼下去，便是一块破棉絮了。这些尖刻的评说中包含着某些道理，显然，罗皑岚有很好的艺术感悟能力。

罗皑岚毕业后留学美国，毕业回国在大学任教之余仍然进行创作。他是“五四”以后第一批有成就的小说家，还是研究英国作家狄更斯的著名学者。主要文学作品有：短篇小说集《六月里的杜鹃》《红灯笼》《招姐》，长篇小说《苦果》等。罗皑岚后来的人生颇为坎坷，他长期在湖南师院工作，1957 年被错划为“右派”，“文革”期间他首当其冲地被批判，受尽屈辱，连基本的教书资格都被剥夺。好在晚年等到了平反。

创作目录：

《过去的印象》，《清华周刊·第七次文艺增刊》，1924 年 11 月 21 日。

《梦引起的回忆》，《清华周刊·第八次文艺增刊》，1924 年 12 月 19 日。

《杨振声的〈玉君〉》，《清华周刊》342 期。

《丁西林的〈酒后〉》，同上。

《胡适最近的诗》，同上。

《我的日记》，《清华周刊·第十次文艺增刊》，1925 年 5 月 1 日。

《擂一通战鼓》，《清华周刊》368 期。

《文学要有革命性》，《清华周刊》390 期。

《清华，呵，我那舍不得的情人！》，《清华周刊》394 期。

《赌博场中——东镇故事之九》，《清华周刊》403 期。

《心田》，《清华文艺》3 期，1927 年 11 月 4 日。

《法雷寺的戏——家居乱画之一》，《清华文艺》4 期，1927 年 11 月 25 日。

《家居乱画》，《清华文艺》5 期，1927 年 12 月 23 日。

《杀猪过年——家居乱画之九》，《文艺会刊》2 期，1927 年。

李 健 吾

第十七章　李健吾：清华“戏剧中兴”社长

李健吾（1906—1982），于1925年考入清华中文系，后来在朱自清老师的建议下改学西洋文学，专攻法文。李健吾从小就对戏剧情有独钟，小学和中学期间常常登台演出，且饰演女角（那时候男女还不能同台），因为演得传神，甚至被北京大学借去扮演丫鬟等角色。进入清华后，他在清华文坛上大显身手，尤其对清华戏剧的复兴竭尽全力。1928年起，李健吾担任戏剧社社长，组织多次戏剧公演，而且常常亲自粉墨登场，推动了清华戏剧的第二次繁荣。在清华期间，他的创作也很傲人，小说、戏剧、诗歌都有佳作，其中小说的成绩最突出。

一、小说

李健吾的小说创作在众多的学生作品中可谓出类拔萃，刊登出来的篇篇有特色。他的作品题材较为广泛，有童话、爱情小说、战争题材，甚至还有惊险小说。他尤其擅长塑造女性形象，不论是爱情中的女子、失意的妻子，还是面对侵略者的老妇人，都有血有肉，栩栩如生，给人以难忘的印象。

《私情》是一部充满生活情趣的爱情小说，描写一个卖衣郎与一个泼辣的女子间的打打闹闹的爱情喜剧，它的成功在于其世俗气息的浓郁和男女主人公身上具有的勃勃生气。小说用的是第一人称，“我”是个卖衣郎，一开场就给了老同行“王八羔子”一个耳光，这老家伙借了钱不但不还，还说“我”对他的女儿有非分之想，能跟他客气么！“我”当众赌咒：“他妈的造咱家谣言，说我偷他姑娘，那阎婆惜，问我睁眼看过没有！”那么，他真的受冤枉了吗？

话又说回来，他有一个十七八岁的女儿，叫做叶子，往来给他送取货色，总要从我的摊子前过来过去。小风骚样子，说坏吧，也有三分妩媚，流水有意地向着我时笑时怒。对天鸣誓，小子我他妈的要从来看上她一眼，算我泄了气。自然我们常要说话，高兴起来我也许开她个玩笑——这又算什么，人非草木，孰能无情？

接着，男主人公的语气越来越柔软温和：“话又说回来，我所见过的只有他的女儿；稍微中我意的，您别笑话，也只有这黑里带俏的叶子！”为此，他时常借给老东西钱，可他气愤不过的是老东西竟然“好像他在装腔作势的招驸马”！然而，当那个叶子“跳到我面前”，要替她爹报仇时，“我这时也真迷了，把几年的心事倾筐都倒在她面前”：

成天成夜在心头滚来滚去的计划，我真惊讶这样一句话能说得尽：“我决定娶你做老婆——”

她的泪眼睁得活赛龙睛鱼。

“听我说，这是真的，我早就这样打算。你看，我现在已经攒了三十串钱，娶你总行了——”

“嘻！嘻！嘻！打翁爹！”

“你也爱我——”

“别乱拉扯！嘻！嘻！嘻！”

“什么？”

“昨天我给爹讲，假如嫁你贩估衣的，宁可嫁给——”

“谁？”

“宁可嫁给——”胡同口外走出一个老头子。“宁可嫁给他！”

“孟掌柜，那老家伙？你给他做三姨太太？”

“比估衣郎强！”

“我攒了三十串钱——”

“你？”

“你爹我娘也不会不愿意，咱们又——”

“少拉扯！哎呀，天黑了，我得回家——是呀，看我爹让你打掉几多虎牙！”

这时天真黑了，胡同里也没有人来往，我向前一跳，冷不防伸手向她腰下一搂——你看，他妈的我真爱她！但是，出乎意外，她猛然抽出右手在我左颊上给了一个锅贴，向我笑骂道：

“你？王八羔子！”

以打耳光开始，又以打耳光收场，多么火辣辣的爱情！在吵闹打骂中流露的真情格外有生气。作者一定非常熟悉和欣赏这样的生活场景，否则怎么能够写出如此活生生的市井话语？又怎样能够塑造出如此充满青春活力的男女？

《在黑暗中，没有分别的》是另外一种类型的爱情故事。妻子分娩后，已经不复原来的娇丽，更使她伤心的是，她意识到丈夫“要扔掉这朵衰萎的弱株，别寻一条向伊丹园的花蹊”，这使她悲哀，更使她愤怒。她是一个极有修养的女子，在不动声色中知道了丈夫的行踪，原来他独自去赴她的表妹的生日宴会。她清楚地知道表妹一直爱慕自己的丈夫，于是，她迅速地打扮一番，奔赴表妹家，并请自己的好友设法在十点钟以前将表妹绊住，她自己悄悄地来到没有月色的花园，果然，她的丈夫出现了，并且把她当作了表妹，并说出了“我爱你！”

她再也坐不住，在这样幽暗，静馥的花下，眼泪直要滴下来，摔脱他的手，从小蹊上披花似的飞向园门——在园门口，她被追上了，这可怜的水莲花！人影从后面把她围抱起来，要吻她。她暗中伸臂把电门扭开，背倚着墙，微吁；金光灿烂中，丈夫毕立在自己面前，那惊讶的双睛！

那可怖的神情！

她的智慧终于换来了丈夫的忏悔和抚慰，“饶恕这野孩子，如今算满足了”。这里的情感描写与《私情》明显不同,《私情》中健康活泼的男女间的爱情是在泼辣辣的言语与动作中体现的，是外向的动感的，也是明朗的欢快的。在此，这对文质彬彬的夫妇几乎没有语言，只有各自复杂的心理活动，尤其是女方，外柔内刚，运筹帷幄，欲擒故纵，终于击败情敌，夺回了即将失去的爱情。其题目《在黑暗中，没有分别的》既是作品内容的写照，也略含讽刺和暗示：这对夫妇在黑暗中重获的爱情，能够经得起漫漫白昼的光照吗？

中篇小说《一个兵和他的老婆》以一个老兵的口吻讲述他的一段传奇般的爱情经历。这部作品受到了李健吾的老师朱自清的赞许，朱自清写了《给作者》，说主人公有一个健康的身体，还有一颗健康的心，并下断语说：“健吾，我敢保这本书没错儿！”小说中的爱情描写是李健吾涉及的又一个新领域：“我”是一群打了败仗、趁火打劫老百姓的队伍里的一个小头目，碰上一个逃婚的女孩子被自己的手下人抓住正要遭受非礼，“我”喝住了他们，并且以礼相待，终于赢得了她的欢心。作品的成功在于主人公语言的生动和性格的丰富。“我”是一个大兵,自然说话直来直去，没有遮拦，但他心地善良，为人厚道。当女子一门心思要跟着他时，他也没有乘人之危，而是将自己家如何穷等情况如实告知。当然，他也有着老兵的小伎俩，尤其表现在与未来的丈人的周旋上，最后终于如愿以偿地得到了自己的心上人。整部作品都是以这个老兵的口气讲述的，将事情的来龙去脉用极平俗的言语娓娓道来，别有一番情趣。李健吾真不愧为一个才气卓著的作家，他无论是运用街头小青年的语言，还是模仿行伍大兵的口吻，都惟妙惟肖，而且这些人物一张嘴就见性格，其身份、德行、与他人的关系等无不从他们的嘴里滔滔地涌现出来。真可谓取舍有度，进退有方。

《末一个女人》是李健吾作品中极有分量的小说，也是以一个当兵的口气讲述的，但他们是些杀人不眨眼的吃官饷的土匪，刚刚清剿了另外一支土匪，来到村上也是无恶不作。他们在这个堡子里见到的唯一的女人是一个孤老太婆，“一张绝望的老脸，两只绝望的泪湿着的眼睛”，她正在埋葬着最后一个儿子的尸体。面对杀死亲人的这群土匪，她沉着地为他们烧饭干活，也毫不畏惧地敢于当面怒斥他们：

> 我恨你们！我恨你们！你们吃了官俸，还要吃我们的！我是一个苦老婆子，我没有男人，我可有儿子！我把他们教养大的，我一辈子守着他们……他们死了，是你们杀的！……你们为什么不把我也杀了呢？……你们也有娘的，她也有自己的孩子……

这个血性的母亲终于在一天深夜放火烧死了住在她家的士兵，她自己也被疯狂的土匪扔进了火海。作者塑造了一个既是慈母又是复仇女神的形象，她细心地为儿子挖坟墓，“眼泪从静穆的脸上一点一点地滚下来”，连杀人成性的土匪也感到这“神圣的光景”，不敢造次。她同时又很刚毅，甚至有些残忍，“她处置鸡就和我们末后收拾土匪一样……她脸上露出一种残虐的有意味的微笑”，她说：“我二仔就是这么死的！”现实的残酷把一个母亲逼到了绝境，她人性中的复仇意志压倒了一切，最后实施了报复。作者用自然主义的笔法，将这位个性突出的女性刻画得有棱有角，甚至有些毛骨悚然，但又显得合情合理。她不是一个天生的嗜血者，而是残酷的命运的牺牲品。悲剧艺术所具有的恐惧与怜悯在这里呈现无遗。

李健吾还有一篇童话《一个极小极小的老鼠》，这是他为了送给小侄女过生日而创作的一篇动物故事，作品运用拟人化的艺术手法，刻画一个可怜的小老鼠面对一块诱人的肉所产生的复杂的心理过程，可以用来比况现实中的某些人物。作者以极体贴同情的笔墨来塑造这个稚气老实的小老鼠，写他如何在家里不受父母的重视，遭受兄弟们的欺负，今天好不容易碰上一块令人垂涎的肉，他又是如何计算着：炖了吃，还是炒了吃？要不要与家人一起分享？

吱——那块肉，为什么我要告诉他们呢？我可以独自慢慢地吃，今天吃一点，明天吃一点。假如我告诉大家，谁肯不来？早都争着跑来了！爹妈，兄弟，姐妹……一传二,二传四……亲戚，朋友，街坊，仇人……全围着那块肉！我哪？他们谁也不会记起，早忘了。傻子才告诉那些东西！我不，我要一个人吃。那是房主专门为我预备的。吱吱，吱吱！肉，肉！吱吱！

唯其灌注了全身心去思考，更显示这个小动物的可笑可怜。小说用很多细节来展现他的处境和追求，夸张地表现他自以为是房主心疼他而准备的这块肉已经是囊中之物了，越是描摹他的洋洋得意，越显示出他结局的惨烈与可悲，进而对小人物的命运予以深切的同情。小老鼠在家庭里吃不饱，在外面难以觅到食物，终于见到一块新鲜的肉，使他更感到饥饿难忍。他心地善良，想过与哥哥一起吃，可霸道的哥哥根本不顾惜他,他也不得不用了一个小计策吓跑了哥哥。面对这佳肴,他瞻前顾后，反反复复折腾着，把很多很多的希望寄托在上面，结果却趸进了捕鼠夹，断送了性命。小老鼠其实就是生活中那些地位低下、不能掌握自己命运的小人物的象征。

《两间房子》是一部笔致老到的作品，写的是一处怎么也租不出去的房子，使房东几乎失去了信心，一天来了个八十多岁的老头，说一个学生要租用这两间房子。小说写得很隐讳，用暗示的方法透露出，这是一处闹鬼的房子，深夜会有人哭等。作品吸引人的地方在于气氛的渲染和隐隐约约中的诡异，吊起了读者的胃口，使人想要追究为什么。

李健吾在清华时期创作的小说已经形成了自己的艺术风格。其独具匠心之处在于，以中国传统小说“讲故事”的方式取胜，往往巧妙设计故事情节，有条不紊地娓娓道来，又不乏悬念，能够引起读者的兴趣，各个环节衔接得当，跌宕起伏又开合自如，从中能够得到阅读的快感。

李健吾在人物塑造上也颇有成就，不论是颇具心机的大家闺秀还是粗俗圆滑的士兵、卖衣郎，都塑造得有血有肉；有的运用心理描写，有的让人物自己滔滔不绝地大声喧哗，一个个都能够站立起来。总之，李健吾小说幽默机智，读起来有股轻松畅快之感。

二、戏剧与诗歌

李健吾在清华发表的戏剧有两部，一是独幕剧《进京》，描写一位乡村的女中学生毕业后想进京继续求学，但是家中有守寡的母亲，使她进退维谷，左右为难。这部作品得到过朱自清老师的指导。

《囚犯之家》是一部饱含着作者血泪的作品，寄托着他对亡父的无限哀思。戏剧取材于历史，描写父女二人先后遭受严嵩父子的迫害，冤屈入狱。父亲当年因为母亲的美丽而遭受严太师的陷害，没有审判就被关押了十五年；新皇帝大赦，要把他放出去。就在同时，他的女儿也被严太师的儿子看上，不愿屈从被送进了监狱。作者在这里倾注了对自己父亲的怀念，他父亲李鸣风参加辛亥革命，1919 年被北洋军阀暗害。他在后记里说，他的父亲曾经三番两次地遭人暗算，于凄风苦雨下押解在陆军看守所，这些遭遇触发了他创作的动机。正因为如此，这部戏剧写得充满感情。

李健吾的诗歌不多,但很有质地。他的《囚犯》用象征的手法将囚犯、监狱等形象塑造得触目惊心：

在那黑的窄门洞，
我看见
一个黑的窄皮囊，
穿着破的布衣裳，
绽了线，

没有一针不走缝。

好像从门里挤出
他这样
苇子般长的身体，
在秋暮的水塘里，
有些像
摇摇欲灭的蜡烛。

“黑”的意象贯穿着诗篇，阴森，晦涩，怪异，诗歌的情绪很感伤灰凉，在朦胧神秘中显示出新奇陌生的审美效果，具有象征主义诗歌的特点。

李健吾 1930 年毕业后留校任教，1931 年去法国留学，专门研究福楼拜，回国后一直从事教学与文学创作。李健吾与田汉一起成立中国剧作家协会，参与创办上海实验戏剧学校。他还以“刘西渭”的笔名发表了很多独特的文学评论，《中国新文学史》中评价道：“没有刘西渭，30 年代的文学批评几乎为零。”他翻译了莫里哀、托尔斯泰、高尔基、屠格涅夫、福楼拜、司汤达、巴尔扎克等名家的大量作品；曾任法国文学研究会名誉会长。他主要作品有：小说集《坛子》《一个兵和他的老婆》，戏剧集《这不过是春天》《以身作则》，评论集《咀华集》《咀华二集》《福楼拜评传》等。

李健吾 1954 年起担任北京大学文学研究所、中国科学院文学研究所、外国文学研究所研究员。他还曾担任国务院学位委员会评议组成员、中国外国文学学会理事、中国戏剧家协会理事、法国文学研究会名誉会长等。

创作目录：

《在黑暗中，没有分别的》，《清华周刊》386 期。

《私情》，《清华周刊》394 期。

《命运》，《清华周刊》395 期。

《进京》,《清华周刊》399 期。

《一个极小极小的老鼠》,《清华文艺》第 2 期，1927 年 10 月 14 日。

《蹇先艾先生的〈朝雾〉读后随话》,《清华文艺》4 期，1927 年 11 月 25 日。

《一个兵和他的老婆》,《清华文艺》第 5 期，1927 年 12 月 23 日。

《囚犯之家》,《弘毅》2 卷 3 期，1927 年 3 月。

《戏剧社本届公演的前后》,《清华周刊》456 期。

《两间房子》,《清华周刊 · 消夏周刊》29 卷 3 期，1929 年 8 月 7 日。

《末一个女人》,《清华周刊》488 期。

《囚犯》,《文学月刊》1 卷 1 期，1931 年 4 月 15 日。

《在第二个女子面前》，同上。

林　庚

第十八章　林庚：清华《文学月刊》的砥柱

林庚（1910—2006），于1928年考入清华大学物理系，后来转入了中文系，不久加入清华大学中文系组织的“中国文学会”，开始了他的创作之旅。从1931年到他毕业的1933年间，他在校园刊物上发表了48首新诗、20首词、9篇散文、2篇小说和1部抒情诗剧。他的诗文大部分发表在《文学月刊》上，几乎每期上面刊登的作品都不止一篇，比如在2卷3期的“新诗专号”上，有他的6首诗。林庚先生回忆说，他还清楚地记得：当初为了不致显得太突出，在同一期上的作品他有的署名“林庚”，有的则用他的号“静希”发表，常常是词的作者为林庚，诗的作者是静希。《文学月刊》成为林庚施展才华的最初的阵地，可以说，是他挑起了清华《文学月刊》的大梁。

一、新诗

清华时期的诗歌虽然是林庚走向诗坛的早期创作，但已经有了鲜明的个性特征，他对诗歌的内容与形式、诗意与诗形的追求一开始就理智清晰，显示出未来大诗人的厚实气质。

1. 古典的意象与现代的精神

林庚先生古典诗词造诣很深，清华时期，他在创作新诗的同时也发表了为数不少的词，两者甚至可以对应着读。他诗歌的意象大致上没有突破古典诗歌的框架：夜、雨、寒月、荒野、秋风、落叶、孤鹰、凄雁……但这并不是像后来戴望舒的文章所说的“拿白话写着古诗”（见戴望舒《谈林庚的诗见和“四行诗”》，《新诗》2期），相反，传统的意象经过诗人的思想映照，被赋予了强烈的主观情绪和崭新的时代精神，这些意象只不过是诗人现代意识的象征性载体。

靠长城古垣的墙东，
　一道彩虹冲起在天空；
我听见古时兵马的声音
　我听见过去的事不会再来了的，
我听见以往悲歌还留在如今！

风沙万里的荒原，
　有黑色的鹰独自盘旋；
系过当年战马的高嘶
　那偶尔一株的老树——
似乎曾经过古时的风吹落残枝。
　　…………
晚风吹起了黄昏的星；
　从远处传来一点声音，
伴着新生的虹同在天末；
　那似乎是近来才有的，
带着与人熟识的幽然。

虹的颜色渐渐苍老。
　一片寒烟笼染了荒草；
微光的天愈变得凄怆，
　一切都被人遗忘——
有清晰的声音还在远方。
(《长城》)

这里所呈现的意象并不陌生：古垣、悲歌、枯树、寒烟，诗人的创新在于对这些意象的演绎、扩展。古老的长城上嘶鸣盘旋的不仅是秋风苍鹰，“新生的虹”与“黄昏的星”共同地拥有着天空，悲歌逝去的远方有“清晰的声音”在回荡，这些是古诗中绝难领略到的景象，尤其一个

“冲”字，把诗的气氛一下子烘托开来。林庚的诗歌大致不脱离婉约一类，他独有的只是理性和风骨。在此，诗歌的情绪仍然是苍茫的甚至是寂寥的，虹在苍天，寒烟笼罩，但只要能够谛听到远方生命的呼唤，看到天边的一抹彩虹，这种情绪就再也不属于过去，再也不是虚妄。

再看这首《泉前》：

清泉如银铃般流去，
我跪在青天日月之前：
请洗净我颓废的心田！
我将像一根雪白的石柱，
那插立在青天之际，
那清晨的风常拂过无言！

每次为了惭愧的弱点来到泉畔；
我站起来时，和着我的欣悦
带着不可知的惆怅；
我知道坏，但我仍然爱：
那阴雨天朵将谢的蔷薇！
那凄凉的露——如泪！
使我再在日月之前长跪：
请洗净这颗心上不洁净的灰！

传统诗歌中有惆怅有悔恨有祈祷，然而没有基督教式的洗涤与忏悔。在这里，我们看到两个观念是全新的，一是对于灵魂的洗涤的欣悦，一是对于不完满的事物的爱意。拷问自我颓废的灵魂，直面人性的弱点，追求至真至善，这是西方人文主义的精神。没有掩饰，不用曲笔，哪怕是不那么美的带刺的蔷薇，只要是真我的袒露，就有独特的价值。虽然这首诗还没有到达歌咏“恶之花”的程度，但它对于“本真”的追求已经具有了很强的现代意义。

林庚的诗情是忧郁的，但有青春和暖意荡漾其间，给人的感觉不是忧伤，而是清纯和静穆，是美的流溢。

2. 诗的追求：自由、爱、独立……

在深青无垠的天宇中，
　自由神的金身巍然高跨；
燕子乘着自由之风，
　从太空飘忽而下。

多少人在赞美燕子的怡情，
　几个人敢学着燕子飞呢？
（《自由神》）

真正自由的化身不是那个镀着金身的神像，而是飞翔的燕子，“有英雄死在那神座的一角”，无所畏惧的燕子绝不匍匐于偶像的足下，她傲然地凌空展翅，御风而行，这才是值得赞美的自由之神。诗人还以“一般人”的“腿软”“吓得跑了”与燕子相对照，对随遇而安的心理进行讽刺，褒贬分明。

林庚诗歌的题材一般没有很强的现实针对性，但在 1931 年“九一八”前后，他却连续写了《偶成》和《满天星斗的深夜》等诗作，表达忧国的情怀：

背着手，在天安门前慢走，
　轻吸着不可知中的气息；
有我所深敬的人在那里徘徊。
　这地方更美了！

会感着亡国时恐惧的增加，
　并不是有什么消息走露；
但还会有这样的人在这里徘徊吗？
　若是亡国之后！
（《偶成》）

在 1932 年发表的《满天星斗的深夜》中，他的情绪更为激愤："满天星斗的深夜时，/ 可有人想起了九月十八日？" 他痛心于人们对丧权辱国的淡忘："凉风把往事带过了未来去，/ 人们似乎一点也不觉得！" 个人的自由与祖国的自由是不可分割的，面对这冷的空气与沉默的大地，诗人忧伤地呻吟着，他要点起哪怕是"荧荧的火"，燃烧在安静的夜中，即使化为灰烬也强过在沉默中消亡。不自由毋宁死，青年林庚的拳拳之心跳跃在诗行中。

爱，也是林庚诗歌的重要题材。他追求的是心灵的相许、各自人格的独立。请看这首《爱》：

有钱，四十岁的人可以抓住少女的心！
有钱，可以留住爱神的衣襟！
古时的 Venus 若真是这样啊，
希腊的文明为什么要流到如今？

憔悴才见得相爱已深深地相许；
多情才知道莺啼真怎样可听。
愿爱人们偎依时唇间的密语，
能如一颗子弹，时时打入彼此的心！

爱与金钱走的不是一条路，心心相印才能彼此铭刻。同时，相爱也并非是占有，尊重对方并给予选择的自由，即使自我痛苦也心甘情愿：

当你愿意我时我来，
　你不愿意我时我走！
没有人再欢迎我的胸怀，
　我独自会饮一杯酒。
(《我来》)

林庚有一些很优美的爱情诗，比如这首十四行诗《当我想起你时》：

听得梧桐叶飘零断续；

　当我想起你时，月照在窗前。
追念春日，一片花飞去；
　在无语的风中，飞过了屋檐。

追念的是一番的爱护，可怜的心绪；
　那春日的和风痴梦到秋深！
一只鹰常见花容如玉，
　舞落在寂寞的山根。

无心的憔悴憔悴得梦境成灰；
　多情相知时，多少难言滋味！
山根的风独自吹起了，阴雨霏霏；
　山上的鹰点点头飞入云内。

风常是摇摇不定；花常是默默无言；
　当我想起你时，月照在窗前。

3. 诗的形式：自由中有约束，参差中见整饬

在清华期间，林庚诗歌的形式大都为自由诗，往往是多首的四句组成，偶句首字退后，形式整饬舒展，又不同于他后来的“四行诗”那么整齐划一。但《夜》等诗集中选取的诗歌与最早发表在清华刊物上的诗歌排列有一点差别，就是诗集里的句首对齐，没有了参差。我倒认为，清华刊出的诗歌形式更为悦目，无论是竖版还是横排，都给读者以流动与起伏的感觉，与诗歌的情绪是合拍的。

他的有些诗像乐府民歌：

男儿好！
　在天边。
天边渺渺，
风摇百草；

　一匹马
　一根鞭，
落日里——山巅。
(《九月歌》)

有的仿佛小令：

窗上的纸白了，
　墙上的颜色浅了，
脸上一层轻轻的笑，
　昨夜的梦渐渐地远了，
又是一阵阵鸟叫。
(《天明》)

有的只是意象陈列：

微雨清晨，
　小巷的卖花声；
树边的菌，
　阶前的苔，
有个蜗牛爬上墙来。
(《雨天》)

有的则洋洋洒洒，十几组诗一气呵成，比如《林中》《黄月之夜》等。可以说，清华时期的林庚，已经具有了驾驭多种诗歌形式的能力，这为他后来在诗坛上不断探索和前进奠定了扎实的基础。

二、散文及其他

林庚在清华发表的散文有两类，一类是记事抒情的散文，一类是议论性的杂文。前者往往以凄清婉转的笔致抒写童年的岁月，回忆逝去时光，别具情趣；后者则在张弛自如的勾勒之中给你某种启迪、些许警示，轻描淡写却令人回味良久。他的散文的构架是一贯的平缓舒展、清新柔美。

《蜂子》描写看到月梅树上的蜂子，回忆起童年时代的情景，对大自然中的细小生命倾注着关怀和爱护。对儿时的追忆之中有着浓浓的深情，读起来如同一股清泉缓缓地流过。《三妹》也是对童年的回忆，从小一起长大的三妹有五年没有见面了，他情不自禁地想起了过去的趣事。作者笔下流淌出来的是对故去岁月的依恋和对亲人的怀想思念，我们可以设想，作者一定有着温暖而愉快的儿童时代，使得他在回望的时候没有阴影遮蔽。《流星》通过表妹的口，讲述了一个婉转动人的爱情故事。“我”与表妹去北海见到天上流星飞过，表妹告诉“我”，那是因为天上的碧星与华星之间爱情的不能如意，他们双双成了流星，划破长空坠落，从此天上再也没有了以往的平静。同样的题材还有《流萤》，这是一个牧童的如歌如泣的故事，以他与前妻和后妻之间的爱情为线索，描写初恋与后来的再次恋爱的不同。第二个妻子将死去的丈夫葬在了前妻的身旁，自己成了流萤。这些散文没有什么重大题材，只是些身边琐事，它们吸引人的地方就在于作品的那份从容舒缓以及蕴涵着的情与爱。

林庚的杂文也属于温柔闲适型的，可以视为哲理小品文。《烟》追寻着古诗词中的“烟”“暮”这几个具有极大魔力的词，诸如“斜阳正在烟柳断肠处”，“一川烟草，满城风絮”，“纷纷暮雪下辕门”，“日暮伯劳飞”，认为它们之所以富有诗情，在于其似有若无的意识，不可捉摸的情绪，所谓“别有一番滋味在心头”；你不必问是什么，更无须知道为什么，可珍视的就是这份感觉。“烟能使你沉默，能使你神往”，诗情画意就在其中。《太阳》一文不仅写出人们对太阳惯常的感觉：温暖、热情、爱意，还特别指出它对人性的理解与关照：“它睁大了眼睛看着人间的一切”，人们劳累一天，它觉得该休息了，于是“带出了悦目的黄昏和片片的彩霞”；它决不霸道，“最后的挣扎只是山后一抹的嫣红，告诉人们光明还在人间”，把位置让给了星月。自然景物是林庚散文的源泉，他从人们常见的这些景物中阐发对世界人生的看法，有的见解颇为发人深省，比如《月与星》中对于真、善、美的观点就很独特，他认为这三者不能同时存在。月象征着美，星象征着善，太阳就是美善之外的真。月光使你呼吸舒畅，它是沉醉的，星光使你心境清净，它是反省的，而太阳则把一切置于它的光照之下，一览无遗。月与星不能同时显露它们的光辉，或月明星稀，或星光灿烂，但它们还能够共同地出现在一个空间；太阳却不能与星月共存，“如果太阳真一同的出来了，我们还看得见月与星吗？”林庚的杂文同样地柔美动人，没有逼视读者的刚健，却不乏风骨，在平易中蕴藏力度，就像他所描写的北方的风一样，“不容你不挺起胸来傲笑，大胆地看着这荒凉的世界”。

林庚在清华时期发表了两部小说。《想》描写的是大学生的恋爱心态，细致地刻画了暗恋师大女排球手的男同学的既爱又羞的内心活动，生动而体贴地反映出青春期的大学生的心理。但值得一提的是另外一部小说《一隅》，它跳出了作者的生活圈子，描写的是抗日主题，以北平一隅的一个小理发店折射上海的交战与民心所向。理发店里的小伙计参战走了，王头、张七也摩拳擦掌……然而后来日本人占领了吴淞等地，大家对报纸再也不那么热衷了，各自又回到了以前的轨道，好像前一阵的激昂都没有发生过一样。这是一部独具匠心的作品，以市民的情绪波动作为抗战的晴雨表，因小见大，进而反映出我们国民的弱点。这类题材在林庚的作品中可谓绝无仅有，其结构的精巧与手法的老到证明作者在开掘现实题材方面也同样有着相当的艺术底蕴。

林庚还有一部抒情诗剧《春天的午后》，如同田园牧歌一般诗意弥漫：甲、乙两个青年农民懒懒地在田埂上议论着戴红头巾的女子，他们看到路过的农夫和艺术家夫妇各自对眼前的景致作不同的评价，仿佛一个又一个的电影片断的剪辑。即使是两个年轻农民的失落，也都融入了四月早春的田野风光之中。这与林庚在诗歌中的情绪是一致的，那就是大自然的静美与人的内心的自由。

林庚毕业后留校任教，后来又任教于北京师范大学、厦门大学、燕京大学。20 世纪 50 年代开始他一直任教于北京大学，从事文学史的教学与研究。林庚先生被称为“一生充满着诗意”的学者，笔耕不辍；90 岁高龄时还新出了一本诗集，94 岁还牵头组建了北大诗歌中心并担任主任。他的主要诗集有：《夜》《春野与窗》《北平情歌》《冬眠曲及其他》。

创作目录：

《黄昏》,《清华周刊》519、520 期。

《再见》，同上。

《我常想起你时》，同上。

《临江仙》《更漏子》《谒金门》《采桑子》,《文学月刊》1 卷 1 期，1931 年 4 月 15 日。

《我》，同上。

《毕星》，同上。

《细雨》，同上。

《浣溪沙》《菩萨蛮》《忆江南》《卜算子》,《文学月刊》1 卷 2 期，1931 年 5 月 15 日。

《愿》，同上。

《南乡子》《虞美人》《清平乐》《采桑子》,《文学月刊》1 卷 3 期，1931 年 6 月 15 日。

《蜂子》，同上。

《九月歌》，同上。

《天明》，同上。

《春雨》，同上。

《捣练子》《点绛唇》《蝶恋花》《减字木兰苑幔》,《文学月刊》1 卷 4 期，1931 年 8 月 15 日。

《湖上》，同上。

《雨天》，同上。

《三妹》，同上。

《想》,《文学月刊》2 卷 1 期，1931 年 12 月 15 日。

《黄月之夜》，同上。

《捣练子》《采桑子》《水晶帘》《相见欢》,《清华周刊》526 期。

《北风》,《文学月刊》2 卷 2 期，1932 年 1 月 15 日。

《烟》，同上。

《无聊》，同上。

《月与星》，同上。

《除夕》,《文学月刊》2 卷 3 期，1932 年 2 月 29 日。

《有一首歌》，同上。

《幻想》，同上。

《春野》，同上。

《长城》，同上。

《林中》，同上。

《春天的午后》，《文学月刊》2 卷 4 期，1932 年 3 月 39 日。

《一隅》，《清华周刊》533 期。

《自由神》，同上。

《风》，同上。

《洗衣》，《清华周刊》534 期。

《太阳》，《文学月刊》3 卷 1 期，1932 年 5 月 1 日。

《我来》，《清华周刊》538 期。

《夜行等十四首》，《清华周刊》539 期。

《古园》，《清华周刊》540 期。

《朦胧》，同上。

《爱》，同上。

《满天星斗的深夜》，《清华周刊》541 期。

《春风》，《清华周刊》543 期。

《泉前》，同上。

《流莹》，同上。

《破灭之歌》，《清华周刊》552 期。

《风雨之夕》，《清华周刊》556、557 期。

《倒运》，《清华周刊》562、563 期。

《欢乐的来临》，同上。

《当我走近那白玉的高台》，《清华周刊》566 期。

《悔》，同上。

吴 组 缃

第十九章　吴组缃：清华园的“乡土作家”

吴组缃（祖襄）（1908—1994），是至今为止清华出身的最著名的小说家。他1929年考入清华经济系，后转入中文系。当年他和林庚、李长之、季羡林并称为“清华四剑客”。在清华大学中文系和研究院读书时代，他就呕心沥血地进行创作，得到朱自清等教授的指导。在校期间发表的作品，已经达到了现代文坛的前沿水准，当时就被茅盾誉为最优秀的青年作家。

吴组缃在清华园发表的小说非常讲究艺术技巧，作品并不多，但每一篇都很有分量，能够经得起推敲。他的小说充满着忧伤的情调，描写乡土农村民不聊生的惨状，寄予着深切的同情。好朋友李长之曾说：“组缃，真是如我们几个朋友所加的‘徽号’，是一位感伤主义者，他看一件什么事物，无往而没有感伤的色彩。连他的声调也是感伤主义的，虽然在锐利的幽默中，甚而哪怕是讥笑的态度，也有怜悯的伤感的同情在。”吴组缃性格耿直，独立不羁，1934年在清华研究院因作论文《论六朝文》而触怒指导教师，导致奖学金停发，他不肯低头屈服，毅然决定停止清华大学研究院的深造而自谋生路。

《清华周刊》第611期《情报》栏里刊登：日本作家增田涉钦佩吴组缃，认为他的创作态度真挚，但缺少幽默，吴组缃很不客气地回信：“我缺少幽默，因为我是乡下人的缘故，幽默是现代都市人的脾气，凡事以一个笑话了之。然而乡下人不是这样的，乡下人万事认真，规规矩矩地做事，好好地找饭吃……他的实际生活不许他躲避这些严肃的事，因此他幽默不起来。”他说他在都市里生活过十多年，看到和听到的都是我们民族和社会里最严肃的大事，他仍然以乡下人的认真去面对，“当我满腔愤怒、满腔血泪的时候，你要我说笑话，恕我说不出来”。其实，吴组缃不是针对这位日本作家，而是对日本侵略的行径感到愤怒，他毫不客气地说：“幽默的背后是悲观，是消极。你们贵国的文学往往有点轻微的幽默，你们贵国是最喜欢自己剖肚皮、自己投海自杀的民族。……这时候的中国人要严肃，应当正面迎上去，不应当躲避，不应当以幽默了之。”他的这种正义凛然的性格也体现在作品的思想之中。

吴组缃发表在清华刊物上的小说共有七篇。他的创作比一般学生的创作更为杰出之处在于视野的开阔和对现实问题的思考。几乎从创作的一开始，他就走出了小知识分子的天地，显示出对社会人生的极大关注，其人道主义的悲悯情怀使得他的创作具有了成熟作家的胸襟与格局。

《官官的补品》是一部表现农村尖锐的阶级鸿沟和不可调和的矛盾的作品，由于采用了独特的视角，并没有任何说教的痕迹。小说用的是第一人称的手法，“我”为反面角色，是一个有许多田地山业的纨绔子弟，回家探亲时母亲雇了奶妈为他提供“补品”，通过这个大少爷的眼光和意识活动，反映出上世纪30年代的农村的血腥与冷酷。当铁芭蕉嫂子把奶妈带来的时候，“母亲以一个买客鉴别货品的神势把奶子凝神仔细看，伸过手去揉一揉”，并且极力压低价钱，一个月只肯给一块半钱——当时，掺了豆浆的牛奶每磅要四块钱一个月！“我”觉得这个婆娘蠢得如一只牛，但到底比牛聪明：“牛酿了奶子，要人替挤出来卖钱，自己只会探头在草盆里，嚼着现成的食。这婆娘，这只牛，却会自己用手挤，卖了钱，养活自己，还好养家口，我想，人到底比牛聪明呀！”这是个以侮辱人当乐趣的无聊而残忍的吸血鬼，他在上海搂舞女兜风车祸重伤，廉价收买奶妈的丈夫小秃子的血液，还认为是拉了他一把。小秃子上山落草被捉，官官和族人怨恨他卖血敲竹杠、赖租，怂恿邻镇的自卫团将他乱刀砍死。当奶妈披头散发奔向河滩时，铁芭蕉嫂子一把拉住哭嚷着的她骂道：“你这个婆娘才叫屎迷了心窍！你这个老公就配零肉细剐——杀了还是造化了他！你不回去给我家官官挤奶子，却碰着五通神似的哭他娘的什么丧！”

有钱有势的人以穷人的血和奶滋补自己，穷人却要以家破人亡为代价。作者以一个寄生虫的口吻来叙说故事，通过主人公的阴暗的心理活动折射出有产阶级的伤天害理和冷酷无情。这里，除了对这位从灭绝人性的行径中取乐的少爷形象的揭露外，另外一个有血有肉的人物就是铁芭蕉嫂子，小说对她着墨不多，但从她的一举一动一言一行中传神地刻画了一个奴才的嘴脸。从身份上看，她也是一个被雇佣的下人，但她却极力讨好主子，在奶妈面前凶相毕露，尤其结尾时叱责痛哭丈夫的奶妈一段，写尽了她迫害同类的丧心病狂，这正是鲁迅所痛斥的奴才写照：占统治地位的封建思想有着多么骇人的势力，它不但直接谋杀下层民众，更为可怕的是，它也成为芸芸众生的世界观，成为他们互相残杀的工具！

《两只小麻雀》在破产农村的背景上，描写一位善良慈爱的奶妈为了给自己的乳儿捉几只水鸟以代替小少爷失去的两只麻雀，淹死于山洪暴发中。在民不聊生的时代，老百姓的生命如同草芥。

《小花的生日》也表现着类似的主题，这一家男人失业，女人苦撑着，本想借儿子过生日找几个有钱人来打牌挣点头钱给两个孩子做件棉袄穿，不想气急败坏的丈夫看到一个阔人对妻子动手动脚后大打出手，吓跑了打牌的，妻子抱着孩子冲向雨中，“在泥泞的路上蹒跚着，走一步，滑一次，自己也不知道走向哪里去”。

是啊，哪里有穷人的出路呢？这也是吴组缃苦苦思索的问题。他在《栀子花》中让破产了的青年农民背井离乡来到北京谋生，但北京也是“蛆多粪少”的清水粪坑，他不久就失业了，不得不“拖着绝望的灵魂，创伤的心”重回家乡，而那里等待他的是家破人亡的更为悲惨的境况。作者从一些小的侧面反映出时代的动荡不安和老百姓的苦难岁月，体现了他的人道主义胸襟和忧国怜民的情怀。

吴组缃小说中最吸引人的是女性题材，塑造得最成功的人物也是几个女性形象。封建势力禁锢之下的女性的悲惨命运，成为他思考与批判社会的出发点。

《菉竹山房》是一部弥漫着诗意和传奇味道的作品。女主人公二姑姑曾经是个美丽聪颖的少女，擅长绣蝴蝶，偷偷地与在叔祖家私塾读书的一个聪明门生互相倾慕，才子佳人，在后园的太湖石洞中偷情被抓，自此“人人夸说的绣蝴蝶的小姐一时连丫头也要加以鄙夷”。少年赴南京应考，翻船身亡，十九岁的小姐闻讯后自缢于桂花树下遇救。少年家中觉得这小姐尚有可风之处，“商得女家同意，大吹大擂接小姐过去迎了灵柩；麻衣红绣鞋，抱着灵牌参拜家堂祖庙，做了新娘”。从此，这位美丽的少女就在这“阴森敞大的三进大屋，那间乱摊着雨蚀虫蛀的古书的学房，以及后院中的池塘竹木”中打发寂寞的青春。小说没有过多地着墨于她红颜时代的故事，也没有描写她是如何度过与世隔绝的漫长岁月，而是通过“我”和妻子阿圆这对年轻的夫妇探视十几年没有见过面的二姑姑的所见所闻，渲染了菉竹山房周围回环合抱的山峦、葱翠古老的槐柳，竹丛掩映，曲径通幽，进而让这些景物与这个被人遗忘的幽灵一般的迟暮妇人融合在一起，紧紧地揪住了读者的心。二姑姑居住的山房是这样的：

屋子高大，阴森，也是和姑姑的人相谐调的，石阶，地砖，柱础，甚至壁板上，都染涂着一层深深浅浅的暗绿，是苔尘。一种与陈腐的土木之气混合的霉气扑满鼻管，每一进屋的梁上都吊有淡黄色的燕子窝，有的已剥落，只留着痕迹；……两扇门一开，就噗噗落下三只东西来，两只是壁虎，一只是蝙蝠。

这大屋不正是它的主人命运的象征？二姑姑生活在无涯的虚空里，“那张苍白皱折的脸没有多少表情。说话的语气，走路的步伐，和她老人家的脸庞同一个调子：阴暗，凄苦，迟钝”。她完全生活在幻觉里，与鬼为伴，常常能够看见那个沉于扬子江底的公子来访。其实她自己不就是埋在这封建礼教的坟墓里的幽灵？作者如果就此搁笔，我们已经能够强烈地感受到封建势力对人性的戕害，但吴组缃的高明在于，不仅组织出了一个令人毛骨悚然的鬼魅世界，而且从中透露出禁锢得几乎难以察觉的人欲来。那对年轻夫妇在鬼气森森的房间依偎入睡，忽然门上那个册页小窗露着一个鬼脸向里张望，“我”冲出去发现，竟然是姑姑和她的使女在窥视小夫妻的床上生活！这对吓坏了的年轻夫妇的心头为之一松。

小说通过二姑姑年轻时期的恋爱、婚姻悲剧，深沉地表达了对封建礼教、封建婚姻制度的控诉。一个“聪明年少的门生”，一个擅长女红的青年姑娘，从相互“羡慕”而有了恋情。可是，当时的环境竟无法容忍他们的相爱而使他们从此受尽“鄙夷”。少年“船翻身亡”，姑娘才得以“麻衣红绣鞋，抱着灵牌参拜家堂祖庙，做了新娘”。恋爱失败的二姑姑，却又以“迎了灵柩”成婚并了此一生。这是一幅多么讽刺的图画！作者没有直接鞭笞封建礼教的残忍，而是用一个余音袅袅的结尾来表达：与世隔绝的二姑姑居然偷看小年轻夫妇如何相爱，让人感到难为情的同时，却也把这个鬼魅世界的老处女拉回到了现实，在那被封建牢笼囚禁的躯体中，还深深地埋着一颗有欲念的心，毫无生趣的畸形岁月并没有完全封死她对于正常人生的向往。这一神来之笔一下子将通篇照亮了：封建礼教封建习俗活埋了多少活生生的灵魂！

吴组缃的这篇小说善于从平凡中见奇峻，细密凝练中透出曲折不凡。细节描写生动传神，表现出一种精密而又流动的叙述风格。他深厚的古典文学修养不仅体现在小说诗情画意的环境刻画以及姑姑传奇般的身世上，也体现在小说细节的描摹上。比如写姑姑“窥房”情节时，“鬼脸晃动”这一生动描写，就颇得《聊斋》的神韵。有评论说，这部小说的结尾是美国著名作家欧·亨利式的。

《卍字金银花》表现的也是封建传统摧残下的妇女的悲剧命运。小说富有浓郁的抒情色彩，以一束美丽得炫目的金银花作为中心意象，在轻灵别致的结构下展开一个牵动人心的残虐故事：一个秀丽丰美的年轻寡妇，由于与人私通怀了孕，快要分娩时，想偷偷到外婆家请舅父帮忙，但是舅父是“名教中人，又过于固执”，竟然拒绝她的要求，她孤身一人流落在司马第破屋基旁的瓦砾和杂草丛中，结果她和没有出生的孩子都悲惨地在孤独中死去了。小说采用了时间上的倒转和跳跃的结构方式，写“我”在荒野地里遇到的这个散发蓬头的产妇，竟然是“我”十几年前见过的那个迷路的小姑娘！当年她一身男孩打扮，活泼秀美，“我”前去送给她曾经答应给她的金银花时，她却给家人接走了，使少年的“我”很失落。想不到，这个有过天真幸福的童年的女子如今却落到这般狼狈境地！茅盾曾经评论说：“这一回叙，像一道电光似的照亮了眼前这受难中的少妇的悲惨身世，更不用再多费笔墨就引起我们对这少妇的强烈同情，以及对于封建传统的刻骨的憎恨了。”美丽的金银花是一条贯串线索，它象征着女主人的美好童年，又与她后来的悲剧结局形成鲜明的对照，连接了她的生与死。金银花也代表了“我”这位贯穿人物对于这位不幸女子的同情与惋惜，在“我”心中，她从童年到眼前，都如同那卍字金银花一般纯净美丽，只是由早年的娇美演变成眼前的凄美。将一束金银花虔诚地安放在她的坟头上,既表达了“我”的哀思,更传达出“我”的抗议。“我”的真挚与正直的形象也在这些无言的举动中清晰起来。这是一部耐人寻味的作品。

吴组缃还有一部小说《金小姐与雪姑娘》,描写两个年轻女性对爱情的不同选择以及她们的悲剧命运,反映知识女性在时代嬗变中的沉浮。作品采用的还是第一人称的手法,“我”在少年时代与江南农村的雪姑娘相恋,她却在“我”北去上大学期间,因贫穷而受诱惑,继而沦落上海街头,当了放浪形骸的舞女。“我”毕业后,经朋友介绍结识了旧家小姐金姑娘,她从小禁锢于女校,已经在寂寞中度过了花季,而且在长期的压抑中认可了封建的一套,认为现在社会上盛行的自由恋爱未必就比包办的好,她虽然也有丰富细腻的感情,但更希望稳定安乐的家庭和可靠的丈夫。本来,“我”可以与金小姐过上安定的日子,想不到居然又遇上来北平打胎的雪姑娘,内心矛盾起来:是抛开大家闺秀金小姐来拯救堕落的荒唐姑娘,还是为了“填塞”金小姐那颗凄零冷落的心而不管雪姑娘?在他游移彷徨之时,金小姐自觉退让,回到父母那里去适从他们选定的婚姻;雪姑娘则死在血泊之中。一个是北方古都封建气息熏陶下的本分女子,一个是从破产的农村被商品世界诱引出来的风尘女郎,她们的性格都被不正常的环境畸形化了,走向了人性的反面,遭受着悲惨的结局。

吴组缃是一位态度严峻、脚踏实地的现实主义作家。他的创作题材大多取材于家乡,反映安徽泾县茂林一带农村经济破产、民不聊生的现实,对黑暗势力多方面地进行了无情的鞭挞,而对底层民众寄予着无限的同情。他的作品都在思考着民族与社会的问题,在抨击着吃人的封建制度,在追问着“谁之罪?”与此同时,他也在不断探索发展着小说的艺术,使其小说无论在结构情节上还是在人物塑造、景物描写、语言凝练上,都显示出卓越的艺术才能。底气的充盈与修养的深厚,使他鹤立于清华作家群中,也使他成为中国现代文学史上的著名作家。

离开清华后,吴组缃曾在中央研究院任职,当了13年冯玉祥的国文教员兼秘书;后来任教于中央大学、四川省立教育学院、金陵女子文理学院,1949年起任清华中文系教授、主任,1952年院系调整至北大中文系,从事古典文学的教学与研究;他的主要文学作品有《西柳集》《饭余集》

《鸭嘴涝》《一千八百担》等。

创作目录：

《我要踏着云霞飞腾》,《清华周刊》470 期。
《歌蕾梦娜者》,《清华周刊》473 期。
《谈谈清华的文风》,《清华周刊》518 期。
《两只小麻雀》,《文学月刊》2 卷 1 期，1931 年 12 月 15 日。
《栀子花》,《文学月刊》2 卷 2 期，1932 年 1 月 15 日。
《金小姐与雪姑娘》,《清华周刊》528 期。
《写在文艺栏之前》，同上。
《官官的补品》,《清华周刊》533 期。
《可爱》,《清华副刊》38 卷 1 期，1932 年 10 月 3 日。
《菉竹山房》,《清华周刊》551 期。
《小花的生日》,《清华周刊》556、557 期。
《黄梅时节》，同上。
《卍字金银花》,《清华周刊》566、567 期。
《扬州杂记》,《清华周刊》577 期。
《清华园之春》，1934 年《清华年刊》。
《新生日记》，同上。
《游河》,《清华周刊》598、599 期。
《吴组缃与增田涉的通讯》,《清华周刊》611 期。

李长之

第二十章　李长之：校园“文艺复兴”的主帅

李长之（1910—1978），1931 年入清华生物系，1933 年转入哲学系。他始终是校园文学活动的积极分子，1932 年发起组织“新清华文学社”，确立其宗旨为“联络感情，交流心得”，当时有所谓“十二巨子”参加，为清华文学的复兴做出了巨大的努力。他的创作非常活跃，诗歌、杂文水准很高，尤其他的文学批评，是清华文学史上少有的鸿篇巨制。李长之在学生时代就已经显示出学者型批评家的风范。

一、哲理诗

我不愿有所思想：
思想对我是种桎梏；
思想是这样的女郎，
她处处牵我的衣裳。

我想静观那枝花，
她偏在我耳旁说话，
我要听空中的音乐，
她偏给我样样形色。

我想临流泉暂住，
她不许我脚步停留，
她在催我向前走：
思想当作步的节奏。

我要在饭时休息，
她依旧是啜啜不止，
她夺却我舌的味觉，
她同我商量那和这。
（《思想的桎梏》）

这里，“思想”是某种习俗、窠臼的象征，它束缚人的意志，牵制人的行动，成为主体的负担。诗歌用“女郎”这一形象来比喻“思想”，将理念赋予形象化，把形而上的思维变成可以触摸可以感知的具体物象，而且两者之间有着一定的联系：美丽的女郎与一些道貌岸然的正统观念一样，都有着蛊惑人的堂皇外表，有时使你难以推却和拒绝，但她却无时无刻不在左右你的意志，统帅你的直觉，要把你嵌入约定俗成的模式，阻止你跃入“旁门左道”。虽然，“思想”本身也许没有意识到对个体的侵害：“我想她无心骗我，/ 但她自己也没有法，/ 她仍不让我快溜走”，它已经成为带有惯性的固定模式，在温柔的幌子下危及着自由、独立等天赋的人权人性，成为名副其实的“桎梏”。富有哲理的意蕴容纳在生动的形象里，是李长之诗歌的一个显著特点。

再看这首《心里的低语》：

人必须在形式里吗？
不；反正我以为苦，
我决不要一切形式！
我决不要一切形式！
最好像一阵风，
没有窒碍，
　也没有踪影，
　没有窒碍，
　有没有踪影。

表达的仍然是人生的哲理，只是描写更为直白，语气更为急切。从李长之的诗歌里可以看出，这是一个有着独立的自我意识的青年，他为了真理和自由，可以放弃轻松和舒适，甚至不惜为之付出沉重的代价：

> 生命尽管如一把枯草，
> 我宁愿意它
> 在灰色的空气里，
> 任狂风硬沙
> 把泪流成了露珠
> 凝而为冰；
> 我不愿意把它
> 放在
> 温暖的厅上，
> 明净的案旁，
> 嵌了青翠的碎小花纹的
> 瓶里；
> ——暴力的摧残，
> 我欣欢，我振奋，
> 我偏不愿意
> 融化在
> 温暖里
> 变成水。
> (《天气不好的时候》)

宁愿受风霜雨雪冻而为冰，不愿拘囿于温室之中，这是对粗犷生命力的向往，包含着深刻的人生思考和感慨。短促有力的句式，也增添了诗歌的厚实和韧劲，尤其是这几句：“暴力的摧残，/ 我欣欢，我振奋，/ 我偏不愿意……”一字一铿锵，一句一气势，将独立不羁的心愿宣泄得酣畅淋漓。正因为有如此坚定的人生意愿，他特别蔑视那些自我迷恋者的歌声：

> 一只无能的鸟
> 专会歌唱，

她没有老鹰的牙，
也没有孔雀的翅膀。

一只无能的鸟，
专会歌唱，
她不去争地下的遗穗，
她仰望着无际的穹苍。

一只无能的鸟，
专会歌唱，
她只有听她自己的歌，
在自己歌里，忘了悲伤。
（《一只无能的鸟》）

不低头耕耘，而把企求的眼光盯在天上，不正视自己的处境，只期望在自我怜悯中忘却现实生活的艰难，这种阿Q式的消极回避的人生态度，是作者所唾弃的。运思的独到和精辟，使事理融化在描述之中，让人们在不知不觉中领会真谛，受到启迪。

李长之哲理诗并不是说教式的，他的所谓“理”也非直接灌输给读者的，有的诗歌甚至可以见仁见智，让读者用自己的人生体验去作多种的解读。

这首《抒情小诗一章》，当时就在多个场合被用来作为自己观点的印证：

虽然是瓦片，砖头，
但我已经在上面作过美丽的幻想，
以为是蚌壳的了；
明知被证明了是瓦片，砖头，
也给了我失望的苦，
可是我能让它们失去了么？
我将苦留。

有的认为这首诗是用来说明学习某些专业的鸡肋之感，有的认为这是论证了作者文学之梦的幻灭与无奈，甚至有人认为这是人生途中的经验之谈……这也证明了李长之诗歌所具有的魅力：它们的最终完成，有待于读者的智性参与。

二、文学批评

李长之的文学批评同样有着独立不羁的个性特征和强烈的入世精神，讲求作家的道德、道义和人格修养。他在文艺批评中灌注了自我的人生感悟和对于他人、时代和传统等真诚的关怀，因而他的文学批评是学问、道德、情感的统一体。

他评论曹葆华的《落日颂》的第一个要素就是“忠实地写诗”：

> 我们要求于诗的，犹如我们要求于人的，在一切之前，我们先要求的是忠实。诗的形式是小问题，诗的内容，是大问题，比诗的内容的问题更根本的，是作诗时的态度。唯有忠实作人的，才能忠实作诗。……诗是一个庄严伟大的世界，唯有不忠实便最能亵渎她。

他认为唐人的诗“莫愁前路无知己，天下谁人不识君”，华而不实，是不忠实的江湖话；而王维的诗句“劝君更进一杯酒，西出阳关无故人”，古道热肠，是够交情的真实情感流露，听前面的话好像看见一个油头滑面的商人在招待顾客，听后面的话便仿佛空气都温暖了起来。他同时指出，“任何样的情绪，都是人类所有的情绪之一方面，只要忠实地写下来，便有它本身的价值，殊不必定于一尊”。但他以为，作者更需要在人世的巨浪里多冲击几下，因为“为写诗而写诗”，终究不如诗料多了，“不得不写诗”的好。人最好是能够大哭大笑，所以“非深刻的对生活多体验不可”，“哭就大哭，笑就大笑。失望了，希望，再失望，再希望，干脆彻底的尝尝人生的酸苦，甜辣”。

李长之对于艺术技巧的看法是“文学必要轻易，必要令人看出有充分的带有余力的绰绰然的驾驭文字才行”。吃力和认真不同，认真指平时，吃力指创作时的一刹那,“平时的修养要紧,一时的吃力反而有碍”。总之,“艺术必须是把实际的情感加以提炼，加以化装，加以象征，由驾轻就熟的悠然自得的神情下，渲染在纸上”，才是最理想的。

在《论文艺批评家所需要之学识》一文中，他对于批评家提出了相当高的要求：得有天才，也得有学识。因为作家只要对于人生有相当的印象，而评论作家的批评家既要了解文艺，也要了解人生，还得要了解文艺和人生的联系，才能得其三昧：

> 假若一人的印象特别敏锐，特别丰富，特别清晰，又特别深刻，他就已经有了创作的最好凭藉了，但这却不是普通的学识能够帮助的事，所以创作家无宁是纯粹靠天才的。批评不然,它的对象是错综的,复杂的,繁重的。创作家而写三两行可以抒写的情绪吧，批评家得研究他的体制，风格，技巧，该作家的生活，社会的背景，以及文化史上的意义……

他还指出批评家所必须具备的三种学识：基本知识——语言学和文艺史学，越巩固越好。专门知识——文艺美学（诗学），越深入越好。辅助知识——生物学、心理学、历史、哲学和政治经济学，越广博越好。他特别强调批评家的三大理想：艺术理想、人生理想、社会理想。可见，李长之从一开始就把文艺批评视为神圣的事业，而且终其一生初心不改。

《论茅盾的三部曲》和《张资平恋爱小说的考察》是清华文学史上颇具分量的文学批评论文，而且在中国现代文学批评史上占有着重要的一席。

《论茅盾的三部曲》首先把茅盾放在时代的大洪流中考察,将《幻灭》《动摇》《追求》三部曲定位在“要对现实生活加以理解”上。在洋洋洒洒的论述中，李长之直言不讳地指出《幻灭》内容上的失败和技巧上的成功,《动摇》有所进展，但仍然有它结构等方面的缺陷,《追求》大处没有做好，只有小处的成功等。这是一个严格而冷峻的现实主义批评家，他并不是对作品作印象式的批评，而是深入到作品的底里，挖掘人物的内心世界，追究其现实的针对性。比如分析《幻灭》中的人物强的性格特征，李长之指出：在他这样一部分的人眼里，“革命无异于肉感的女人，其所以值得追求就在于是平凡中的一点刺激。其次是，这一部分人完全以个人主义为立场。个人觉得平凡，个人就革命，个人觉得革命不如预期的好玩，个人就再厌弃”。他犀利地指出所谓革命者的自私自恋，批判个人主义的狭隘性，可谓一针见血。从中可以看出，李长之评判作品与人物的标准是以时代作为尺度的。

《张资平恋爱小说的考察》也是长篇大论。在现代文学史上，张资平的作品一出现，往往就要遭受谴责和批判，原因在于他对于性爱的描写和渲染。李长之没有随大流，而是用严谨的学者态度，对作家和作品进行详尽而科学的论述。他首先将张资平定位于自然主义小说家，从作家的风格与环境的关系、艺术特色、人生观着手，再细致地考察张资平作品的艺术，诸如“结构上的幼稚病”“故意完成某种场面”等，也指出他技巧方面的四个长处；尤其对他小说中的时代性、表现的婚姻制度中的矛盾展开论述。李长之认为，张资平的成功在于自然主义派的技巧，抓住了现代青年在婚姻问题上的迷茫，“他一点也没有特意挑拨，他写的是性爱的悲剧”，“性爱是很可以常用的题材”，“我以为性爱，是人生活中最重要的一部分，它可以表现出人类的各方面的关联的心理”，这样的小说也是人性的流露：

关于艺术的，我主张艺术原为写人生的一面，这可以叫作艺术的不完全表现主义；我看艺术中各派都是平等的，因为艺术的性质在启发，并不在灌入，所以怎样的描写，我们也不能以功利派去范围它，这可以叫作艺术上的平等主义。

李长之的文艺批评既是对他人文学作品的评判，也是自我情感和主观思想的再现，有时，从中还能够领略到他自身的艺术风采，比如他评论卞之琳《三秋草》的文章，如诗如画，在一幅幅风景里，让人们去感悟这部诗集的韵味：

正是日暮天无云的光景，大地静着，小溪水潺潺地流，细细地在诉说一切；偶尔的微风，送来了远处的人影和笑声，更要听时，却依然是水流的清音；水是这般清澈，映了岸上的花草，又有楚楚可辨的大树的细枝；假如农人有时赶了牛经过，这可以见着秩然不紊的影，在徐徐地清晰地动……

与其说是评论，不如说是散文诗。其实李长之的散文也写得很灵动可人，他的《可爱》一文，用极为生动的比喻将“可爱”形象化，使人久久回味。《笑的诅咒》则以尖锐而富有哲理的词语来谴责没有同情与关爱的“笑”，让人引以为戒：

> 笑里最缺乏的是同情。简直是残忍。幸灾乐祸，是笑的本色。
>
> 笑给人荒凉。笑声越大，我越觉得空虚，笑不如哭。
>
> 笑的花样非常多，却都是恶相，哭就不然，花样非常之少，却很面善。假如笑像北平春秋二季的狂风暴沙，哭便像冬天里清凉的雪花儿。泪像是润万物的泉，还纯化一切，却又非常温暖，给万物以生机。
>
> 笑，破坏了全人生。哭又补缀起来。笑里最缺乏的是同情，假如笑里加入了同情，却往往滴下了泪，终于变成哭。

李长之在校期间就出版了诗集《夜宴》，还主编天津的《益世报》的文艺副刊。他1936年撰写、经鲁迅审阅出版的《鲁迅批判》是我国最早系统研究鲁迅的专著之一。

李长之1936年毕业后留校，后又任教昆明大学、重庆中央大学；中华人民共和国成立后长期任教于北京师范大学，成为古典文学和文艺批评研究的专家。李长之的《鲁迅批判》成为他一辈子的梦魇，屡遭批判和查禁。在国民党统治时期，它被视为左派读物予以排斥；在日伪统治时期，它被列为禁书；在新中国时期也受到严厉批判。李长之在1957年被错划为“右派”，《鲁迅批判》成为黑书。“文革”中，他被一工宣队员指着鼻子说：“鲁迅是可以批判的么？就冲着‘批判’，你就罪该万死。”“四人帮”粉碎后，出版社找李长之希望再版《鲁迅批判》，条件是将书名“批判”改为“评论”或“分析”之类；李长之耿直依旧，坚持不改。他掷地有声地回答：“批判其实就是分析评论的意思。我为《鲁迅批判》遭一辈子罪，不改，不出，也罢！”两年后他与世长辞。《鲁迅批判》一书，是迄今在研究鲁迅的学术领域中引文率最高的专著。李长之还著有《司马迁之人格与风格》《陶渊明传论》《中国文学史略稿》等。

创作目录：

《为自己写的文字》,《清华周刊》530 期。

《歌德及其童话》,《清华周刊》533 期。

《思想的桎梏》,《清华周刊》543 期。

《论风景画》,《清华周刊》548 期。

《可爱》,《清华副刊》38 卷 1 期，1932 年 10 月 3 日。

《理想的完人》,《清华副刊》38 卷 4 期，1932 年 10 月 24 日。

《〈红楼梦〉批评》,《清华周刊》552、558 期。

《诗人的梦和醒》,《清华周刊》553 期。

《夜宴》,《清华周刊》555 期。

《曹葆华的〈落日颂〉》，同上。

《失望》,《清华周刊》556、557 期。

《一只无能的鸟》，同上。

《笑的诅咒》，同上。

《我所了解的陶渊明》，同上。

《卞之琳诗集〈三秋集〉》,《清华周刊》560 期。

《心里的低语》,《清华周刊》562、563 期。

《一个个的人》，同上。

《中国文学史上的一个污点——八股文分析》,《清华周刊》564 期。

《介绍陆志韦的〈申西小唱〉》，同上。

《乐师在那里演奏》,《暑期周刊》1933 年 6 期，1933 年 7 月。

《蓝》,《清华副刊》39 卷 1 期，1933 年 3 月 15 日。

《论世界的进化》,《清华周刊》576 期。

《论丢自来水笔》,《清华周刊》577 期。

《张资平恋爱小说的考察》,《清华周刊》578、578 期。

《论茅盾的三部曲》，同上。

《论〈清华周刊〉》之前途,《清华周刊》580 期。

《天气不好的时候》,《清华周刊》584 期。

《清华园里的绿》,《清华周刊》588、589 期。

《再论中国旧小说里两个共同的成分》,《清华周刊》590 期。

《抒情小诗一章》,《清华周刊》592、593 期。

《清华园四季曲》(合著),《暑期周刊》1934 年 8 期，1934 年 9 月。

《论文艺批评家需要之学识》,《清华周刊》602 期。

《伟大思想家的共同点》,《文哲月刊》1 卷 1 期，1935 年 10 月 15 日。

后记

早在上个世纪末，我就开始了早年清华校园刊物的寻觅和探究。老图书馆墙上的爬山虎黄了又绿，绿了转红；三四个春秋成就了我几本著作：关于老清华的文选《藤影荷声》、老清华的文学作品集《清华文学寻踪》以及论著《1911—1949 清华校园文学论稿》。那是献给清华建校 90 周年的礼物。

20 年后的今天，我又完成了这部名为《昔日清华在言说》的论著，颇为感慨。岁月留痕，我从青年教师成了中年教师；我那当年刚入小学的女儿也已开始攻读第二个博士学位了。唯有昔日清华还是那么挺拔与丰赡，一派雍容！时至今日，我仍然能够从中探寻到别样的思想，解读出不同的意蕴，甚至可以领悟到崭新的启示。这是昔日清华给予我们的巨大惠赠，能够沉浸于其中并形成文字，是何等的幸运和欣慰！

即将 110 岁的清华之醒目与富饶早已不是昔日清华可以比拟的了。然而，早期清华在不到三十年的时间里迅速成为中国数一数二的大学和闻名于世界的大学，确是中国 20 世纪教育史和文化史上少有的奇迹，这也是后来者难以企及的。

寻踪于早年清华校园文化，有几点值得我们思索：

第一，中国千年历史上高等教育的转型和重构，是随着中国近代社会的制度—思想—学术的三重转变而完成的，也就是说这种高等教育是引进域外的即西方近、现代大学的制度、理念和范式而逐步地完成的，清华早期教育堪称这一过程的典范之一。

第二，以清华为代表的中国近世大学是既基于本土、民族，更立于世界、国际的大学，是现代的，而不是传统的；是与欧美为代表的近、现代文明直接接轨的，而不是封闭的、保守的、故步自封的。

第三，现代意义上的大学教育的规律在于：以人为本，即人文主义与科学主义的融和，理想主义与现实主义的汇合，思想与学术的互动，教学与研究的互补，德育、智育、体育、美育并举，相得益彰。

第四，大学校园的文化建设应该纳入大学的组成部分，而相对自由和宽松的思想文化氛围是学生学术思维和艺术思维得以发展的基础，这不仅仅可以提升校园文化的水准，更重要的是可以培养出思想健全和人格饱满的青年英才。

这就是昔日清华校园文化给予我们的启示。

张玲霞

2020 年 8 月 18 日于荷清苑